TEMAS DE DIREITO ELEITORAL EM HOMENAGEM AO CENTENÁRIO DO PROFESSOR DOUTOR TITO COSTA

CIP-BRASIL. CATALOGAÇÃO NA PUBLICAÇÃO
SINDICATO NACIONAL DOS EDITORES DE LIVROS, RJ

T278

Temas de direito eleitoral em homenagem ao centenário do Professor Doutor Tito Costa / coordenação George Melão. - 1. ed. - São Paulo : Letras Jurídicas, 2022.

328 p. ; 23 cm.

Inclui bibliografia
ISBN 9786589565253

1. Direito eleitoral – Brasil. I. Melão, George.

19-60998 CDU: 342.8(81)

Meri Gleice Rodrigues de Souza - Bibliotecária CRB-7/6439

George Melão (coordenador)

TEMAS DE DIREITO ELEITORAL EM HOMENAGEM AO CENTENÁRIO DO PROFESSOR DOUTOR TITO COSTA

AUTORES: Allan Frazatti Silva • Anderson Pomini • André Chaves • André Eduardo Silva • Diogo Telles Akashi • George Melão • Guilherme Santinho • José Antonio Dias Toffoli • Lília Maria da Cunha Fernandes • Marcelo Vieira de Campos • Marcelo Winch Schmidt • Marcus Vasconcellos • Maria do Socorro Melão Monteiro Pereira • Mônica de Faria Franco • Paulo Fernando dos Santos • Paulo Hamilton Siqueira Jr. • Renato Ribeiro de Almeida • Rubens Beçak • Ricardo Vita Porto • Vânia Siciliano Aieta

PREFÁCIO: Márcio Cammarosano

LETRAS Jurídicas

Projeto gráfico, diagramação e capa:
Fabricando Ideias Design Editorial

Revisão:
Paula Brito

Editor:
Claudio P. Freire

1ª Edição – 2022 – São Paulo-SP

LETRAS Jurídicas

LETRAS JURÍDICAS
Rua Eduardo Prado, 28, Casa 1, Vila Bocaina
CEP 093100-500 - Mauá/SP.
Telefone: (11) 3107-6501 | (11) 9-9352-5354
Site: www.letrasjuridicas.com.br
E-mail: contato@letrasjuridicas.com.br

Impressão no Brasil

Agradecimentos

Foi com muito orgulho e satisfação que aceitei o desafio para coordenar a obra *Temas de direito eleitoral em homenagem ao centenário do Professor Doutor Tito Costa*, e, diante disso, agradeço, de todo o meu coração, a confiança em mim depositada pelo homenageado.

Agradeço aos autores-colaboradores, que, ao tomarem conhecimento de quem seria a pessoa homenageada, não hesitaram em dispor de seu tempo e intelecto jurídico para que pudessem enriquecer a obra e abrilhantar a homenagem com seus artigos.

À Editora Letras Jurídicas, na pessoa de seu diretor, **Claudio Pereira Freire**, nosso especial agradecimento, pois, desde o momento em que a ideia surgiu, no ano de 2018, abraçou o projeto com muito amor e carinho, e, mesmo diante das dificuldades impostas pela situação econômica que assola o país, o nefasto efeito da pandemia trazido pela covid-19, não parou de trabalhar e buscar soluções aos problemas que surgiam a cada instante, trabalhou duro, mas, eis o resultado.

Um agradecimento especial à minha família na pessoa de minha amada esposa, **MALU MELÃO**, por me dar todo o apoio necessário e por compreender minha ausência, mesmo estando presente.

À Ordem dos Advogados do Brasil, seção São Paulo, na pessoa de sua Presidente, **Dra. Patrícia Vanzolini**, pelo apoio irrestrito prestado para o lançamento desta obra.

George Melão

Apresentação

Foi com muita satisfação e alegria que aceitei o desafio para coordenar a presente obra em homenagem ao centenário do **Professor Doutor Antonio Tito Costa**. Apesar do temor imposto pela grande responsabilidade, tendo em vista tratar-se o homenageado de um dos maiores juristas do século, o qual se dedicou ao ramo do direito público e reconhecido como um dos precursores do direito eleitoral no Brasil, foi-me prazeroso, pois tive a oportunidade de me aproximar cada vez mais do Grande Mestre, aprender bastante sobre o direito, mas, principalmente, sobre a vida.

Nunca é demais ressaltar que o nosso homenageado é um ser humano de valor inestimável, pessoa de elevados princípios e idoneidade ímpar, é solidário, amigo, respeitoso, combativo, educado e inúmeros outros adjetivos que causam inveja a qualquer um.

Neste momento não consigo definir o meu sentimento, uma grande mistura de emoção, alegria, medo e preocupação, porque recai sobre meus ombros o enorme peso da responsabilidade de coordenar uma obra jurídica, que, por si só, já é um desafio assustador, e, neste caso, o desafio é dobrado, pois, além de tratar-se de um livro jurídico, é também uma homenagem a um grande homem, um Mestre, um valoroso advogado, um dos maiores juristas brasileiros, um ícone justamente no ramo do direito eleitoral.

Não foi nada fácil chegar até aqui; no caminho, diversas dificuldades foram surgindo a cada instante, selecionar, convidar e confirmar os autores-colaboradores, dividir os temas, encaminhar os artigos para a editora, escolher capa etc. Entretanto, bastava falar o nome do homenageado que todas as dificuldades desapareciam, portas se abriam, autores-colaboradores que nem esperávamos, como num passe de mágica, começaram a nos procurar para que também pudessem participar desta humilde homenagem a um grande ser humano.

Foi assim, com esse sentimento de alegria, misturado com medo, preocupação e responsabilidade que, por meio deste livro, prestamos a nossa singela homenagem ao **Professor Doutor Antonio Tito Costa,** homenagem esta que se tornou tão pequena diante de seu grande valor como ser humano, pai de família, advogado, professor, político, escritor e amigo.

Hoje, não sei mais se o maior desafio foi coordenar o livro ou fazer deste uma homenagem, não consigo mais definir se é uma obra jurídica ou um tributo a um grande homem.

Com este espírito, reunimos 16 artigos jurídicos, 16 temas atuais sobre direito eleitoral, elaborados por 20 autores-colaboradores, os quais nos deram a honra e a satisfação, para que juntos, com este livro, pudéssemos realizar esta humilde homenagem, certo ainda de que cada articulista trouxe para o leitor um novo olhar sobre o tema discorrido e novos conceitos, interpretações e teses jurídicas, que, com certeza, irão enriquecer o campo de estudos no ramo do direito eleitoral.

George Melão

Prefácio

É sempre uma honra prefaciar livros de autores respeitáveis como os que escreveram os textos que compõem esta importantíssima obra que tem como título *Temas de direito eleitoral em homenagem ao centenário do Professor Doutor Tito Costa*.

Essa honra é ainda superlativa considerando o homenageado e o coordenador que se ocupou da referida contribuição para as letras jurídicas nacionais.

Do homenageado, tudo que se possa dizer, a título de encômios, será pouco. Tito Costa é daquelas pessoas que ostentam uma trajetória invejável, como homem público, como jurista, advogado, chefe de família e ser humano de raras virtudes.

Tito Costa, que rigorosamente dispensa apresentações, participou de nossa história, contribuindo para o restabelecimento da democracia em nosso país e para a elaboração da Constituição cidadã de 1988.

Precursor de estudos relevantes de direito público, especialmente de direito eleitoral, grangeou respeito e admiração por estudiosos e operadores do direito, no meio acadêmico e fora dele, bem como de todos os que se valeram de seus serviços profissionais e dos que tiveram o privilégio de conhecê-lo mais de perto, como eu.

Tito Costa foi grande amigo de meu pai, Millo Cammarosano, que a ele me apresentou enquanto Prefeito de São Bernardo do Campo. A partir de então, também nos tornamos amigos, e a admiração que sempre tive por ele só fez aumentar.

Fomos companheiros de algumas jornadas no mundo do direito, que mantenho vivas em minha memória. E esse grande mestre, homenageado com este significativo livro, continua, com a graça de Deus, irradiando entusiasmo, mantendo-se no exercício da advocacia.

Quanto ao coordenador desta obra, George Melão, também posso dizer que se trata de um grande amigo, desde que nos conhecemos quando ainda honrava a Polícia Civil do Estado de São Paulo, liderando a classe a que prestou relevantes serviços. Hoje, no exercício da advocacia, está a demonstrar a sua invulgar proficiência.

Na qualidade de coordenador do livro que ora vem a lume, também se faz merecedor de encômios, inclusive pelo valor do texto de sua autoria, com o título "A inconstitucionalidade da exigência de votação nominal mínima de 10% do quociente eleitoral".

Mais de uma dezena de estudiosos do direito eleitoral, dentre eles José Antonio Dias Toffoli, ex-presidente do Supremo Tribunal Federal, discorrem a respeito de temas da maior relevância, revelando notável conhecimento teórico e prático da matéria.

Da inelegibilidade do caixa dois, da propaganda eleitoral à perda do mandato, do processo eleitoral às *fake news*, de sanções penais ao fundo partidário, da democracia ao *marketing* político, o direito eleitoral é revisitado à luz da Constituição e de matérias afins. Temos, portanto, um acervo de lições de grande valor.

Desnecessário em rigor enfatizar o que a obra com que se homenageia Tito Costa está à altura do homenageado, razão pela qual me permito recomendar sua leitura por todos que têm no direito eleitoral seu objeto de estudo e instrumento de atuação profissional.

Parabéns a todos os responsáveis por esta indelével contribuição para a cultura jurídica do nosso Brasil.

Márcio Cammarosano

Professor de Direito Administrativo da PUC-SP, advogado e parecerista. Presidente do Instituto Centro de Estudos de Direito e Desenvolvimento do Estado (CEDDE).

"A Democracia é o pilar de uma nação livre, justa e soberana, onde o povo participa do governo de forma direta e/ou indireta, sendo o Direito Eleitoral a sua base de sustentação e manutenção."

George Melão

Fotobiografia

do Professor Doutor Antonio Tito Costa

Formatura pela Universidade de São Paulo, em 1950.

Fonte: acervo pessoal.

Posse do Prefeito Lauro Gomes (1º mandato).
São Bernardo do Campo – 1952.

Fonte: acervo pessoal.

Teotônio Vilela, Tito Costa, Audálio Dantas, Ulisses Guimarães e Fernando Henrique Cardoso na Assembleia dos Metalúrgicos, em São Bernardo do Campo, em abril de 1980.

Fonte: Estevam Figueiredo – *Diário do Grande ABC*.

Tito desiste de candidatar-se ao Senado. Montoro e Ulisses aprovam. "Enterro" de 1ª classe por Tito. Severo Gomes, indicado por Tito, se elege Senador pelo PMDB em 1982.

São Bernardo do Campo – 13.05.1982.

Fonte: acervo pessoal.

Câmara dos Deputados – Deputado Federal Constituinte (1987).

Fonte: acervo pessoal.

1º mandato na Prefeitura de São Bernardo do Campo (1976-1982).

Fonte: acervo pessoal.

Ricardo (filho, *in memoriam*), professor Tito, Léa (esposa, *in memoriam*), Silvana e Luciana (filhas), André (filho, *in memoriam*) e Tito (filho).

Fonte: acervo pessoal.

Léa Nunes Costa (esposa).

Fonte: acervo pessoal.

Posse na Prefeitura de São Bernardo do Campo. Mário Ladeia (vice-prefeito), professor Tito e os vereadores Hamilcar Paranhos e Aron Galante.

Fonte: acervo pessoal.

Posse – ao lado do ex-prefeito Geraldo Faria Rodrigues transmitindo o cargo.

Fonte: acervo pessoal.

Posse – entrando no salão nobre com a esposa, Léa.

Fonte: acervo pessoal.

Discurso de posse.

Fonte: acervo pessoal.

Com amigos e colegas de turma da Faculdade de Direito da Universidade de São Paulo.

Fonte: acervo pessoal.

Com a esposa, Léa, na Posse na Prefeitura de São Bernardo do Campo.
Fonte: acervo pessoal.

Posse na Prefeitura de São Bernardo do Campo.
Fonte: acervo pessoal.

Com Carlos Ayres Britto, após sua palestra no Encontro em Vitória, em 2000.

Fonte: acervo pessoal.

Recebendo homenagem Mérito do Direito Eleitoral no Tribunal Superior Eleitoral, em 2016 – Medalha Assis Brasil.

Fonte: acervo pessoal.

Recebendo homenagem Mérito do Direito Eleitoral no Tribunal Superior Eleitoral, em 2016 – Medalha Assis Brasil.

Fonte: acervo pessoal.

Recebendo homenagem Mérito do Direito Eleitoral no Tribunal Superior Eleitoral, em 2016 – Medalha Assis Brasil.

Fonte: acervo pessoal.

Recebendo homenagem Mérito do Direito Eleitoral no Tribunal Superior Eleitoral em 2016 – Medalha Assis Brasil. Silvana (filha), Tito (filho), professor Tito, Luciana (filha), Fátima Miranda (advogada) e Leonardo (neto).

Fonte: acervo pessoal.

Silvana (filha), Tito (filho), professor Tito e Luciana (filha).

Fonte: acervo pessoal.

TRIBUNAL SUPERIOR ELEITORAL

Ofício nº 185 /GAB-PRES

Brasília, 04 de março de 2016.

A Sua Excelência o Senhor
ANTÔNIO TITO COSTA

Excelentíssimo Senhor,

O Tribunal Superior Eleitoral, por aprovação de seu Plenário, resolveu conceder a Vossa Excelência a Comenda de Ordem do Mérito do Tribunal Superior Eleitoral – Assis Brasil, no grau Grã-Cruz.

A solenidade de condecoração será realizada no dia 5 de abril, terça-feira, às 19 horas, no Salão Nobre deste Tribunal.

Oportunamente, serão enviados a Vossa Excelência o manual com informações a respeito do evento e um cartão que deverá ser entregue, após a cerimônia, aos responsáveis pela entrega do estojo e do diploma.

Solicito que confirme presença o mais breve possível, e esclareço que não será permitida a entrega da Comenda a representantes de agraciados.

Atenciosamente,

Ministro DIAS TOFFOLI
Presidente

Setor de Administração Federal Sul (SAFS), Quadra 7, Lotes 1/2, Brasília/DF 70070-600
Assessoria de Cerimonial da Presidência–Tel (61) 3030-7059
e-mail: cerimonial@tse.jus.br

Convite da homenagem de Mérito do Direito Eleitoral no Tribunal Superior Eleitoral.

Fonte: acervo pessoal.

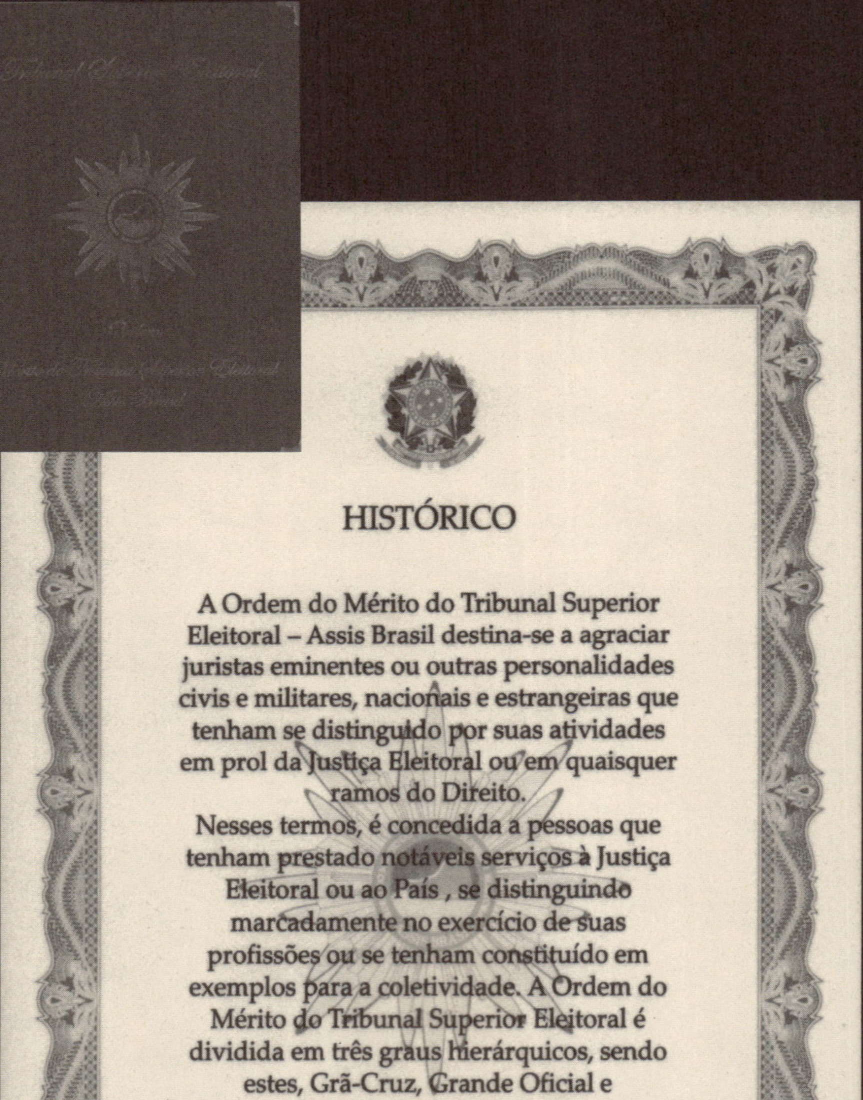

HISTÓRICO

A Ordem do Mérito do Tribunal Superior Eleitoral – Assis Brasil destina-se a agraciar juristas eminentes ou outras personalidades civis e militares, nacionais e estrangeiras que tenham se distinguido por suas atividades em prol da Justiça Eleitoral ou em quaisquer ramos do Direito.

Nesses termos, é concedida a pessoas que tenham prestado notáveis serviços à Justiça Eleitoral ou ao País , se distinguindo marcadamente no exercício de suas profissões ou se tenham constituído em exemplos para a coletividade. A Ordem do Mérito do Tribunal Superior Eleitoral é dividida em três graus hierárquicos, sendo estes, Grã-Cruz, Grande Oficial e Comendador e com modelos diferenciados aos segmentos masculino e feminino.

Histórico da homenagem de Mérito do Direito Eleitoral no Tribunal Superior Eleitoral – Medalha Assis Brasil.

Fonte: acervo pessoal.

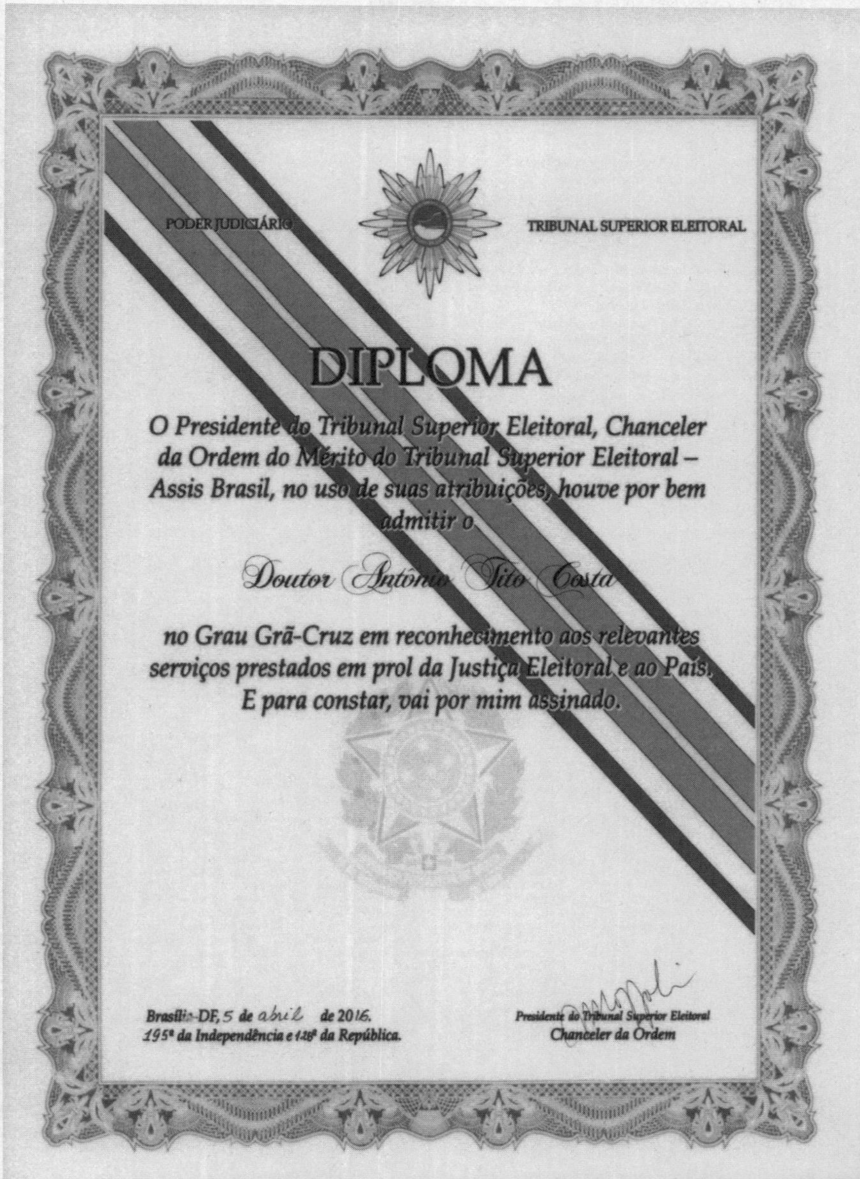

Diploma do Mérito do Direito Eleitoral no Tribunal Superior Eleitoral (Medalha Assis Brasil), recebido em 2016.

Fonte: acervo pessoal.

FOLHA DOBRADA

Tito Costa Laureado

O ilustre colega **Antônio Tito Costa** (turma 1950) foi condecorado em cerimonia realizada no mês de abril passado, em Brasília, com a **Gran Cruz da Ordem do Mérito Eleitoral – Assis Brasil**, juntamente com outras destacadas personalidades do mundo jurídico, como **Enrique Ricardo Lewandowski** e **Eros Roberto Grau**, professores das Arcadas, os ex-ministros **Sydney Sanches** (T. 1958) e **Cezar Peluzo**.

Coincidentemente, foi também agraciado seu colega da turma 1950, o Ministro **Celio Silva**. A ressaltar ainda outro ilustre laureado na categoria Grande Oficial, o Professor **José Afonso da Silva** (turma 1957).

A todos e, em especial, ao colega **Tito Costa**, nossos mais efusivos cumprimentos.

Tito Costa é cumprimentado pelo Min. do STF Luiz Fux

Saudades e Evocações

Espaço dedicado ao tributo de nosso pesar e saudades aos caros colegas que partiram, deixando uma grande lacuna, só amenizada pelas boas lembranças do tempo nas Arcadas.

■ **Antonio Leite Carvalhaes** – (turma 1949). Faleceu aos 92 anos, em abril. Do interior (São José do Rio Preto). Viveu em Campinas. Vereador e Deputado Estadual (Constituinte de 1967). Foi, também, Secretário de Obras de Campinas, onde foi um dos fundadores da Academia Campinense de Letras.

■ **Antonio Possidônio Sampaio** – (turma 1964). Aos 85 anos, neste início de Junho, baiano de Morro Preto, destacou-se como jornalista (Gazeta Mercantil / Notícias Populares), Advogado e Assessor jurídico do Sindicato dos Metalúrgicos do ABC, escritor inúmeros livros publicados (o último de 2016, "Andanças com Salvador – Bahia")

■ **Arnaldo Malheiros Filho** – (turma 1972). Destacado Advogado. Respeitado Criminalista. Além de esposa e filhos, deixa pai, também antigo aluno, **Arnaldo Malheiros** – (turma 1950). Integrava a nossa Diretoria. Através texto de seu "irmão" **Acácio Vaz de Lima Filho** – (turma 1973) o homenageamos nesta edição. Falecido aos 65 anos.

■ **Cesar Monteclaro** nome artístico de **Renato Augusto de Monteclaro Cesar** – (turma 1956). Voz privilegiada, começou como locutor da Rádio Panamericana já aos 18 anos. Em seguida Rádio Difusora de São Paulo onde se transformou em galã das radionovelas. Com o advento da TV, continuou locutor mas alcançou destaque como executivo. Ligado a **Ulysses Guimarães**, foi Delegado Regional em São Paulo do Ministério da Indústria e Comércio. Faleceu aos 90 anos.

■ **Embaixador Edmundo Sussumu Fujita** – (turma 1972). Aos 66 anos. Colega de turma e grande amigo de **Arnaldo Malheiros Filho**. Brilhante carreira na Diplomacia, tendo representado o Brasil em Londres, Tóquio, Nova Yorque e na Indonésia. Embaixador na Coreia do Sul foi seu último posto. Faleceu aos 66 anos.

■ **Evandro Cambrea** – Destacado esportista, faleceu em trágico acidente nos E.U.A. aos 47 anos de idade, esse querido filho do colega Desembargador **Theodoro Cambrea Filho** (turma 1964), a quem prestamos nossa calorosa solidariedade.

■ **Família Trench** – A expressão de nosso conforto e solidariedade ao casal de colegas **Neyde Fabra de Azevedo Marques Trench** e **Irecê de Azevedo Marques Trench** e ambos da turma 1958, pela dolorosa perda de seus familiares em trágico acidente aéreo.

■ **Fernando Faro** – Nascido em Aracajú, há 88 anos, veio a São Paulo para estudar Direito, nas **Arcadas**. Não chegou a se formar atraído por sua vocação para o Rádio e a TV. Deixa um reconhecido e extraordinário acervo na TV Cultura, tendo produzido em 45 anos mais de 700 entrevistas, nos programas que criou e ancorou, **Ensaio** e **Mosaicos**.

■ **Acadêmico Francisco Marins – Aos 93 anos. Nome completo Francisco Ferrari Marins** – turma 1946. Nascido em Botucatu (Pratânia), lá foi enterrado. Expoente da literatura juvenil em todo o mundo (traduzido em mais de 15 idiomas). Editor / Diretor da Melhoramentos. Vendeu mais de 5 milhões de livros. Editor da Revista Arcádia e Presidente da Academia de Letras das Arcadas. Membro e Presidente da Academia Paulista de Letras por 2 mandatos.

■ **Irene Elisa Evangelina Vandoni** – (turma 1945). Viúva de **Rubens Vandoni** (turma 1940) que conheceu na Faculdade de Direito. Juntos por mais de 50 anos, também advogavam juntos. Morreu aos 100 anos de idade.

■ **Maria Gladys Gômara de Oliveira** – (turma 1941). Mãe de nosso colega de Diretoria, **Cláudio Gômara de Oliveira** (turma 1969). Advogou nas áreas de família e sucessões, sendo fundadora do Instituto Mauá de Tecnologia. De genealogia franciscana. Também seu avô **Fernando Antônio de Barros** (turma 1862) e tios **Octavio Ferreira de Barros** (turma 1894) e **Othon Ferreira de Barros** (turma 1902) eram antigos alunos.

■ **Odette Yvonne Stamatis de Arruda Sampaio** – (turma 1950). Matriarca de uma família formada nas **Arcadas**. Viúva do grande advogado **Antonio de Arruda Sampaio** (turma 1947), filhos **Luiz Antonio Stamatis de Arruda Sampaio** (turma 1975) e **Luiz Roberto Stamatis de Arruda Sampaio** (turma 1977), além da nora **Anabel Batistucci de Arruda Sampaio** (turma 1973).

■ **Roberto Ferraiuolo** – (turma 1963). Atuante na área empresarial (industrial), dirigiu empresas do setor (Tintas Renner). Juiz Classista. Presidente do Sindicato das Indústrias de Tintas e Vernizes e Diretor da FIESP.

■ **Complemento:** Na edição anterior (nº 59), ao mencionar o falecimento da colega **Thereza Christina Hernandez** – (turma 1954), faltou registrar sua atuação na Procuradoria Fiscal como Procuradora de Estado.

11

Informativo *Folha Dobrada* noticiando a homenagem recebida por Tito Costa no Tribunal Superior Eleitoral.

Fonte: acervo pessoal.

8. *Setecidades/História*

memória

Tito Costa: uma láurea nacional em Brasília

O ex-prefeito de São Bernardo Tito Costa foi o primeiro advogado do Brasil sem um cargo público ou privado a receber a Ordem do Mérito do Tribunal Superior Eleitoral Assis Brasil em seu grau maior, o de Grã-Cruz. A cerimônia ocorreu dia 5, em Brasília. Os demais 111 homenageados são ministros, procuradores, magistrados e servidores graduados do TSE.

A distinção homenageia o advogado, político e estadista brasileiro Joaquim Francisco de Assis Brasil. Foi ele um dos grandes pensadores e mentores da criação da Justiça Eleitoral no País. Com o Barão do Rio Branco, Assis Brasil assinou o Tratado de Petrópolis, que garantiu ao Brasil a posse do Estado do Acre.

Tito Costa, por sua vez, é um dos pioneiros do estudo do Direito Eleitoral. Tem um livro chamado *Recursos em Matéria Eleitoral*, já em décima edição, verdadeira bíblia aos que se dedicam à matéria. Com um detalhe: o livro foi lançado em 1968, logo em seguida ao golpe de 1964. E os editores da *Revista dos Tribunais*, que lançaram a obra, temeram pelo tema: afinal, falar em eleições no momento mais fechado do movimento militar era algo arriscadíssimo.

TAREFA CUMPRIDA

Desde o início de carreira, em 1950, quando se formou pela Faculdade de Direito do Largo São Francisco, Tito Costa estuda o Direito Eleitoral. Daí a homenagem agora recebida. Nestas décadas todas Tito realiza defesas no TSE.

"Fui agraciado com esse título e me sinto muito honrado e até, de certa maneira, compensado pelo trabalho que venho fazendo na área do Direito Eleitoral", declarou Tito Costa em visita ao **Diário**.

Foi uma bela tarde vivida na Redação. Gravamos quase uma hora de histórias com o jurista. E uma delas, que publicamos a seguir, ilustra o que é trabalhar nesta área do Direito.

PELA ORDEM

Tito Costa fazia uma defesa no Tribunal Superior Eleitoral de um prefeito que disputava a reeleição. Faltavam 20 dias para o pleito. Tito fez sustentação oral e ganhou a causa. Porém, na primeira sustentação, o ministro Marco Aurélio de Melo pediu vistas do processo. Tito pediu a palavra ao presidente.

– Presidente, peço à vossa excelência que informe ao ilustre ministro que a eleição vai ser daqui a 20 dias.

Ministro Marco Aurélio virou bicho.

– Esse advogado tem de saber que eu sou um ministro que não atrasa o voto.

Tito Costa saiu da sessão e foi falar, nos corredores, com o então presidente do TSE, ministro Carlos Veloso.

– Fica quieto. Deixa ele ir embora – respondeu Veloso.

De fato, tudo se resolveria a contento.

Passados uns meses, Tito Costa retorna à Capital Federal agora para proferir uma palestra na Universidade de Brasília, sobre Direito Eleitoral. E quem estava presente? O mesmo Marco Aurélio de Melo. Também ele falaria aos universitários.

– Nos confraternizamos. Tomamos um café juntos. E a briga terminou.

BOA PROSA

Tito Costa é também um grande contador de histórias. Ele contou várias durante a visita ao **Diário**. Feliz, deixou-se fotografar com a honraria recebida.

– Na hierarquia do prêmio, estou entre os do primeiro time.

Tito Costa deu entrevista sobre o impeachment da presidente Dilma Rousseff ao repórter Fábio Martins. Ganhou o livro *Como um Cavalo Salvou a Vida de Um Preso Político*, autografado e com a sua caricatura feita na hora, obra dos jornalistas Evaldo Novelini e Fernandes. Contou novas histórias ao diretor de Redação, Sérgio Vieira. Aos 92 anos, a caminho dos 93 em dezembro, abasteceu de passagens eletrizantes esta página *Memória*.

Amanhã contamos mais algumas. E ao longo do ano tentaremos esgotar o estoque de notícias que Tito Costa nos passou, o mesmo Tito que chegou a ser taxado de forasteiro em São Bernardo mesmo com uma ligação estreita com a cidade desde os tempos do primeiro governo Lauro Gomes – e lá se vão 65 anos.

RECONHECIMENTO. Tito Costa e o seu diploma da Ordem do Mérito do TSE Assis Brasil: primeiro advogado do Brasil a obter a honraria

DOIS MOMENTOS. Tito Costa saúda os presentes dia 5 em Brasília, quase 40 anos após a foto oficial como prefeito de São Bern

Jornal *Setecidades* prestando homenagem a Tito Costa em 2016. A última foto da reportagem retrata a posse no Gabinete da Prefeitura de São Bernardo do Campo.

Fonte: acervo pessoal.

George Melão e Tito Costa em Torrinha, São Paulo.

Fonte: acervo pessoal.

Sumário

Artigos

A inelegibilidade causada pelo julgamento equivocado das contas de gestão do chefe do Poder Executivo pelos Tribunais de Contas

Allan Frazatti Silva[1]

1. INTRODUÇÃO

Embora o tema não seja nenhuma novidade para quem milita na área, certo é que continuam atuais as discussões em torno da inclusão do nome de Chefes ou ex-Chefes do Poder Executivo juntamente com o de agentes públicos no rol de pessoas que tiveram suas contas julgadas irregulares pelos Tribunais de Contas, os quais encaminham referida listagem à Justiça Federal no ano da eleição em cumprimento ao disposto na Lei Federal n. 9.504/97.

A importância do tema é inegável, pois diz respeito aos reflexos eleitorais ocasionados àqueles que, na qualidade de Chefes ou ex-Chefes do Poder Executivo, acabam tendo suas contas julgadas pelo órgão técnico auxiliar do Poder Legislativo (Tribunal de Contas), e não por aqueles que foram eleitos como legítimos representantes do povo (os parlamentares).

1. Especializando em Direito Municipal pela Escola de Contas (TCM/SP), Especialista em Direito Eleitoral pela EJEP (TRE/SP), Especialista em Direito Tributário pela Escola de Direito de São Paulo (FGV/SP), Especialista em Direito Ambiental (PUC/SP), ex-Secretário Municipal de Assuntos Jurídicos e ex-Secretário Municipal de Saúde de Ribeirão Pires, ex-Diretor do Departamento de Assuntos Jurídicos, Legislativos e Tribunal de Contas de São Caetano do Sul, Advogado em São Paulo.

Nesse sentido, as contas anuais (*contas de governo*) do Chefe do Poder Executivo, de modo geral, não mais vêm acarretando debates acalorados em torno de si, ao menos no que diz respeito à competência para julgamento das contas pelo Poder Legislativo. Entretanto, a discussão ganha corpo quando se questiona sobre os reflexos do chamado *julgamento ficto*, quer dizer quando o Poder Legislativo local não analisa o parecer prévio exarado pela Corte de Contas, em virtude do decurso do prazo legal de julgamento, situação que em razão da proximidade da matéria será pontualmente tratada ao final do presente, juntamente com a conclusão deste artigo.

Diferentemente da ausência de questionamentos quanto à competência para julgamento das contas anuais, há ainda enorme equívoco perpetrado por diversas Cortes de Contas, quando o assunto se refere às contas do Chefe do Poder Executivo na qualidade de ordenador da despesa (*contas de gestão*), conforme é possível constatar pela experiência diária de quem atua na defesa de detentores de mandato, principalmente Prefeitos e ex-Prefeitos, em razão do grande número de inclusões indevidas feitas na lista que acaba sendo encaminhada à Justiça Federal, motivo pelo qual acreditamos ainda ser necessário relembrar conceitos, competências constitucionais e a jurisprudência mais atual sobre o tema, a fim de que não se cometam mais tais equívocos.

Assim, sem que se tenha nenhuma pretensão em esgotar o tema, o presente artigo buscará responder às questões mais latentes, delineando com base no texto constitucional e na jurisprudência em vigor as competências constitucionais tanto dos Tribunais de Contas, enquanto órgãos técnicos auxiliares, como também do próprio Poder Legislativo, na tarefa singular de julgar as contas do Chefe do Poder Executivo.

2. DIREITOS POLÍTICOS

Os direitos políticos são em verdade "direitos fundamentais de 'primeira geração', pois envolvem pretensões de participação na vida pública e de exercício do poder"[2].

Segundo José Afonso da Silva[3],

2. GONÇALVES, Luiz Carlos dos Santos. *Direito eleitoral*, p. 24.
3. *Curso de direito constitucional positivo*, p. 348.

> Os direitos políticos positivos consistem no conjunto de normas que asseguram o direito subjetivo de participação no processo político.
> (...) [já os direitos negativos] são aquelas determinações constitucionais que, de uma forma ou de outra importem em privar o cidadão do direito de participação no processo político e nos órgãos governamentais. São negativos precisamente porque consistem no conjunto de regras que negam, ao cidadão, o direito de eleger, ou de ser eleito, ou de exercer atividade político-partidária ou de exercer função pública.

Segundo Marcos Ramayana[4], os direitos políticos podem ser classificados resumidamente em: ativos (direito de votar), passivos (direito de ser votado), positivos (participação do cidadão) e negativos (restrições, como por exemplo, as inelegibilidades).

Para José Jairo Gomes[5],

> É pelos direitos políticos que as pessoas – individual e coletivamente – intervêm e participam no governo. Tais direitos não são conferidos indistintamente a todos os habitantes do território estatal – isto é, a toda a população –, mas só aos nacionais que preencham determinados requisitos expressos na Constituição – ou seja, o povo.

Nesse sentido, dispõe nossa Constituição Federal, em seu Capítulo IV, arts. 14 a 16, sobre os direitos políticos, e em seu art. 17 sobre os partidos políticos, sem os quais não é possível ao cidadão se tornar um representante do povo.

Em síntese, referidos dispositivos constitucionais estabelecem os requisitos necessários para que cada cidadão possa exercer em sua plenitude os direitos políticos em nossa sociedade. Tais direitos são resultado de uma sociedade oprimida por várias décadas e que não mais suportava ficar à margem das decisões políticas tomadas de modo arbitrário por quem não detinha qualquer tipo de representatividade outorgada pela maioria da população.

Aliás, historicamente, a relação existente entre a evolução do constitucionalismo moderno e a do sistema eleitoral vigente está ligada à criação e à tutela de direitos e garantias fundamentais por cada uma das Constituições

---

4. *Direito eleitoral*, p. 13.
5. GOMES, José Jairo. *Direito eleitoral*, p. 4.

que regraram nosso país durante os últimos tempos. Ou seja, a existência de um sistema eleitoral representativo, universal e com eleições diretas só existe a partir do momento em que são assegurados aos cidadãos os direitos e garantias fundamentais em nossa atual Constituição Federal promulgada em 1988.

Isso fica ainda mais claro quando verificamos na história brasileira que, em todas as Constituições onde foram suprimidas tais garantias, o sistema eleitoral passou a ser restrito a uma pequena parcela da população, sempre ligada ao poder econômico, financeiro ou político, isso quando não fora completamente abolido pela total exclusão dos direitos e garantias fundamentais.

Como não poderia deixar de ser, o princípio do **devido processo legal** (***due processo of law***) é um dos valores mais significativos do Estado Democrático de Direito, "porquanto assegura aos litigantes paridade de tratamento, o julgamento da lide por juiz natural (art. 5º, LIII), o contraditório e a ampla defesa (art. 5º, LV) e a inadmissibilidade de se fazer ingressar no processo provas obtidas por meios ilícitos (art. 5º, LVI)"[6], podendo ser acrescido aqui o princípio da **presunção de inocência** decorrente do art. 5º, LVII, da Constituição Federal.

Dessa forma, para o fim específico de contextualizar o tema do presente artigo e com base nos princípios acima citados e dispositivos acima citados, há necessidade de uma melhor análise e aprofundamento da questão relativa ao julgamento das contas do Chefe do Poder Executivo, quando este atua na qualidade de ordenador da despesa, e suas consequências em relação à inelegibilidade contida na alínea g do inciso I do art. 1º da Lei Complementar n. 64/90.

3. LEI DA FICHA LIMPA (LC N. 135/2010)

3.1. Breve histórico

Como se sabe, em 2010, após iniciativa popular, foi sancionada pelo então Presidente da República a chamada Lei da Ficha Limpa (Lei Complementar n. 135/2010), que buscava extirpar da vida pública pessoas que tivessem condenações incompatíveis com o exercício de mandatos eletivos à fren-

6. José Jairo Gomes, *Direito eleitoral*, p. 52.

te da Administração Pública em geral, motivo pelo qual foram previstas diversas situações que passaram a impedir a candidatura de agentes políticos enquadrados nas hipóteses trazidas pela novel legislação.

Restringindo a análise ao que se propõe o presente artigo, foram incluídas na Lei Complementar n. 64/90, em seu art. 1º, diversos incisos, dentre os quais a alínea g, que assim dispõe:

> Art. 1º São inelegíveis:
>
> I – Para qualquer cargo:
>
> (...)
>
> g) os que tiverem suas contas relativas ao exercício de cargos ou funções públicas rejeitadas por irregularidade insanável que configure ato doloso de improbidade administrativa, **e por decisão irrecorrível do órgão competente**, salvo se esta houver sido suspensa ou anulada pelo Poder Judiciário, para as eleições que se realizarem nos 8 (oito) anos seguintes, contados a partir da data da decisão, **aplicando-se o disposto no inciso II do art. 71 da Constituição Federal, a todos os ordenadores de despesa, sem exclusão de mandatários que houverem agido nessa condição** (grifos nossos).

Ao mesmo tempo em que o dispositivo citado busca proteger a probidade administrativa e a moralidade para o exercício do mandato ou da função pública, retirando da vida pública aqueles que não tenham tido conduta compatível com o esperado, por outro lado, esse mesmo dispositivo, se mal aplicado, também poderá servir de instrumento para impedir, sem qualquer respaldo constituciònal, a participação de ex-Chefes do Poder Executivo em futuras eleições.

E isso, infelizmente, vem ocorrendo constantemente Brasil afora, contrariando o que diz a Constituição Federal e o próprio Supremo Tribunal Federal.

Tal situação acaba prejudicando a própria sociedade, vez que retira do processo eleitoral, de modo totalmente equivocado, pessoas com experiência riquíssima e que já tiveram a oportunidade de estarem à frente da Administração Pública em geral, na qualidade de Chefes do Poder Executivo, impedindo que elas continuem contribuindo para o desenvolvimento e progresso de nosso país.

Nesse aspecto, a fim de demonstrarmos os equívocos que vêm sendo cometidos reiteradamente por diversos Tribunais de Contas espalhados pelo país, há necessidade de se analisar detidamente o conteúdo da alínea g do art. 1º da Lei Complementar n. 64/90 à luz do disposto em nossa Constituição Federal.

Cumpre destacar, antecipadamente, que daremos especial ênfase ao julgamento das contas relacionadas à esfera municipal, por duas grandes razões:

A primeira delas relaciona-se ao número de mandatários e ex-mandatários possivelmente atingidos pela interpretação equivocada do dispositivo acima citado, tendo em vista que atualmente possuímos 5.570 Municípios em nosso País[7], contra 26 Estados mais o Distrito Federal, e a União Federal.

A segunda razão diz respeito ao próprio funcionamento da máquina pública em nível municipal, na medida em que, à exceção dos grandes e médios municípios, todos os demais acabam tendo na figura do Prefeito (Chefe do Poder Executivo) o responsável tanto pelas contas anuais (*contas de governo*), quanto pela assinatura de contratos e convênios (ordenação de despesas), nas denominadas *contas de gestão*[8]. Situação que não é usual nas esferas estaduais, distrital e federal, pela própria complexidade e tamanho da máquina estatal, onde a descentralização e desconcentração são a regra, e o Chefe do Poder Executivo acaba por delegar a ordenação da despesa aos responsáveis por cada uma das áreas de seu governo, motivo pelo qual acabam por responder somente pelas contas anuais (*contas de governo*), sobre as quais não há dúvidas quanto à competência da autoridade julgadora: Poder Legislativo respectivo, após emissão de parecer opinativo do Tribunal de Contas.

Outrossim, há que se destacar que o mesmo raciocínio aplicado à esfera municipal aplica-se igualmente às esferas estadual, distrital e federal.

4. DA CONSTITUIÇÃO FEDERAL

4.1. Da competência do órgão julgador de controle externo

Nossa Constituição Federal, ao tratar do denominado *controle externo* da esfera federal e estadual, o fez de modo expresso no Capítulo que trata do

---

7. Segundo o Instituto Brasileiro de Geografia e Estatística: Disponível em: https://cidades.ibge.gov.br/brasil/panorama. Acesso em: 30 maio 2019.

8. Vide item **4.2 – Das Contas de Governo e das Contas de Gestão.**

Poder Legislativo[9], mais precisamente, nos arts. 70 a 75, tendo em relação à esfera municipal disciplinado a questão no *caput* do art. 31 e em seu § 1º.

O *controle externo*, como o próprio nome faz compreender, pode ser entendido como aquele controle que se dá do lado de fora, à parte, que não está sob a tutela de quem é objeto da ação fiscalizatória, pois, se assim o fosse, chamar-se-ia de *controle interno* e não *externo*.

Pois bem, a Constituição Federal atribui ao Poder Legislativo a competência para exercício do *controle externo* em relação ao Poder Executivo.

E como isso é feito?

Na dicção dos arts. 31, § 1º, 49, IX, 71, I e II, e 75, todos da Constituição Federal, tem-se o seguinte:

> Art. 31. A fiscalização do Município será exercida pelo Poder Legislativo Municipal, mediante controle externo, e pelos sistemas de controle interno do Poder Executivo Municipal, na forma da lei.
>
> § 1º O controle externo da Câmara Municipal será exercido com o auxílio dos Tribunais de Contas dos Estados ou do Município ou dos Conselhos ou Tribunais de Contas dos Municípios, onde houver.
>
> (...)
>
> Art. 49. É da **competência exclusiva** do Congresso Nacional:
>
> (...)
>
> IX – julgar anualmente as contas prestadas pelo Presidente da República e apreciar os relatórios sobre a execução dos planos de governo;
>
> (...)
>
> Art. 70. A fiscalização contábil, financeira, orçamentária, operacional e patrimonial da União e das entidades da administração direta e indireta, quanto à legalidade, legitimidade, economicidade, aplicação das subvenções e renúncia de receitas, será exercida pelo Congresso Nacional, mediante controle externo, e pelo sistema de controle interno de cada Poder.
>
> Parágrafo único. Prestará contas qualquer pessoa física ou jurídica, pública ou privada, que utilize, arrecade, guarde, gerencie ou administre dinheiros,

---

9. Seção IX (Da Fiscalização Contábil, Financeira e Orçamentária), Capítulo I (Do Poder Legislativo), Título IV (Da Organização dos Poderes), arts. 70 a 75, da Constituição Federal.

bens e valores públicos ou pelos quais a União responda, ou que, em nome desta, assuma obrigações de natureza pecuniária.

Art. 71. O controle externo, a cargo do Congresso Nacional, será exercido com o auxílio do Tribunal de Contas da União, ao qual compete:

I – apreciar as contas prestadas anualmente pelo Presidente da República, mediante parecer prévio que deverá ser elaborado em sessenta dias a contar de seu recebimento;

II – julgar as contas dos administradores e demais responsáveis por dinheiros, bens e valores públicos da administração direta e indireta, incluídas as fundações e sociedades instituídas e mantidas pelo Poder Público federal, e as contas daqueles que derem causa a perda, extravio ou outra irregularidade de que resulte prejuízo ao erário público;

(...)

Art. 75. As normas estabelecidas nesta seção aplicam-se, no que couber, à organização, composição e fiscalização dos Tribunais de Contas dos Estados e do Distrito Federal, bem como dos Tribunais e Conselhos de Contas dos Municípios.

O texto constitucional é bastante claro quando diz que o *controle externo* será exercido pelo Poder Legislativo em cada uma de suas esferas, informando, por exemplo, que é de **competência exclusiva** do Congresso Nacional o julgamento das contas do Presidente da República (art. 49, IX).

Além disso, em âmbito municipal, há expressa menção no *caput* do art. 31 que a fiscalização do Município será exercida pelo Poder Legislativo, ficando expressamente consignado no § 1º do art. 31 que o *controle externo* pertence à **Câmara Municipal**, e "será exercido **com o auxílio dos Tribunais de Contas**", a quem cabe emitir *parecer prévio* às contas do Chefe do Poder Executivo (§ 2º do art. 31 da Constituição Federal).

O ato de julgar as contas do Chefe do Poder Executivo é por assim dizer, segundo o texto constitucional, **de competência exclusiva e privativa dos detentores de mandato eletivo do Poder Legislativo respectivo**, em quaisquer das esferas: federal (Congresso Nacional), estadual/distrital (Assembleias) ou municipal (Câmaras Municipais).

Referida competência, além de ser expressa no texto constitucional, decorre da própria lógica do sistema representativo eleitoral, pois, em se tratando do julgamento das contas do Chefe do Poder Executivo (autoridade máxima de um dos três Poderes[10]), ninguém melhor para julgar referida autoridade do que o próprio povo que o elegeu, através do Parlamento composto por representantes igualmente eleitos. É a verdadeira aplicação do sistema de freios e contrapesos (*"check and balances system"*), decorrente da Teoria da Separação dos Poderes, consagrada pelo pensador francês *Charles-Louis de Secondat, Baron de La Brède et de* ***Montesquieu***, em sua obra *O espírito das leis*.

Além disso, contraria a tripartição de Poderes admitir que a principal autoridade da Administração Pública (Chefe do Poder Executivo), em qualquer de suas esferas, venha a ser julgada apenas sob o ponto de vista técnico e jurídico, por órgão auxiliar (Tribunal de Contas), composto de profissionais que não foram eleitos e legitimados pelas urnas, alijando os verdadeiros titulares do poder fiscalizatório (Parlamentares) da competência exclusiva que lhes é outorgada pela Constituição Federal.

É o Poder Legislativo que detém competência para julgamento das contas do Chefe do Poder Executivo, a quem caberá a análise e decisão final sobre as contas deste, pela própria lógica do sistema constitucional.

Deverá o Parlamento reunir em sua análise aspectos de ordem técnicos e jurídicos (parecer prévio emitido pelo Tribunal de Contas), que só deixarão de prevalecer caso os aspectos de ordem política venham atingir quórum de no mínimo dois terços de seus membros contrários ao parecer exarado (§ 2º do art. 31 da Constituição Federal).

Assim, segundo o texto constitucional, não há dúvidas de que a **competência** para julgamento das contas do Chefe do Poder Executivo **é exclusiva e privativa do Poder Legislativo respectivo, com auxílio do Tribunal de Contas.**

Feitas as considerações anteriores, não haveria qualquer discussão sobre esse assunto, caso o julgamento das contas do Chefe do Poder Executivo estivesse adstrito apenas às contas anuais, ou usualmente denominadas de *contas de governo*, ficando claro da exegese do art. 71, I, da Constituição Federal, que:

10. Constituição Federal: "Art. 2º São Poderes da União, independentes e harmônicos entre si, o Legislativo, o Executivo e o Judiciário".

> Art. 71. O controle externo, a cargo do Congresso Nacional, será exercido com o auxílio do Tribunal de Contas da União, ao qual compete:
>
> I – apreciar as contas prestadas anualmente pelo Presidente da República, mediante parecer prévio que deverá ser elaborado em sessenta dias a contar de seu recebimento.

Porém, a situação passou a gerar maiores discussões a partir do momento em que a alínea *g* do art. 1º da Lei Complementar n. 64/90 houve por bem incluir dentre as hipóteses de causas de inelegibilidade a seguinte expressão: "aplicando-se o disposto no inciso II do art. 71 da Constituição Federal, a todos os ordenadores de despesa, sem exclusão de mandatários que houverem agido nessa condição".

Para melhor compreensão, passemos a análise das denominadas *contas de governo* e das chamadas *contas de gestão*.

4.2. Das contas de Governo e das contas de Gestão

A partir do texto constitucional, art. 71, I e II, da Constituição Federal, passou-se a classificar e considerar a existência de duas espécies distintas de contas a serem prestadas pelo Poder Executivo, e analisadas e julgadas pelo Poder Legislativo com o auxílio do Tribunal de Contas, ou por este último, diretamente.

Nesse sentido, consideram-se *contas de governo* aquelas prestadas anualmente pelo Chefe do Poder Executivo, as quais dizem respeito à sua administração como um todo, sob o ponto de vista fiscal e orçamentário, bem como em relação à implementação ou não de políticas públicas, plano de governo, cumprimento de obrigações legais (aplicação dos mínimos constitucionais, lei de responsabilidade legal, atos de admissão etc.), que, segundo o texto constitucional, são julgadas pelo Poder Legislativo, após parecer prévio do Tribunal de Contas (art. 71, I, da Constituição Federal). Até aqui, nenhuma novidade.

Já as denominadas *contas de gestão* decorrem da ordenação da despesa para a prática de atos relativos ao funcionamento da própria máquina pública, desde a aplicação de recursos públicos na contratação de obras, bens, produtos e serviços a serem prestados ao Poder Executivo, até na relação deste com outros órgãos públicos e/ou com o Terceiro Setor, através de repasses de verbas públicas, e assim por diante. Essa situação é a que se descreve no inciso II do art. 71 da Constituição Federal, e sobre a qual se busca lançar luz às equivocadas interpretações que vêm sendo feitas por diversos Tribunais de Contas de todo o país.

5. DA AUSÊNCIA DE COMPETÊNCIA CONSTITUCIONAL DOS TRIBUNAIS DE CONTAS PARA O JULGAMENTO DE CONTAS DO CHEFE DO PODER EXECUTIVO

Pois bem. Apesar de ser possível a delegação de competências do Chefe do Poder Executivo a uma infinidade de servidores ou agentes políticos que lhes são subordinados, fato é que a grande maioria dos 5.570 municípios espalhados por todo o país acabam concentrando na pessoa do Prefeito, em razão do tamanho diminuto da máquina pública, a subscrição da quase totalidade dos atos que permitem o funcionamento da atividade pública.

Assim, com base no disposto no inciso II do art. 71 da Constituição Federal, muitos Tribunais de Contas acabaram por sedimentar entendimento de que tais atos estariam sob sua competência julgadora, **independentemente** da autoridade que os subscreve, incluindo aí a figura do Chefe do Poder Executivo.

Nesse sentido, segundo entendimento de muitos dos Tribunais de Contas de nosso país, a competência para julgar ou não o Chefe do Poder Executivo, decorreria da matéria e não do cargo ocupado pelo responsável submetido a julgamento, segundo a hipótese do inciso II do art. 71 da Constituição Federal.

E assim se fez durante muitos anos. Porém, a Lei Complementar n. 135/2010, que modificou o art. 1º da Lei Complementar n. 64/90, passou a prever na alínea g do referido artigo, como inelegíveis, aqueles "que tiverem suas contas relativas ao exercício de cargos ou funções públicas **rejeitadas por irregularidade insanável** que configure ato doloso de improbidade administrativa, e **por decisão irrecorrível do órgão competente**".

A partir desse momento – diante da prática reiterada e equivocada de grande parte dos Tribunais de Contas do país, que sempre entenderam ter competência para julgar *contas de gestão*, independentemente da autoridade responsável pelas mesmas –, muitos Prefeitos começaram a se ver impedidos de disputarem novamente o processo eleitoral, não em razão de terem tido suas *contas de governo* rejeitadas pelo Poder Legislativo local, mas simplesmente porque em um ou outro processo de *contas de gestão*, **em que atuaram como ordenadores da despesa**, tiveram-nas julgadas irregulares pelo Tribunal de Contas, e como consequência, tiveram seus nomes incluídos na lista que é encaminhada à Justiça Eleitoral[11] no ano da eleição.

Sem adentrar no mérito das inúmeras irregularidades e ilegalidades que diariamente são noticiadas no trato com a coisa pública, fato é que as *contas de gestão* são analisadas pelos Tribunais de Contas exclusivamente sob o aspecto técnico e jurídico, e assim devem ser julgadas, quando tiverem por responsáveis quaisquer agentes públicos, com exceção do Chefe do Poder Executivo.

Quando o responsável pelas contas é o detentor do mandato de Chefe do Poder Executivo, outras questões de cunho político e representativo devem ser consideradas, motivo pelo qual a **competência constitucional para julgamento é deslocada** do órgão auxiliar (Tribunal de Contas) **para o verdadeiro titular do poder fiscalizatório**, qual seja, **o Parlamento**, composto por cada um dos representantes legitimamente eleitos pelo povo.

O julgamento do Chefe do Poder Executivo, nessas condições, é sempre um **julgamento político**, que deve obrigatoriamente ser norteado pelo interesse público, não podendo se restringir apenas a questões de ordem técnica e jurídica, vez que a realidade no exercício da gestão pública nem sempre condiz com aquilo que prevê a lei.

E exemplos não faltam: situações em que o Prefeito, recém-empossado, se vê obrigado a dar continuidade a um contrato que já nasceu com uma falha grave, sem o qual haveria a interrupção de serviços essenciais; irregularidades formais cometidas pela falta de qualificação da mão de obra existente

11. O fundamento legal da lista encaminhada no ano da eleição à Justiça Eleitoral por todos os Tribunais de Contas do país está contido na Lei Federal n. 9.504/97, art. 11, § 5º: "Até a data a que se refere este artigo, os Tribunais e Conselhos de Contas deverão tornar disponíveis à Justiça Eleitoral relação dos que tiveram suas contas relativas ao exercício de cargos ou funções públicas rejeitadas por irregularidade insanável e por decisão irrecorrível do órgão competente, ressalvados os casos em que a questão estiver sendo submetida à apreciação do Poder Judiciário, ou que haja sentença judicial favorável ao interessado".

nos quadros da Administração Pública e que não poderiam ser atribuídas ao responsável, que acaba subscrevendo os atos apenas ao final de todo procedimento realizado para evitar prejuízos à coletividade, e assim por diante.

Ou seja, o Chefe do Poder Executivo, quando atua como ordenador da despesa pública e tem sua *conta de gestão* analisada, diferentemente de qualquer outro servidor público, não pode ficar restrito apenas a critérios técnicos e jurídicos, sem que a análise política e fática do ocorrido venha a ser também considerada.

Isso porque existem irregularidades que, embora insanáveis, apenas retratam o não cumprimento de formalidades legais, quer dizer, não são ilegalidades passíveis de responsabilização do gestor público, vez que em grande parte das situações acabaram por atingir uma finalidade pública e, mesmo irregulares sob o ponto de vista estritamente técnico, resultaram em benefícios à população em geral.

Além disso, há que se considerar também a própria estrutura da máquina estatal (muitas das vezes pequenos municípios), que por sua própria precariedade acabam por obrigar os Chefes do Poder Executivo a assumirem a responsabilidade também das denominadas *contas de gestão*, na qualidade de ordenadores da despesa, sem que os processos estejam totalmente adequados às normas legais, sob o ponto de vista estritamente técnico, acabando por impossibilitar o julgamento regular de tais processos perante a Corte de Contas respectiva, em virtude de alguma falha administrativa, situação que muitas das vezes acaba sendo superada em razão do atingimento do interesse público, quando o julgamento é feito pelo Parlamento.

Observe-se que em nenhum momento se está falando ou defendendo a malversação ou desvio de recursos públicos, que devem e merecem ser investigados e exemplarmente punidos. Até porque as esferas civil, penal, administrativa e de improbidade administrativa não ficam condicionadas a qualquer decisão, seja do Tribunal de Contas, seja do Poder Legislativo local[12].

---

12. "PENAL. PROCESSUAL PENAL. *HABEAS CORPUS* SUBSTITUTIVO. NÃO CABIMENTO. PEDIDO DE TRANCAMENTO DA AÇÃO PENAL. **ABSOLVIÇÃO EM PROCESSO ADMINISTRATIVO NO TRIBUNAL DE CONTAS ESTADUAL**. AUSÊNCIA DE JUSTA CAUSA. **INDEPENDÊNCIA ENTRE AS ESFERAS PENAL E ADMINISTRATIVA**. INOCORRÊN-

Assim, em se tratando da análise de contas do Chefe do Poder Executivo, tendo em vista a competência constitucional previamente estabelecida, **jamais** poderá ocorrer tal julgamento pelo Tribunal de Contas, que é o órgão auxiliar do Poder Legislativo.

Ao Tribunal de Contas cabe tão somente a incumbência da análise técnica e jurídica, através de **parecer opinativo**, que posteriormente deverá ser encaminhado e obrigatoriamente submetido ao crivo da Câmara Municipal, Assembleia Estadual/Distrital ou Congresso Nacional, independentemente de se tratar de *contas de governo* ou de *contas de gestão*.

Por todas as razões acima, entende-se que **a competência constitucional não poderá ser em hipótese alguma derrogada, transferida ou mesmo substituída por órgão julgador diverso.**

O contrário disso resultaria em violações e nulidades decorrentes do **desrespeito ao princípio do juiz natural**, não sendo possível aplicar o contido na alínea g do art. 1º da Lei Complementar n. 64/90, para fins de inelegibilidade, pois o dispositivo é expresso em dizer que a irregularidade deve decorrer de "decisão irrecorrível do **órgão competente**" (grifo nosso).

Não bastasse toda a clareza com que o texto constitucional disciplina a matéria, fato é que, historicamente, **desde 1992**[13], o Supremo Tribunal Federal mantêm o mesmo entendimento quanto à competência exclusiva do Poder Legislativo respectivo, para julgamento das contas do Chefe do Poder

---

CIA. ELEMENTOS PROBATÓRIOS INSUFICIENTES. REEXAME PROBATÓRIO. IMPOSSIBILIDADE. *HABEAS CORPUS* NÃO CONHECIDO. (...) 3. **Não impede a persecução criminal decisão do Tribunal de Contas Estadual, no âmbito do julgamento de processo administrativo, que reconhece não ter o paciente participado diretamente da irregularidade material apurada, pela independência entre as esferas penal e administrativa.** (...) 5. *Habeas corpus* não conhecido" (HC 269.452/RN, Rel. Ministro Nefi Cordeiro, Sexta Turma, julgado em 17/03/2016, *DJe* 05/04/2016, com grifos nossos).

Vide também julgado que se encontra citado mais adiante no texto deste artigo: STF, RE 729744, Relator(a): Min. Gilmar Mendes, Tribunal Pleno, julgado em 10/08/2016, Acórdão Eletrônico Repercussão Geral – Mérito *Dje*-186 Divulg. 22/08/2017, Public. 23/08/2017.

13. Conforme debates e citações contidas no corpo do v. acórdão do RE 848826, citado logo abaixo.

Executivo, sendo elas *contas de governo* ou *contas de gestão*, conforme se depreende do julgamento realizado no ano de 2016, em grau de repercussão geral[14], e que reafirmou toda a jurisprudência daquela Colenda Corte, tendo sido decidido na tese vencedora o seguinte:

> Para os fins do art. 1°, inciso I, alínea g, da Lei Complementar 64, de 18 de maio de 1990, alterado pela Lei Complementar 135, de 4 de junho de 2010, **a apreciação das contas de prefeitos, tanto as de governo quanto as de gestão, será exercida pelas Câmaras Municipais**, com o auxílio dos Tribunais de Contas competentes, cujo parecer prévio somente deixará de prevalecer por decisão de 2/3 dos vereadores (grifo nosso).

O *leading case* que tratou do tema foi o Recurso Extraordinário 848826, cuja ementa foi assim proferida:

> "RECURSO EXTRAORDINÁRIO. PRESTAÇÃO DE CONTAS DO CHEFE DO PODER EXECUTIVO MUNICIPAL. PARECER PRÉVIO DO TRIBUNAL DE CONTAS. EFICÁCIA SUJEITA AO CRIVO PARLAMENTAR. COMPETÊNCIA DA CÂMARA MUNICIPAL PARA O JULGAMENTO DAS CONTAS DE GOVERNO E DE GESTÃO. LEI COMPLEMENTAR 64/1990, ALTERADA PELA LEI COMPLEMENTAR 135/2010. INELEGIBILIDADE. DECISÃO IRRECORRÍVEL. ATRIBUIÇÃO DO LEGISLATIVO LOCAL. RECURSO EXTRAORDINÁRIO CONHECIDO E PROVIDO. I – **Compete à Câmara Municipal o julgamento das contas do chefe do Poder Executivo municipal, com o auxílio dos Tribunais de Contas, que emitirão parecer prévio**, cuja eficácia impositiva subsiste e somente deixará de prevalecer por decisão de dois terços dos membros da casa legislativa (CF, art. 31, § 2°). II – O Constituinte de 1988 optou por atribuir, indistintamente, o julgamento de todas as contas de responsabilidade dos prefeitos municipais aos vereadores, em respeito à relação de equilíbrio que deve existir entre os Poderes da República (*checks and balances*). III – **A Constituição Federal revela que o órgão competente para lavrar a decisão irrecorrível a que faz referência o art. 1°, I, g, da LC 64/1990, dada pela LC 135/ 2010, é a Câmara Municipal, e não o Tribunal de Contas**. IV – Tese adotada pelo Plenário da Corte:

---

14. Tema 835, Título: "Definição do órgão competente, se o Poder Legislativo ou o Tribunal de Contas, para julgar as contas de Chefe do Poder Executivo que age na qualidade de ordenador de despesas". *Leading Case*: Recurso Extraordinário 848.826.

> 'Para fins do art. 1º, inciso I, alínea g, da Lei Complementar 64, de 18 de maio de 1990, alterado pela Lei Complementar 135, de 4 de junho de 2010, a apreciação das contas de prefeito, tanto as de governo quanto as de gestão, será exercida pelas Câmaras Municipais, com o auxílio dos Tribunais de Contas competentes, cujo parecer prévio somente deixará de prevalecer por decisão de 2/3 dos vereadores'. V – Recurso extraordinário conhecido e provido" (grifo nosso)[15].

Convém também destacar que, na mesma oportunidade do julgamento acima citado, outro tema em grau de repercussão geral[16], cuja tese se relaciona ao que se estamos tratando, também foi assim decidido:

> O parecer técnico elaborado pelo Tribunal de Contas tem natureza **meramente opinativa**, competindo exclusivamente à Câmara de Vereadores o julgamento das contas anuais do Chefe do Poder Executivo local, **sendo incabível o julgamento ficto das contas** por decurso de prazo (grifo nosso).

Da mesma forma, faz-se a citação abaixo da ementa do *leading case*, tratado através do Recurso Extraordinário n. 729.744:

> Repercussão Geral. Recurso extraordinário representativo da controvérsia. Competência da Câmara Municipal para julgamento das contas anuais de prefeito. 2. **Parecer técnico emitido pelo Tribunal de Contas. Natureza jurídica opinativa.** 3. **Cabe exclusivamente ao Poder Legislativo o julgamento das contas anuais do chefe do Poder Executivo municipal.** 4. **Julgamento ficto das contas por decurso de prazo. Impossibilidade.** 5. Aprovação das contas pela Câmara Municipal. Afastamento apenas da inelegibilidade do prefeito. **Possibilidade de responsabilização na via civil, criminal ou administrativa.** 6. Recurso extraordinário não provido[17].

15. STF, RE 848826, Relator(a): Min. Roberto Barroso, relator(a) p/ acórdão: Min. Ricardo Lewandowski, Tribunal Pleno, julgado em 10/08/2016, Acórdão Eletrônico Repercussão Geral – Mérito *DJe*-187, Divulg. 23/08/2017, Public. 24/08/2017, com grifos nossos.
16. Tema 157, Título: *Competência exclusiva da Câmara Municipal para o julgamento das contas do Prefeito, Leading Case*: RE 729744.
17. STF, RE 729744, Relator(a): Min. Gilmar Mendes, Tribunal Pleno, julgado em 10/08/2016, Acórdão Eletrônico Repercussão Geral – Mérito *DJe*-186, Divulg. 22/08/2017, Public. 23/08/2017, com grifos nossos.

Assim, por qualquer ângulo que se analise a questão, fato é que os Tribunais de Contas devem obrigatoriamente interromper a prática perniciosa e notoriamente inconstitucional de encaminhamento à Justiça Eleitoral, em cumprimento ao disposto na Lei Federal n. 9.504/97, art. 11, § 5º, de lista que contenha o nome de Prefeitos que não tenham sido julgados pelas respectivas Câmaras Municipais, de modo a não mais desafiar o contido na Constituição Federal e na jurisprudência pacífica, novamente reafirmada, em recentes decisões do Egrégio Supremo Tribunal Federal.

CONCLUSÃO

Diante de todas as considerações feitas acima, não há como se permitir e admitir a continuidade da prática ilegal e inconstitucional, adotada por muitos Tribunais de Contas, de incluírem Chefes do Poder Executivo que tenham atuado na qualidade de ordenadores da despesa (*contas de gestão*) no rol de pessoas que tenham tido contas julgadas irregulares, sem que estas tenham obrigatória e imprescindivelmente sido submetidas ao crivo do Poder Legislativo local, assim como há muito ocorre com as contas anuais (*contas de governo*).

Por fim, mesmo que a matéria tratada nas *contas de gestão* já tenha sido objeto de análise pelo Tribunal de Contas e este tenha emitido parecer desfavorável às contas do Chefe do Poder Executivo, e ainda que tenha sido encaminhado referido parecer ao Poder Legislativo respectivo, a ausência de análise do parecer, mesmo que transcorrido o prazo legal, não têm o condão de gerar a inelegibilidade prevista na alínea g do inciso I do art. 1º da Lei Complementar n. 64/90, uma vez que não existe previsão constitucional do denominado julgamento ficto.

Portanto, para que o Chefe do Poder Executivo venha a ser incluído na lista encaminhada à Justiça Eleitoral no ano de eleição, em cumprimento à Lei Federal n. 9.504/97, há obrigatória e imprescindivelmente a necessidade de julgamento das contas, sejam elas de *governo* ou de *gestão*, por quem constitucionalmente detém a competência exclusiva para o seu julgamento: **o Poder Legislativo** respectivo.

REFERÊNCIAS

CHIMENTI, Ricardo Cunha. *Direito eleitoral*. 3. ed. São Paulo: Saraiva, 2012.

COELHO, Marcus Vinicius Furtado. *Direito eleitoral e processo eleitoral*. 3. ed. São Paulo: Renovar, 2012.

COSTA, Tito. *Recursos em matéria eleitoral*. 4. ed. São Paulo: Revista dos Tribunais, 1992.

GOMES, José Jairo. *Direito eleitoral*. 8. ed. São Paulo: Atlas, 2012.

GONÇALVES, Luiz Carlos dos Santos. *Direito eleitoral*. 2. ed. São Paulo: Atlas, 2012.

RAMAYANA, Marcos. *Direito eleitoral*. 13. ed. Rio de Janeiro: Impetus, 2012.

O fatiamento do Caixa 2 e a miopia sobre o sistema eleitoral

Anderson Pomini[1]

Em primeiro plano, gostaria de registrar a minha especial satisfação em contribuir com o presente ensaio para essa homenagem ao professor Antonio Tito Costa, um dos maiores eleitoralistas que o país já conheceu. A sua obra é fundamental para a compreensão daquilo que nos propusemos a analisar, isto é, a gênese de condutas que progressivamente foram sendo tipificadas como crimes eleitorais em um contexto de tensão entre as instituições de controle e as raízes do processo político. Vamos ao tema.

Ao analisar uma questão de ordem em inquérito que investigava o ex-prefeito do Rio de Janeiro Eduardo Paes e o deputado federal Pedro Paulo Teixeira, o plenário do Supremo Tribunal Federal reafirmou, em decisão recente, por maioria de votos, a extensão da competência da Justiça Eleitoral para processar e julgar crimes comuns, como corrupção e lavagem de dinheiro, quando for reconhecida a conexão com a chamada prática de Caixa 2[2].

---

1. Pós-graduado em Direito Constitucional e Político pela FMU/SP, em Direito Eleitoral e Processual Eleitoral pela Escola Judiciária do TRE-SP. Mestre em Direito Político e Econômico pelo Mackenzie. Foi assessor de gabinete na Câmara dos Deputados e Secretário Municipal de Justiça da Prefeitura de São Paulo. Advogado.
2. "Art. 35.

   Compete aos juízes:

   (...)

   II – processar e julgar os crimes eleitorais e os comuns que lhe forem conexos, ressalvada a competência originária do Tribunal Superior e dos Tribunais Regionais."

Polêmica, a decisão, na prática, estabelece uma distinção entre as condutas ilícitas praticadas por agentes em campanha eleitoral daquelas praticadas por administradores públicos no exercício do mandato. Em linhas gerais, quando o partido ou candidato for beneficiado por recursos de campanha não contabilizados e tal conduta for reconhecida como conexa aos crimes de corrupção ou lavagem de dinheiro, a competência será da Justiça Eleitoral, esvaziando a competência da Justiça Comum estadual ou federal.

Para além da discussão sobre juridicidade contida na decisão, está uma renhida disputa de poder institucional que parece desconhecer ou relevar as reais demandas do processo eleitoral. A Constituição brasileira estabelece, em seu art. 14, §§ 3º e 4º, os requisitos de elegibilidade, mas o faz em um plano de subjetividade tal que impede ao sistema político confrontar com as reais demandas de uma campanha eleitoral: nacionalidade, pleno exercício dos direitos políticos, alistamento e domicílio eleitorais, filiação partidária, idade mínima e alfabetização são condições necessárias para a postulação de um cargo eletivo, mas estão longe de serem suficientes.

Campanhas eleitorais têm um custo elevado, em especial, por conta das inovações na linguagem e na estética da propaganda produzida por marqueteiros e veiculada no rádio e TV[3]. A tentativa velada de parte do sistema político de tornar essa realidade "invisível" para o eleitorado, acabou levando à precariedade e à falta de transparência na regulamentação do financiamento das eleições. O país convive com lacunas e omissões legislativas graves, deixando em aberto, por exemplo, o que diferencia o *lobby* pré-eleitoral do *lobby* pós-eleitoral. Mais que isso, a legislação eleitoral não logrou regular as engrenagens sociais e econômicas que levam ao financiamento, em alguns casos legítimos, das campanhas no ambiente pré-eleitoral ou nas frentes parlamentares, no pós-eleitoral.

À ausência de uma regulamentação consistente sobre a matéria, sobreveio, em setembro de 2017 – na esteira da Operação Lava Jato –, o julgamento da ação direta de inconstitucionalidade (ADIn) n. 4.650 pelo Supremo Tribunal Federal, que passou a proibir o financiamento de campanhas eleitorais por sociedades empresárias. Proposta pelo Conselho

---

3. CARRAZA, Bruno. *Eleições, dinheiro e poder* – as engrenagens do sistema político brasileiro. São Paulo: Companhia das Letras, 2018.

Federal da Ordem dos Advogados do Brasil, a ADIn foi julgada parcialmente procedente para assentar a inconstitucionalidade parcial, sem redução de texto, do art. 31 da Lei Federal n. 9.096/95, na parte em que autoriza, *a contrario sensu*, a realização de doações por pessoas jurídicas a partidos políticos, e pela declaração de constitucionalidade das expressões "ou pessoas jurídica", constante no art. 38, III, e "*e jurídicas*", inserta no art. 39, *caput* e § 5º, todos da Lei n. 9.096/95.

Tal situação ensejou uma necessária reflexão sobre os limites da jurisdição constitucional em um Estado Democrático de Direito. Ao se pronunciar sobre a validade jurídico-constitucional de normas incidentes sobre o financiamento de campanhas eleitorais, o Poder Judiciário, em alguma medida, substituiu o Poder Legislativo em matéria que se encontra no núcleo do processo democrático. Ao limitar a validade das normas, o STF criou nebulosidade acerca da exata extensão do controle jurisdicional no âmbito de atribuições precipuamente conferidas aos poderes políticos.

O próprio ministro relator da ADIn, Luiz Fux, reconheceu essa eventual possibilidade de quebra da harmonia entre os poderes, deixando em aberto para que a própria Corte estabelecesse, no âmbito daquela ADIn, o grau de *definitividade* do pronunciamento no preâmbulo de sua relatoria. Em outras palavras, deixou em aberto para que a Corte se manifestasse quanto à possibilidade de rediscussão posterior da matéria nas instâncias políticas e na sociedade em geral, *in litteris*:

> É preciso, pois, cautela para com arranjos institucionais que outorguem a competência para reformá-los exclusivamente àqueles diretamente interessados no resultado dessa reforma. As chances de surgirem disfuncionalidades são autoevidentes. A rigor, tais desenhos não oferecem os incentivos corretos e necessários para que os agentes abandonem o *status quo* e, consequentemente, implementem as mudanças essenciais ao aprimoramento das instituições democráticas[4].

Essa posição, num certo sentido, ambígua, se dá justamente porque não se pode, sob o pretexto de demonizar a classe política e a própria "política" como método de solução democrático de conflitos, inviabilizar a legítima composição de interesses na sociedade.

---

4. STF, ADIn n. 4.650. Rel. Min. Luiz Fux, j. 17/09/2015.

É fundamental a percepção de que o *lobby* pré-eleitoral e o *lobby* pós-eleitoral são faces de uma mesma moeda, isto é, a expressão de uma mesma realidade, da qual não se pode escapar sem enfrentar questões espinhosas para o processo democrático. Em qualquer sociedade liberal, onde funcionam as instituições democráticas, é natural que o conflito e a composição entre os diversos interesses econômicos e sociais se processem no seio do Estado.

O esforço sistemático de "demonização" da política como método de condução da sociedade, aliado ao acirramento ativista dos órgãos de controle, produz uma falsa percepção de que toda e qualquer articulação política seja, em princípio, nociva e ilícita, fragilizando o sistema de representação popular. Sem atender a uma meta de investimentos em infraestrutura definidos em projeto de desenvolvimento nacional, em associação com o capital privado, o país se mostrou até agora incapaz de pavimentar um *lobby* pós-eleitoral regulado com transparência e de forma lícita, permitindo, assim, a progressiva contaminação do sistema produtivo, vital para o desenvolvimento, pelo discurso "fácil" do combate à corrupção, sem ao menos definir os limites objetivos dos atos de delinquência[5].

A percepção social da corrupção no Brasil, sobretudo após a deflagração da Operação Lava Jato, e o discurso utilizado para combatê-la partem de premissas duvidosas, em especial a ideia de que a corrupção constitui trava para o crescimento econômico.

> A corrupção gera ineficiência, iniquidade e pobreza, mas não é óbice para o crescimento. Note-se que, por exemplo, a disciplina jurídica do financiamento de campanhas eleitorais nos Estados Unidos, a maior economia do planeta, institucionaliza a corrupção naquele país – os candidatos são abertamente financiados por grupos econômicos [...] para ascender ao poder político –, ainda que lá o *lobby* pós-eleitoral se estabeleça com razoável dignidade. [...].
>
> O combate à corrupção no Brasil, elevado à condição de alta dramaturgia pela Operação Lava Jato, opôs as instituições do Estado, fez terra arrasada de setores inteiros da economia, mas não acabou com a corrupção. Trouxe

---

5. WARDE, Walfrido. *O espetáculo da corrupção* – como um sistema corrupto e o modo de combatê-lo estão destruindo o País. Rio de Janeiro: LeYa, 2018, p. 12.

para a corrupção bandidos ainda mais perigosos, ciosos pelos lucros que terão que compartilhar com tantos expulsos, talvez, por ora, da criminalidade [...][6].

A Constituição Federal de 1988 permitiu e incentivou a estruturação de um amplo sistema de controle externo da administração pública como Ministério Público, Justiça Federal, Polícia Federal, Tribunais de Contas, Controladoria-Geral da União, dentre outros mecanismos de intervenção no protagonismo da ação política.

Se, por um lado, essa teia de instituições passou a impor limites objetivos e subjetivos ao método arraigado de captura do interesse público pelo interesse privado nos projetos de implantação e ampliação da infraestrutura; por outro, permitiu o avanço e o recrudescimento progressivo, além do ativismo dos seus atores sobre o sistema político, paralisando-o e comprometendo, com isso, a própria capacidade de ação efetiva do Estado em dar respostas às demandas da sociedade.

A hipertrofia do sistema de controle externo ganhou apoio da sociedade muito mais pela instrumentalização de uma ação político-partidária que lhe era inerente do que pelo ataque às raízes das práticas ilícitas no seio do Estado. Na visão de Walfrido Warde, o julgamento da ação direta de inconstitucionalidade (ADIn) n. 4.650, que proibiu o financiamento empresarial de campanhas eleitorais – prática que sempre esteve na base da associação entre poder econômico e poder político –, foi subitamente elevada à condição de prática ilícita.

Mesmo diante desse fato, a legislação jamais logrou fazer uma definição clara e transparente do que seja *lobby* pré-eleitoral e *lobby* pós-eleitoral, levando o Poder Judiciário, numa interpretação feita em linhas tortuosas, a estabelecer como e sob quais regras os resultados práticos das condutas geradas por essa indefinição são criminalizados de modo específico. Caixa 2, corrupção e lavagem de dinheiro são condutas irmanadas que se diferenciam apenas no momento em que o *lobby* é realizado: pré ou pós-eleitoral.

---

6. WARDE, Walfrido. *O espetáculo da corrupção* – como um sistema corrupto e o modo de combatê-lo estão destruindo o País. Rio de Janeiro: LeYa, 2018, p. 17.

O fato de essa realidade nunca ter tido uma regulamentação adequada, que levasse em consideração todas as variáveis históricas decorrentes do presidencialismo de coalização, fez com que o Poder Judiciário, seja na própria Constituição, seja na legislação infraconstitucional pertinente, viesse a atuar apenas quando a tensão entre os órgãos de controle e a classe política já estava demasiadamente esgarçada.

Na tentativa de superar a falta de uma reforma política ampla e estrutural que o absorvesse, o sistema eleitoral brasileiro optou por realizar alterações pontuais para se adaptar à constante renovação do contexto em que se realizam as eleições no país. Nos últimos três anos e meio, as Leis Federais n.s 13.165/2015 e 13.488/2017 trouxeram alterações significativas nos três principais diplomas que regulam o processo eleitoral: o Código Eleitoral, a Lei das Eleições e a Lei dos Partidos Políticos.

O foco principal das adaptações legislativas era claro: reduzir os estratosféricos custos das campanhas eleitorais e simplificar a administração interna dos partidos políticos. O alto custo das campanhas e a falta de transparência na administração dos partidos foram situações percebidas pela sociedade como causas da corrupção endêmica que pôs em xeque o modelo político tradicional. Assim, essas reformas na legislação eleitoral tiveram por finalidade adaptar a atividade político-partidária a um ambiente institucional cada vez mais restritivo quanto à possibilidade de contaminação da gestão pública pelos interesses políticos a ela subjacentes.

Embora não fosse o foco principal, as assim chamadas "minirreformas" eleitorais suprimiram lacunas históricas existentes não só no processo eleitoral em si, como também no *processo judicial eleitoral*. A Lei n. 13.165/2015, por exemplo, introduziu dispositivo no Código Eleitoral, passando a prever que o recurso ordinário interposto contra decisão proferida por juiz ou por Tribunal Regional Eleitoral, que resulte em cassação de registro, afastamento do titular ou perda de mandato eletivo, seja recebido pelo Juiz ou Tribunal competente com efeito suspensivo. A nova redação do art. 257 do Código Eleitoral passou a estabelecer como automática a *suspensividade* da decisão recorrida quando esta impuser o afastamento de titular do mandato, perda definitiva de mandato ou cassação de registro de candidatura.

Até então, a regra geral que vigorava na Justiça Eleitoral era a de que os recursos "de mérito" não ensejassem efeito suspensivo automático, o que, na prática, resultava em grande prejuízo à segurança jurídica. Em muitos casos, a manutenção de um mandato eletivo ficava a depender do ajuizamento de uma medida cautelar quando se tratasse de decisão de primeira instância, com a necessidade de demonstração efetiva de risco ao resultado útil do processo.

Não sem razão, a exequibilidade imediata da decisão de mérito sobre cassação de registro ou de mandato era vista pela comunidade jurídica como uma distorção do sistema seja em razão da instabilidade causada pela "dança das cadeiras", seja por desequilibrar a relação de poder inerente à qualquer decisão judicial, sobretudo as monocráticas, ou ainda pelo próprio impacto à administração pública quando se tratava de afastamento de chefes de Poder Executivo.

A processualística original em desfavor da atribuição de efeito suspensivo aos recursos sempre foi criticada na doutrina, mas de alguma forma resistia sob o argumento de que

> quando a Lei Eleitoral, mais precisamente o Código, estabelece que, de modo geral, os recursos não terão efeito suspensivo, está com sua atenção voltada para o interesse público, sem perder de vista a celeridade do processo eleitoral (processo aqui entendido como aquele complexo de atos relativos à realização de eleições em todas as suas fases e que vão desde a escolha em convenções partidárias até sua eleição e diplomação)"[7].

A modificação da sistemática recursal no âmbito da Justiça Eleitoral, mais do que significar um avanço no aperfeiçoamento daquele nicho especializado de jurisdição, acabou por promover maior racionalidade e efetividade nas próprias decisões. Exemplo disso foi a "pacificação" do sistema que endurece os critérios de admissibilidade dos recursos de sobreposição (especial e extraordinário). Na esteira da nova sistemática, o Tribunal Superior Eleitoral editou a Súmula 72 em outubro de 2017, segundo a qual passa a ser inadmissível o recurso especial eleitoral quando a questão suscitada não foi debatida na decisão recorrida e não foi objeto de embargos de declaração.

Embora esse já fosse o entendimento pacífico da corte superior da Justiça Eleitoral, a consolidação de critérios mais rígidos para a admissão de

---

7. COSTA, A. Tito. *Recursos em matéria eleitoral*. 7. ed. São Paulo: Revista dos Tribunais, 2004, p. 55.

recursos de sobreposição mostra-se coerente com a concessão automática de efeito suspensivo quando as decisões recorridas tiverem potencial para implodir mandatos em curso. O ímpeto reformador, de certo modo, busca maior estabilidade ao sistema, mas, sem uma reforma política ampla, a instabilidade institucional ainda é uma grave ameaça.

Após as alterações legislativas, o que se viu também foi um progressivo aperfeiçoamento do sistema recursal, tendo o TSE fixado, por meio de súmula, o entendimento segundo o qual, na hipótese de negativa de seguimento ao recurso especial e da consequente interposição de agravo, a parte deverá apresentar contrarrazões tanto ao agravo quanto ao recurso especial dentro do mesmo prazo.

Ainda que se possa reconhecer os esforços para amenizar os efeitos do ativismo judicial na atividade política, nenhuma das reformas processuais no sistema eleitoral logrou erigir uma política que fosse capaz de reconhecer as reais demandas do processo eleitoral, nem tampouco eficaz para combater a corrupção de forma eficaz.

Em relação a esse aspecto, Walfrido Warde considera que o combate à corrupção no Brasil, elevado à condição de espetáculo de linchamento político, em especial pela Operação Lava Jato, acabou por enfraquecer a base estrutural da economia nacional e a própria democracia liberal, considerando o que a pressão de grupos de interesse, de natureza econômica ou não, é elemento lícito no ambiente democrático.

> Não raro, empresas doaram centenas de milhares de reais, em alguns casos – para não ter erro – para todos os candidatos ao mesmo pleito. Doaram abertamente a candidatos que seriam, uma vez eleitos, determinantes para a contratação dos doadores pela administração pública, senão para que fossem por ela agraciados com benesses e facilidades das mais variadas. Empresa – diferentemente do que alguns têm afirmado[8] – não tem ideologia. "Doaram", é claro, jamais por diletantismo, mas para tirar proveito econô-

8. O ministro Luiz Fux, do Supremo Tribunal Federal, disse considerar a possibilidade de se "repensar" a proibição de financiamento de campanhas eleitorais por parte de empresas privadas, "desde que o façam de acordo com sua *ideologia*". Cf. UOL Notícias. Disponível em: https://noticias.uol.com.br/politica/ultimas-noticias/2017/08/17/fux-diz-que-doacao-de-empresas-a-campanhas-pode-ser-repensada.htm. Acesso em: 4 mar. 2019.

> mico do apoio, na mais franca política do toma lá, dá cá. E que não se diga que todo mundo sabia, mas que não havia prova. Mentira! Sociedade empresária não contrai, não pode contrair, obrigação de mero favor. A empresa é uma máquina de trocas econômicas – preferencialmente desiguais e vantajosas – nos mercados. Empresa só faz política quando política dá dinheiro. Precisa de qualquer outra prova? É claro que não. O fato é que essa era prática corrente, amplamente aceita [...]. Foi apenas no âmbito das colaborações premiadas, já em meio à Operação Lava Jato, que alguns delatores, quase sempre os que estavam presos – ou apavorados com essa possibilidade –, afirmaram que 'as delações oficiais eram feitas com dinheiro proveniente de contratos superfaturados' ou que 'essas doações eram, na verdade, propina para obter contratos com a Administração'. É certo que eram. Já eram antes. Sempre foram[9].

O fato é que, desde a reconstitucionalização em 1988, o país passou a ser sistematicamente abalado por escândalos de corrupção, sem que suas causas estruturais fossem atacadas de modo a se criar um escudo preventivo. Com visão em perspectiva, vários autores analisam que o combate à corrupção – em especial as práticas ilícitas que têm origem na composição de interesses econômicos privados – tem sido operado como mera instrumentalização de ação político-partidária; e colocando instituições fundamentais do Estado em confronto permanente[10].

A ausência de transparência no diálogo entre os agentes econômicos e representantes do setor público sempre foi um *subproduto* da cultura patrimonialista. Conquanto seja fundamental reconhecer que o patrocínio de interesses de natureza particular, coletivos ou não, junto a agentes públicos é, em princípio, legítimo e democrático, o fato é que a transparência nessa dialogicidade é imprescindível para validar esse processo.

Ainda que reconheça que parlamentares e governantes devam, sim, levar em conta os interesses de setores relevantes da economia, antes de tomarem decisões, como parte do processo de compreensão da realidade, Bruno Carraza constata que a sucessão de rumorosas crises de corrupção desde

---

9. WARDE, Walfrido. *O espetáculo da corrupção* – como um sistema corrupto e o modo de combatê-lo estão destruindo o País. Rio de Janeiro: LeYa, 2018, p. 42-43.
10. WARDE, Walfrido. *O espetáculo da corrupção* – como um sistema corrupto e o modo de combatê-lo estão destruindo o País. Rio de Janeiro: LeYa, 2018.

a reconstitucionalização do país – do "Esquema P.C. Farias" à "Operação Lava Jato", passando pelo escândalo dos "Anões do Orçamento", sobre o processo de privatizações do governo Fernando Henrique Cardoso e os mensalões petista e tucano – produziu um caldo de cultura capaz de revelar a sobreposição de personagens, empresas e práticas recorrentes de captura do interesse público[11].

A combinação de fatores como liberdade de expressão nos meios de comunicação, expansão do poder da colaboração em massa na produção e difusão de conhecimento (*wikinomics*) e acirramento do espírito corporativo nos órgãos de controle passou a colocar em xeque não apenas o sistema político originalmente moldado na dinâmica patrimonialista, mas também o próprio modelo hegemônico de *democracia liberal*, percebido socialmente como incapaz de oferecer respostas às crescentes demandas sociais.

Na visão de Walfrido Warde, o avanço *ativista* dos órgãos de controle sobre o sistema político, bem como a emergência de vários instrumentos legais editados com foco no combate à corrupção, como a Lei n. 12.846/2013 (Lei Anticorrupção), Lei n. 12.850/2013 (Lei de Combate às Organizações Criminosas); ou, ainda, diplomas editados visando a restringir o aparelhamento político das empresas estatais como a Lei n. 13.303/2016 (Lei de Responsabilidade das Estatais), incrementou o leque de instrumentos punitivos já estabelecidos no Código Penal, na Lei Geral de Improbidade Administrativa (Lei n. 8.429/92) e na Lei de Licitações e Contratos da Administração Pública (Lei n. 8.666/93), que passaram a ser vistas e aplicadas como uma reação desmedida destinada, muito mais a desestabilizar o método de ação política da administração pública, do que propriamente restringir ou combater práticas ilícitas[12].

Ao criticar a forma espetaculosa de combate à corrupção que ganhou corpo no Brasil nos últimos anos, o autor busca destacar a ausência de planejamento e estratégia específica para reverter o suposto quadro de deterioração moral. A crítica formulada pelo autor diz respeito à falta de cuidado das ins-

---

11. CARRAZA, Bruno. *Dinheiro, eleições e poder* – as engrenagens do sistema político brasileiro. São Paulo: Companhia das Letras, 2018.
12. WARDE, Walfrido. *O espetáculo da corrupção* – como um sistema corrupto e o modo de combatê-lo estão destruindo o País. Rio de Janeiro: LeYa, 2018.

tituições em relação ao interesse nacional, deixando de preservar as empresas fundamentais ao desenvolvimento do país e buscando afastar o próprio protagonismo da política na condução do Estado:

> O combate inconsequente à corrupção é entrega e rendição, precisamente porque tem uma capacidade única de promover estrondosa dissolução de instituições nos sistemas político, econômico e social, fisicamente unidos pelas relações de dependência, postas pelo capitalismo, entre povo, empresa e Estado. Nos regimes de produção capitalista, não há trabalho sem empresa, não há empresa sem Estado e não há Estado sem trabalho e sem capital. Um ataque ao capital, portanto, enfraquece – pode ferir de morte – o Estado e o povo [...]"[13].

A grande questão que exsurge desse quadro é que o combate às práticas *tornadas* ilícitas em dado momento da vida nacional, no seu formato repressivo, passou a constituir muito mais um combate aos efeitos da *percepção social da corrupção* do que propriamente aos atos de delinquência em si considerados. Basta que se analise a relação entre as chamadas frentes parlamentares e os *lobbies* pós-eleitorais. As frentes parlamentares são bancadas suprapartidárias que se organizam de forma paralela ao processo legislativo para patrocinar interesses de setores econômicos ou sociais específicos. Atualmente elas são financiadas exclusivamente com recursos privados e ensejam a mobilização de parlamentares para a realização de estudos, congressos, jantares e publicidade facilitadora para a tramitação de projetos de interesse de grupos.

O fatiamento do Caixa 2 e a manutenção da competência da Justiça Eleitoral é medida que atende à lógica jurídica e faz todo o sentido se vista sob a lógica da estruturação de competências entre a Justiça Eleitoral e a Justiça Comum, bem como as regras de conexão. No entanto, tal decisão não resolve a grave lacuna sobre a qual o sistema político não teve a capacidade de legislar.

Embora o Supremo Tribunal Federal tenha se mantido dividido quanto à conexão – deixando entrever que a Justiça Eleitoral não estaria devidamente aparelhada para investigar e processar crimes comumente conexos ao

---

13. WARDE, Walfrido. *O espetáculo da corrupção* – como um sistema corrupto e o modo de combatê-lo estão destruindo o País. Rio de Janeiro: LeYa, 2018.

Caixa 2 como corrupção e lavagem de dinheiro –, o fato é que a Justiça Eleitoral está absolutamente estruturada para exercer suas competências. Crimes eleitorais só podem ser processados e julgados pelo ramo especializado do Poder Judiciário, mesmo quanto a prática tem ligação (conexão) com outros delitos.

REFERÊNCIAS

CARRAZA, Bruno. *Dinheiro, eleições e poder.* São Paulo: Companhia das Letras, 2018.

COSTA, Antonio Tito. *Recursos em matéria eleitoral.* 8. ed. São Paulo: Revista dos Tribunais/Thompson Reuters, 2004.

COSTA, Adriano Soares da. *Instituições de direito eleitoral.* 6. ed. Belo Horizonte : Del Rey, 2006.

WARDE, Walfrido. *O espetáculo da corrupção* – como um sistema corrupto e o modo de combatê-lo estão destruindo o País. Rio de Janeiro: LeYa, 2018.

Propaganda eleitoral antecipada ou extemporânea – conceito, classificação e sanção

André Chaves[1]

1. LIBERDADE DE EXPRESSÃO E PRÉ-CAMPANHA: O LIMITE ENTRE O PROIBIDO E O PERMITIDO

Dois conceitos que, embora distintos, caminham juntos no âmbito do ordenamento jurídico, pois se de um lado a liberdade de expressão é o direito a manifestação sem censura de ideias, pensamentos, juízos de valores e, como diz Barroso (2004, p. 17), "qualquer manifestação do pensamento humano", do outro lado temos a pré-campanha, que é o exercício desse preceito constitucional. Entretanto, é sabido que existem certas limitações na pré-campanha, enquanto no direito à liberdade de expressão não há restrições prévias, e sim responsabilidades posteriores sobre aquilo que se manifesta. Diante desse impasse, a pergunta que se faz é: qual é o limite entre o proibido e o permitido? Compreenderemos essa questão analisando, a princípio, a liberdade de expressão em sua essência e, por conseguinte, a pré-campanha.

1. Pós-graduado em Direito Eleitoral pela Escola Judiciária Eleitoral Paulista (2013/2014). Especialista em Direito Tributário. Diretor de Relações Administrativas da Prefeitura de Guarulhos. Advogado, consultor em Direito Político e Eleitoral. Membro assessor da Segunda Câmara Recursal do Tribunal de Ética e Disciplina da OAB/SP.

A liberdade de expressão está intrinsicamente ligada à democracia, dado que não há democracia sem a liberdade de expressão. Democracia, no sentido etimológico da palavra, nada mais é do que governo do povo, ou seja, não há um governo do povo sem liberdade de expressão, que permita a manifestação integral de ideais, opiniões, críticas e pensamentos de toda sorte, inclusive a liberdade de manifestação intelectual, conforme dispõe o art. 5º, IX, da Constituição Federal:

> Art. 5º Todos são iguais perante a lei, sem distinção de qualquer natureza, garantindo-se aos brasileiros e aos estrangeiros residentes no País a inviolabilidade do direito à vida, à liberdade, à igualdade, à segurança e à propriedade, nos termos seguintes:
>
> IX – é livre a expressão da atividade intelectual, artística, científica e de comunicação, independentemente de censura ou licença[2].

Historicamente, a liberdade de expressão nasce no berço grego, não só a liberdade de expressão, mais muitos outros preceitos e ordens sociais emanaram da Grécia antiga.

Os gregos passaram a se organizar em pequenos grupos, para assim deliberarem sobre as questões inerentes à "demo". *Demo* no momento era o nome que se dava aos pequenos municípios da época. As reuniões dos pequenos grupos passavam a tomar maior proporção nas praças públicas, no entanto, mulheres, jovens e escravos não participavam das reuniões, tampouco das deliberações. O entendimento que se tinha na época era que as mulheres cuidariam dos serviços domésticos e os escravos cuidariam dos serviços pesados, assim os "chefes" de família teriam tempo o suficiente para dedicarem as suas vidas às decisões políticas, em conjunto. Intrigante era que, embora tivessem sua liberdade de expressão e opiniões, sua liberdade era restrita ao trabalho de seus escravos, uma democracia que dava liberdade a alguns, em detrimento da escravização de outros. Abre-se aqui um parêntese para fazer uma analogia com algumas espécies de democracia, pois muito embora não funcionem nos mesmos moldes, existem ainda escravos do sistema, que fazem o trabalho pesado para que a massa gire; sendo assim, os que tomam as

2. Constituição Federal, art. 5º, IX.

decisões políticas, de maneira "representativa", passam a ter mais tempo. Obviamente que essa não é a definição mais coerente de democracia, contudo, ainda que de maneira interpretativa, convido-vos à reflexão.

A liberdade de expressão não parou tão somente na antiga Grécia, os romanos também obtiveram êxito em determinados aspectos no que diz respeito à aplicação desse princípio. De acordo com Miguel Reale, começava uma crescente do "jusnaturalismo", que difundia a ideia do direito baseado na razão (REALE, 1999, p. 627-630).

Após a morte e ressurreição de Cristo, nasce o movimento denominado como cristianismo, onde os ensinamentos de Cristo eram difundidos entre diversas regiões, até alcançar inclusive o Império Romano, que mais tarde adotou o Cristianismo como religião oficial. Dentre os ensinamentos que eram difundidos no Cristianismo, havia um de grande peso, que era a igualdade entre todos, pois todo homem era feito a imagem e semelhança de Deus. Com isso todos eram iguais perante Deus e não haveria distinção entre negros e brancos, ricos e pobres, judeus e gentios, visto que a salvação era um direito de todos. Em concordância, Jorge Miranda aduz:

> É com o cristianismo que todos os seres humanos, só por o serem e sem acepção de condições, são considerados pessoas dotadas de um eminente valor. Criados a imagem e semelhança de Deus, todos os homens e mulheres são chamados à salvação através de Jesus, que, por eles, verteu o Seu sangue. Criados à imagem e semelhança de Deus, todos têm uma liberdade irrenunciável que nenhuma sujeição política ou social pode destruir (MIRANDA, 2000, p. 17).

Para que os ensinamentos bíblicos fossem difundidos entre o povo, os cristãos, usavam e abusavam do direito à expressão, muito embora esse direito não existisse de maneira concisa, eles utilizavam de praças públicas para anunciarem "boas novas", que são conhecidas até hoje como evangelho de Cristo.

Após as Revoluções Francesas, Norte-americanas e Inglesas, os direitos e garantias fundamentais passam a ser difundidos pela história. Em 1776, nascia a Declarações de Direitos do Bom Povo, que dispunha em seu inciso III o seguinte:

> Que o governo é instituído, ou deveria sê-lo, para proveito comum, proteção e segurança do povo, nação ou comunidade; que de todas as formas e modos de governo esta é a melhor, a mais capaz de produzir maior felicida-

> de e segurança, e a que está mais eficazmente assegurada contra o perigo de um mau governo; e que se um governo se mostra inadequado ou é contrário a tais princípios, a maioria da comunidade tem o direito indiscutível, inalienável e irrevogável de reformá-lo, alterá-lo ou aboli-lo da maneira considerada mais condizente com o bem público[3].

A Declaração dos Direitos do Homem e do Cidadão, de 1789, dava seguimento aos avanços dos direitos fundamentais, em especial à liberdade de expressão. Sem sombra de dúvida, o principal expoente dos direitos fundamentais veio em 1948, com a Declaração Universal dos Direitos Humanos, lançado pela ONU (Organização das Nações Unidas[4]), onde ficaria muito mais fundamentado o direito à liberdade e À igualdade, conforme aduz Ricardo Castilho (2011, p. 137):

> Está fundada no conjunto de direitos inerentes à personalidade da pessoa (liberdade e igualdade) e também no conjunto de direitos estabelecidos para a coletividade (sociais, econômicos e culturais). Por isso mesmo, a dignidade da pessoa não admite discriminação, seja de nascimento, sexo, idade, opiniões ou crenças, classe social e outras.

Em conjunto com a Declaração Universal dos Direitos Humanos, nasce em toda pós-modernidade a liberdade de expressão, compreendendo todo o caráter histórico e conceitual da liberdade de expressão. Passaremos a albergar a aplicação desse princípio no âmbito do direito eleitoral.

Como sabido, a nossa Magna Carta, em seu art. 5º, IV, IX e X, irá discorrer sobre a liberdade de expressão, que, como dito, nada mais é do que a liberdade de manifestação direta de ideias, pensamentos e até opiniões crí-

---

3. Declaração de direitos do bom povo Virginia. Disponível em: http://www.nepp-dh.ufrj.br/anterior_sociedade_nacoes6.html. Acesso em: 19 maio 2022.
4. De acordo com Carla Mereles, Estudante de Jornalismo na Universidade Federal de Santa Catarina (UFSC), curadora do TEDx Blumenau e assessora de conteúdo do Politize: "A Organização das Nações Unidas, popularmente conhecida como ONU (ou no idioma inglês como UN), é uma organização internacional cuja principal missão é a paz. Ela é formada pelo que se chama de países-membros e nenhum deles é obrigado a integrá-la; a ideia é que o país que concordar com os princípios da organização, como o trabalho pela paz e o desenvolvimento mundial, possa voluntariamente adentrá-la e somar na construção dessas metas".

ticas sobre qualquer assunto. Na própria Declaração Universal dos Direitos Humanos, em seu art. XIX, é dito:

> Todo ser humano tem direito à liberdade de opinião e expressão; este direito inclui a liberdade de, sem interferência, ter opiniões e de procurar, receber e transmitir informações e ideias por quaisquer meios e independentemente de fronteiras[5].

Consoante com a Declaração Universal dos Direitos Humanos, a Constituição Federal dispõe:

> Art. 5º Todos são iguais perante a lei, sem distinção de qualquer natureza, garantindo-se aos brasileiros e aos estrangeiros residentes no País a inviolabilidade do direito à vida, liberdade, igualdade, segurança e a propriedade, nos termos seguintes:
>
> IV – é livre a manifestação do pensamento, sendo vedado o anonimato (art. 5º, IV).

Compreende-se, que, se é livre a manifestação do pensamento, ideais, e opiniões, de forma irrestrita, sendo vedado apenas o anonimato, é também livre a manifestação política, ao menos em tese. Contudo, a lei eleitoral impôs, durante muito tempo, limites à manifestação política, havendo alteração somente com as minirreformas (2009, 2013) e a principal minirreforma dada pela Lei n. 13.165/2015, que deu nova vida a pré-campanha, que até então era confusa.

Precipuamente, o art. 36 da Lei n. 9.504/97 dispunha: "A propaganda eleitoral somente é permitida após o dia 5 de julho do ano da eleição".

---

5. Declaração Universal dos Direitos Humanos, de acordo dom o Ministério da Justiça: "Os direitos humanos são os direitos essenciais a todos os seres humanos, sem que haja discriminação por raça, cor, gênero, idioma, nacionalidade ou por qualquer outro motivo (como religião e opinião política). Eles podem ser civis ou políticos, como o direito à vida, à igualdade perante a lei e à liberdade de expressão. Podem também ser econômicos, sociais e culturais, como o direito ao trabalho e à educação e coletivos, como o direito ao desenvolvimento. A garantia dos direitos humanos universais é feita por lei, na forma de tratados e de leis internacionais".

Essa norma, originalmente como se dispunha, restringia completamente toda e qualquer chance de o candidato anunciar-se ao pleito, fato que colide frontalmente com o princípio constitucional da liberdade de expressão. Há de se constar que o legislador não impôs limite à pré-campanha sem motivos, pois entendia-se que, embora haja a liberdade de expressar-se, há por outro lado a forte influência da propaganda, visto que é possível por meio dela influenciar pessoas, e que, certamente, quanto mais tempo se tem para a propagação de uma ideologia, mais adeptos à ideologia se terá, ou seja, quem detiver maiores condições financeiras para se propagar por mais tempo certamente terá vantagem sob os demais futuros candidatos, podendo atrair para si um maior número do eleitorado, em virtude do seu poder econômico, onde se classifica como abuso do poder econômico, ferindo portanto o princípio da isonomia. Todavia, isso não alterava o fato de que essa restrição imposta pela lei eleitoral colidia frontalmente com um dos preceitos fundamentais da Constituição Federal, conforme conceitua José Afonso da Silva:

> As formas de comunicação regem-se pelos seguintes princípios básicos: (a) observado o disposto na Constituição, não sofrerão qualquer restrição qualquer que seja o processo ou veículo porque se exprimam; (b) nenhuma lei conterá dispositivo que possa constituir embaraço à plena liberdade de informação jornalística; (c) é vedada toda e qualquer forma de censura de natureza política, ideológica e artística; (d) a publicação de veículo impresso de comunicação independe de licença de autoridade; (e) os serviços de radiodifusão sonora e de sons e imagens dependem de autorização, concessão ou permissão do Poder Executivo Federal, sob controle sucessivo do Congresso Nacional, a quem cabe apreciar o ato, no prazo do art. 64, §§ 2º e 4º (45 dias, que não correm durante o recesso parlamentar); (f) os meios de comunicação social não podem, direta ou indiretamente, ser objeto de monopólio.

Há, portanto, muitos conflitos doutrinários sobre a questão, pois quando trata de colisão de preceitos constitucionais utiliza-se a ponderação. Fato é que, se temos a Constituição Federal como nossa lei maior, não podemos nos eximir da responsabilidade, bem como do cumprimento desta lei. Na mesma esteira, Wagner Luiz Zaclikevis aduz:

> Impedir que essa liberdade flua é macular a própria condição humana. A liberdade de expressão impõe ao Estado (incluídos os juízes, obviamente) a não intervenção em alto grau, a abstenção de impor normas de proibição

aos direitos da liberdade de expressão, tais como de reunião, de manifestação e de pensamento[6].

Há muito se questionou a inoperância do legislador, mormente nas ditas minirreformas eleitorais, acerca do período pré-campanha, visto que hoje retrata uma realidade, sendo largamente explorado por todos os interessados a candidatar-se a cargo eletivo, mas que infelizmente nos falta maior reflexão sobre o tema.

Compreendendo o legislador, o alto grau, de incompatibilidade, em muitos aspectos com a Constituição Federal, em 2015 incluiu o art. 36-A na Lei das Eleições.

Este artigo trouxe consigo muitas mudanças, no que se nomeia, pré-campanha, pois o que outrora era proibido passou a restringir-se "pedido explícito de voto".

No entendimento de Olivar Coneglian (2006a):

> 36-A.1. Só deve ser considerada propaganda eleitoral antecipada aquela propaganda de cunho eleitoral, realizada antes de 16 de agosto do ano eleitoral, que traga em seu bojo pedido de voto. Se não houver pedido explícito de voto, não ficará caracterizada propaganda antecipada. Este art. 36-A trouxe um profundo abrandamento ao conceito da chamada propaganda antecipada. [...] O artigo traz uma ordem incisiva: não pode haver pedido expresso de votos. Verifica-se que essa proibição permeia, inunda todos os incisos seguintes, todo o restante do artigo. Respeitada essa proibição, abre-se o leque de uma série de condutas que antigamente estavam no rol das proibições, e que a lei reconhece como lícitas. Já no próprio *caput*, há duas condutas aceitas: a menção à pretensa candidatura e a exaltação das qualidades pessoais dos pré-candidatos. Como o artigo não estabelece outras condicionantes, como tempo, lugar, meio de comunicação, há que se entender que essas duas condutas.

Quando se diz pedido explícito de voto, abre-se aqui margem para uma grande discussão, pois quando se proíbe o pedido explícito de voto, consequentemente se permite o pedido implícito de voto, ou seja, os candidatos já poderiam manifestar-se, politicamente, participar de debates e ago-

---

6. Disponível em: https://rdstation-static.s3.amazonaws.com/cms/files/1425/1521669240 artigo-eleitoral.pdf. Acesso em: 19 maio 2022.

ra podem até pedir votos de maneira implícita, que não irá caracterizar-se como propaganda eleitoral antecipada. O que nos parece, na verdade, é certa hipocrisia legislativa, no que diz respeito à aplicação. Dessarte, todos implicitamente sabem que há um pedido de voto, menção à pretensa candidatura, ou exaltação de suas qualidades pessoais. Dessa forma, a propaganda eleitoral extemporânea passou a circunscrever-se, genericamente, ao pedido explícito de voto. Outro questionamento que se faz é: até que ponto o pedido explícito de voto pode limitar de fato o abuso do poder econômico, ou controlar a igualdade entre os pretensos candidatos? De outra sorte, não poderia o detentor de um maior recurso financeiro se utilizar dos meios, agora legais, para investir em pré-campanha? Com toda a certeza os ditames da nova lei passaram a observar de fato o preceito constitucional da liberdade de expressão; contudo, o abuso do poder econômico, certamente, não foi desestimulado.

As permissões passaram a ser mais amplas, fazendo com que a pré-campanha se tornasse um forte meio para a divulgação e, por consequência, a captação de votos.

A menção à pretensa candidatura é a manifestação direta da vontade ou desejo do filiado em candidatar-se a cargo eletivo. Essa mudança passou a ser a alteração de maior relevância, porquanto era expressamente proibido ao pré-candidato manifestar seu desejo à candidatura, visto que dessa forma poderia ser penalizado. Entretanto, com a alteração, podem agora os pré-candidatos investirem muito mais na pré-campanha, pois com a diminuição do tempo de campanha passou a ser muito vantajoso investir na pré-campanha. Em acordo, Paulo Cézar Nobre Machado Filho e João Luis Nogueira Matias Filho (2018):

> Sem dúvidas, a alteração de maior impacto foi a exclusão da menção à pretensa candidatura do rol de condutas tipificadas como propaganda eleitoral antecipada, desde que não envolva pedido explícito de voto. Com a redução quase que pela metade do período de campanha eleitoral, o período de pré-campanha tende a ser relevante, quem sabe até decisivo, no resultado do pleito, principalmente para os candidatos mais desconhecidos. No regime anterior, os pré-candidatos não poderiam sequer se identificar como tais, sob risco de incorrer no ilícito. Até mesmo a divulgação de atos parlamentares e de debates legislativos era possível, desde que não houvesse menção à pretensão candidatura, o que hoje é possível.

Isto posto, deverão certamente os pré-candidatos se desdobrarem entre esse dispositivo legal, para então ampliarem suas oportunidades de propagação eleitoral.

Será permitido, outrossim, conforme art. 36-A, a exaltação pessoal dos pré-candidatos, permissão essa que certamente promoverá o pretenso pré-candidato a ter inclusive um impacto direto nas futuras intenções de votos. Na mesma esteira de pensamento, Paulo Cézar Nobre diz:

> A própria exaltação às qualidades pessoais e a divulgação de atos de parlamentar, por exemplo, enaltecem a figura dos pré-candidatos e, concomitantemente, promovem a sua futura candidatura, sendo capazes ainda que provocar a adesão de eleitores. Tratam-se, pois, de propaganda tipicamente eleitoral, as quais podem se iniciar durante o período de pré-campanha e se prologar até o término da campanha (MACHADO, 2018, p. 50).

Em uma análise concreta, podemos concluir que há três permissões essenciais e uma proibição crucial, sendo as permissões o pedido "implícito" de voto, a menção à pretensa candidatura, a exaltação das qualidades pessoais e a proibição do pedido explícito de voto. Das três permissões citadas emanam todas as permissões à pré-campanha; por conseguinte, do pedido explícito de voto emanam todas as proibições.

Já havia sido permitida a participação de filiados, ou até pré-candidatos, em entrevistas, programas de televisão, encontros ou debates no rádio e até na internet, respeitando a restrição do pedido de voto e a isonomia entre os candidatos. O pré-candidato pode participar de debates de cunho inclusive político, manifestando sua opinião. A lei também determina que haja tratamento isonômico, entre os candidatos, contudo essa regra aparenta ser um tanto quanto genérica, pois não estipula, de forma concreta, como se dará, de fato, o tal tratamento isonômico. Abre-se, portanto, um leque para as emissoras de televisão e rádio passarem a chamar filiados de sua preferência sem, contudo, serem responsabilizados por isso. A internet passou a ser um dos meios de comunicação de maior destaque, nas pré-campanhas, pois o que era proibido nas campanhas passou a ser permitido, impulsionar publicações de opiniões políticas, estruturais, opiniões pessoais acerca de governo, inclusive a menção de propostas de melhorias e projetos para sua futura candidatura.

Será permitida a realização de reuniões, seminários e congressos em ambiente fechado, para discussão de políticas públicas, entre outros assuntos.

Em suma, as mudanças que ganharam grande proporção e destaque passam a constar neste trabalho. A reflexão que se faz ante a tudo o que nos é exposto é que o que antes se criticava pelo princípio constitucional da liberdade de expressão passou a ser melhor compreendido, permitindo ao candidato a sua livre manifestação de opinião.

Na mesma esteira, Zaclikevis (2016, p. 16):

> A sociedade deve ter assegurado o direito de participar como um todo do debate político, e o Estado deve garantir os meios para que ela dê suas opiniões da melhor maneira que lhe convenha. É sob esse aspecto que vem uma maior liberdade para a pré-campanha[7].

A pré-campanha pode ser encarada como um avanço constitucional na lei eleitoral. Entretanto, há de se destacar que o limite entre o permitido e o proibido, em tese, passou a ser o pedido explícito de voto.

Como já mencionado, a pré-campanha passou a figurar, de forma expressiva, com o advento da Lei n. 13.165, de 2015, que trouxe consigo os chamados atos de pré-campanha, que deram grande abrangência aos filiados e pretensos candidatos. Na medida em que a Lei n. 9.504/97 propunha uma forma de campanha completamente restrita e rigorosa, sendo possível somente após o dia 5 de julho do ano da eleição, ou seja, só era permitido cogitar em campanha eleitoral a partir do dia 5 de julho, muito se discutiu a inoperância constitucional dessa lei, dado que colide frontalmente com a liberdade de expressão, que é expresso pelo art. 5º, IV, IX e X, onde é largamente explícito o direito à manifestação pessoal em todos os meios e seios sociais. Muitas minirreformas foram feitas, no afã de amenizar a ferida inconstitucional que havia sido feita pela Lei n. 9.504/97, a exemplo a Lei n. 12.034/2009, que tentou de certa forma viabilizar a prática de eventos em caráter veladamente político, entretanto nunca foi o suficiente para sanar o problema. O art. 36-A, como é conhecido, acabou por tentar solucionar o problema. De acordo com Machado (2018, p. 50):

---

7. Disponível em: https://rdstation-static.s3.amazonaws.com/cms/files/1425/1521669240artigo-eleitoral.pdf. Acesso em: 19 maio 2022.

Com a alteração do art. 36-A à Lei n. 9.504/97 pela Minirreforma Eleitoral de 2015, ampliou-se consideravelmente os atos que podem ser praticados durante o período de pré-campanha. A partir de então, a figura do pré-candidato, tido como aquele que submeterá seu nome em convenção partidária vindoura e que muito provavelmente será escolhido no evento para disputar o pleito, ganhou destaque no cenário político, sobretudo, em ano eleitoral.

A Minirreforma de 2015 concedeu força total ao que se entende por pré-campanha, dado que se passou teoricamente a restringir-se ao pedido explícito de voto, com isso passou a ser permitidas, inclusive, a menção à pretensa candidatura, bem como a exaltação das qualidades pessoais dos pré-candidatos. Todavia, de acordo com Machado (2018, p. 50), "não foi mencionado pelo legislador quando exatamente se iniciaria o período de pré-campanha", assim sendo, conforme o princípio da legalidade, o que não é expressamente proibido por lei é permitido, ou seja, a pré-campanha pode ter início a qualquer tempo. Aduz ainda Machado (2018, p. 51):

> Diferentemente do período de campanha eleitoral, a pré-campanha não ganhou contornos nítidos a respeito do seu início. Assim, a menção à pretensão candidatura, em tese, poderia ocorrer a qualquer momento, até mesmo durante o período de campanha por pré-candidato que somente venha a concorrer em pleito futuro, sendo suficiente, para escapar da subsunção ao ilícito da propaganda eleitoral antecipada, a mera ausência de pedido explícito de voto.

A grande novidade no que diz respeito à campanha eleitoral foi a permissão da ferramenta impulsionar nas plataformas de publicações da internet.

A internet tornou-se uma grande plataforma de divulgação. Na grande verdade, é a maior ferramenta de divulgação existente. Com os meios chamados "redes sociais", a internet passou a ser o meio mais poderoso de comunicação mundial. Muito do que se entende por globalização hoje se deu graças aos avanços da tecnologia e principalmente à internet. Não obstante, em virtude de a lei seguir as mudanças da sociedade, o legislador acabou por legalizar a utilização da propaganda paga via internet.

Em 2016, o TER/PE entendeu que o ato de impulsionar publicações na plataforma das redes sociais constituía propaganda eleitoral extemporânea. A seguir vejamos:

EMENTA: RECURSO ELEITORAL. REPRESENTAÇÃO. Propaganda Política. Propaganda Eleitoral. Internet. Propaganda Política. Propaganda Eleitoral. Extemporânea/Antecipada. PROCEDÊNCIA. 1. Ao analisar uma conduta discutida como propaganda eleitoral extemporânea, a Corte Regional não pode analisar a publicidade de forma isolada, mas deve valer-se de todo o conjunto probatório, todas as circunstâncias, todo o contexto político do município, o alcance, meio e modo da divulgação. 2. A utilização de técnicas de marketing, como anúncio patrocinado no Facebook, mais do que divulgar a propaganda, agiu de forma a desenvolver certa intimidade entre a pré-candidata e o público eleitor, não pelo debate político, mas com o propósito de deixar registrado seu nome na mente do eleitor e incutir a ideia de aptidão para sufragar o voto, sobretudo quando foi utilizado em ano eleitoral. 3. A utilização de recursos de marketing, de recursos propagandísticos, de mera estratégia de publicidade, mecanismos sub-reptícios de convencimento, que atuam no inconsciente coletivo, tendentes a induzir o eleitor a votar, acaba por se afastar dos atos permissivos do art. 36-A da Lei 9.504/97, cujos objetivos é estimular o debate político em igualdade de condições. 4. A restrição no que concerne à propaganda extemporânea não pode ser vista considerando apenas o texto da lei, mas também as proibições implícitas que visam a coibir, por exemplo, o uso indevido dos meios de comunicação social, a arrecadação de recursos voltados à promoção do candidato fora do período eleitoral legal, abuso de poder econômico e político, dentre outras condutas abusivas mascaradas de atos despretensiosos. 5. Na ausência de legislação específica para impedir atos como o ora debatido, a solução se encontra na ponderação entre os princípios da igualdade/paridade de armas e o princípio da liberdade de propaganda, e daí se conclui que só há que se falar em liberdade em conjunto com a igualdade de oportunidades. 6. Desprovimento da pretensão recursal (Recurso Eleitoral n. 8-14.2016.6.17.0008, acórdão de 25/07/2016, Relator Des. Alberto Nogueira Virgínio, *DJE* n. 149/2016, páginas 8-9).

Já o TSE, no mesmo ano, decidiu de forma diferente. Entendeu ser aplicável nesse sentido o princípio da liberdade de expressão:

ELEIÇÕES 2016. RECURSO ESPECIAL. REPRESENTAÇÃO. PROPAGANDA ELEITORAL ANTECIPADA (LEI DAS ELEIÇÕES, ART. 36-A). DIVULGAÇÃO DE MENSAGEM EM FACEBOOK. ENALTECIMENTO DE PARTIDO POLÍTICO. MENÇÃO À POSSÍVEL CANDIDATURA. AUSÊNCIA DE PEDIDO EXPLÍCITO DE VOTOS. NÃO CONFIGURAÇÃO. LEGÍTIMO EXERCÍCIO DAS LIBERDADES JUSFUNDAMENTAIS DE INFORMAÇÃO E DE IMPRENSA. ULTRAJE À LEGISLAÇÃO ELEITORAL NÃO CONFIGURADO. RECURSO

ESPECIAL A QUE SE DÁ PROVIMENTO. 1. A liberdade de expressão reclama proteção reforçada em um Estado Democrático de Direito "não porque ela é uma forma de autoexpressão, mas porque ele é essencial à autodeterminação coletiva" (FISS, Owen M. A Ironia da Liberdade de Expressão: Estado, Regulação e Diversidade na Esfera Pública. Trad. Gustavo Binenbojm e Caio Mário da Silva Pereira Neto. Rio de Janeiro: Renovar, 2005, p. 30), motivo por que o direito de expressar-se – e suas exteriorizações (informação e de imprensa) – ostenta uma posição preferencial (*preferred position*) dentro do arquétipo constitucional das liberdades. 2. A proeminência da liberdade de expressão deve ser trasladada para o processo político-eleitoral, uma vez que os cidadãos devem ser informados da maior variedade de assuntos respeitantes a eventuais candidatos, bem como das ações parlamentares praticadas pelos detentores de mandato eletivo. 3. A *ratio essendi* subjacente ao art. 36, *caput*, da Lei das Eleições, que preconiza que a propaganda eleitoral somente será admitida após 15 de agosto do ano das eleições, é evitar, ou ao menos amainar, a captação antecipada de votos, o que poderia desequilibrar a disputa eleitoral, vulnerar o postulado da igualdade de chances entre os candidatos e, no limite, comprometer a própria higidez do prélio eleitoral. 4. Para se enquadrar determinada mensagem de pré-candidato no conceito de propaganda eleitoral extemporânea, deve-se aferir se a mesma consubstancia ato atentatório à isonomia de chances, à higidez do pleito e à moralidade que devem presidir a competição eleitoral, ou, ao revés, encerra livre e legítima forma de exteriorizar seu pensamento dentro dos limites tolerados pelas regras do jogo democrático. 5. A menção à pretensa candidatura e a exaltação das qualidades pessoais dos pré-candidatos, nos termos da redação conferida ao art. 36-A pela Lei n. 13.165/2015, não configuram propaganda extemporânea, desde que não envolvam pedido explícito de voto. 6. A veiculação de mensagens, em rede social da internet, que não divulgue pedido explícito de votos afigura-se perfeitamente possível, conquanto se faça alusão a possível candidatura ou se veicule enaltecimento a determinado projeto político. 7. No caso *sub examine*, a) A mensagem veiculada em página pessoal do Recorrente no Facebook, a despeito de enaltecer determinado partido político e de indicar possível candidatura, não configura propaganda eleitoral extemporânea vedada pela legislação de regência, como supõe o aresto vergastado; b) O ato não acarreta qualquer prejuízo à paridade de armas, pois qualquer eventual competidor poderia, se quisesse, proceder da mesma forma, divulgando mensagens sobre seus posicionamentos, projetos e qualidades, em igualdade de condições, principalmente por tratar-se de propaganda de baixíssimo custo, inapta a ocasionar interferência indevida do poder econômico no pleito; c) Além de o teor da mensagem infirmar a conclusão de que se trata de propaganda em período vedado, a veiculação da mensagem, no caso

> concreto, não viola nenhum dos objetivos que informam a *ratio* da limitação temporal da propaganda. 8. Recurso especial provido (REsp 51-24/MG, Rel. Min. Luiz Fux, publicado em sessão em 18/10/2016).

Com todas essas mudanças no cenário de campanha, obviamente que haveria, portanto, alterações, no que diz respeito à propaganda eleitoral extemporânea ou antecipada. Nos tópicos que subseguem, abordaremos pontualmente o assunto.

A propaganda eleitoral antecipada ou extemporânea, em seu sentido etimológico, conceitua-se como propaganda fora do prazo determinado por lei, que pode ser de maneira antecipada, ou extrapolada ao tempo que se propôs. No direito de uma forma geral, o tempo ou o prazo se tornam completamente específicos, dado que a inobservância desse prazo poderá acarretar na quebra de direitos. Não obstante, na forma da lei eleitoral, existem de igual modo prazos a serem cumpridos, principalmente no que tange ao calendário eleitoral, que passou a ser diminuto. Baseando-se na ideia de que toda a campanha eleitoral possui um início, um meio e fim, passou o legislador a propor data de início e término para a campanha eleitoral, para assim cumprir com o princípio da isonomia na campanha. O princípio da isonomia propõe a igualdade entre os candidatos. Exatamente como em uma corrida, todos iniciam na faixa de largada aguardando o sinal. Para a propaganda eleitoral, foi proposto pela Lei n. 9.504/97, art. 36, que se iniciasse a partir do dia 5 de julho do ano das eleições, todavia minirreformas foram feitas, alterando a data de início para o dia 16 de agosto do ano das eleições.

A propaganda eleitoral na visão do ilustre professor José Jairo Gomes conceitua-se em:

> Conforme salientado, a propaganda eleitoral só é permitida após o dia 5 de julho do ano da eleição até o dia do pleito, durante, pois, o período eleitoral (LE, art. 36, *caput*). Nessa oportunidade, o candidato já terá sido escolhido na convenção e seu pedido de registro já deverá ter sido requerido à Justiça Eleitoral, pois o prazo para a pratica desse ato encerra-se às 19 horas do dia 5 de julho. Se feita fora desse período, qualifica-se como extemporânea ou antecipada (GOMES, 2011, p. 330).

Restringe-se, portanto, ao momento em que se deverá ser iniciada a propaganda eleitoral, caracterizando-se, portanto, como antecipada ou extemporânea toda aquela que for efetuada fora do prazo legal. Nesse sentido: "Conforme exposto, a propaganda se classifica, em relação ao momento em que é veiculada, como tempestiva ou extemporânea, no caso de se dar fora do marco temporal legal" (MENDES, 2018, p. 32).

Em aspecto histórico-geral, a propaganda eleitoral antecipada ou extemporânea teve início na ditadura militar, quando instituída pela Lei n. 4.737/65. A ideia da ditadura era propor na verdade limites não ao poder econômico dos candidatos, e sim à liberdade de expressão contra a própria ditadura, conforme nos ensina Alberto Rollo:

> Essa é a razão, no dizer do prof. Francisco Prado, pela qual "o texto legal abrigou apenas o preceito – a vedação da conduta, deixando o seu sancionamento às normas internas de cada partido. No fundo, o que se pretendeu foi conter a irradiação dos prestígios individuais contrários ao regime, por via do controle partidário, razão pela qual a instauração do sistema bipartidário foi o passo seguinte na trilha desse propósito". O bem jurídico consagrado no preceito foi, em verdade, o da autoridade partidária, então reforçado. O legislador pós-Constituição de 1988 estabeleceu o mesmo preceito, somente com sanções administrativas, nas Leis n. 8.713/1993, 9.100/1995 e 9.054/1997, todas de natureza eleitoral (ROLLO, 2004, p. 48).

Aduz ainda Mendes (2018, p. 32):

> Dessa forma, parece claro que o intuito de regular a propaganda para proibi-la durante determinado período teve caráter eminentemente censurador e violador das liberdades de expressão, de manifestação e de pensamento, a fim de coibir o surgimento de lideranças contrárias ao regime ditatorial. Por óbvio, se a censura que perseguiu a música e as artes em geral durante o regime militar tinha caráter político, a política tampouco escaparia.

No lapso, não foi o legislador quem adotou o termo *propaganda eleitoral antecipada ou extemporânea*, mas sim o próprio TSE (Ac.-TSE n. 15.372, de relatoria do Ministro Eduardo Alckmin, de 15/04/1999 – ROLLO, 2004).

Em uma análise da Lei n. 9.504, art. 36, veremos a propaganda eleitoral antecipada como sendo aquela que por forma direta ou indireta difunde ou dissemina conteúdo de caráter eleitoral com a pretensão se angariar votos.

Foi adotado o conceito pela jurisprudência do TSE, que trouxe a figura da propaganda expressa ou subliminar. De acordo com Mendes (2018), a grande dificuldade não foi entender a maneira "expressa", e sim a forma subliminar, pois para se definir o que exatamente era subliminar não foi tarefa fácil. Com isso, nomeou-se o conceito "tripartite", onde era mencionado como sendo: alusão ao processo eleitoral, exaltação de qualidades pessoais e pedido de voto, conforme nos ensina Gomes (2011).

Com o trinômio, pôde o TSE barrar de forma veemente muitos pré-candidatos no que tange à propaganda antecipada.

A relação temporal, no que dizia respeito à configuração do início da propaganda antecipada, não foi definida pelo legislador. De acordo com Gomes (2011), devido à falta do legislador em dizer o prazo que passaria a se configurar como propaganda eleitoral antecipada, passou-se a entender que a antecipação da propaganda poderia ocorrer em qualquer tempo, sendo inclusive possível um ano antes da candidatura.

Devido à enorme pressão, advinda tanto dos tribunais como inclusive da doutrina, o legislativo passou a compreender que havia de fato necessidade de minirreformas, e iniciou com a Minirreforma de 2009, onde abriu um rol de permissibilidades, como já mencionado no presente trabalho.

A grande reforma veio, portanto, em 2015, com a inclusão do art. 36-A, onde se abriu ainda mais o rol de permissibilidades, no que tange à pré-campanha.

O grande destaque passou a ser o fenômeno do "pedido explícito de voto", onde o legislador, em uma leitura expressa, restringiu a propaganda antecipada ao pedido explícito de voto.

Para Machado (2018), o termo *pedido explícito de voto* é indefinido. Contudo, se observarmos de maneira cuidadosa, veremos que o legislador implantou o que tenho chamado de pedido "implícito" de voto, e volto a dizer que o que não é expressamente proibido por lei é permitido, sendo assim passou-se a ser permitido, observando o princípio da legalidade.

Em síntese, o legislador propôs outras duas importantes mudanças, que foram a menção à pretensa candidatura e a exaltação as qualidades pessoais.

Conclui ainda Mendes (2018, p. 46):

> A propaganda eleitoral, subespécie do gênero propaganda política, difere das outras espécies por visar à obtenção do voto para pleito eleitoral específico. Entretanto, além do objeto imediato da captação do sufrágio, é inegável o seu viés informativo e educacional, que se torna indispensável para o

> exercício pleno da capacidade eleitoral ativa, pois leva ao eleitor à pluralidade de ideias e de propostas, além de fomentar o debate cívico. Desde a Lei n. 12.034/2009, o legislador buscou apresentar respostas ao ativismo judicial na caracterização da propaganda extemporânea, cujo conceito se mostrava cada vez mais abrangente e impreciso. Assim, neste primeiro momento, foi definido um rol taxativo de condutas da vida política que não caracterizavam ato de propaganda eleitoral antecipada, bem como foi dada previsão legal à figura do pré-candidato. Todavia, essa primeira flexibilização não foi suficiente, de modo que a Lei n. 13.165/2015 propôs um conceito totalmente novo do que seria a propaganda eleitoral extemporânea, sendo a proibição ao pedido expresso de voto a única vedação precisa para os atos de promoção pessoal no período pré-eleitoral. Conclui-se que a minirreforma eleitoral de 2015 propõe uma ampla flexibilidade da promoção pessoal na fase da pré-campanha, permitindo, inclusive, o pedido implícito de votos. Entretanto, apesar do avanço legislativo, ainda existem pontos controvertidos que precisam ser lidos à luz dos princípios constitucionais de liberdade e legalidade, sob pena do engessamento do debate político.

Conforme analisado, com o advento de inúmeras minirreformas, a configuração de propaganda antecipada, passou a se caracterizar de forma diferente, visto que antes da Lei n. 12.034/2009, as regras para propaganda eram mais rígidas, pois de acordo com Marino Pagazziglini Filho, configurava-se propaganda eleitoral antecipada ou extemporânea:

- a divulgação, antes do prazo legal do início da campanha política, do nome e dos trabalhos desenvolvidos por agente público ou por profissionais em geral, nas áreas de sua atuação ou especialidade, revelando que tem a intenção de ser candidato a prefeito ou vereador em 2008;
- as mensagens de congratulações, enviadas por quem pretende se candidatar, dirigidas a parcela do eleitorado ou população em geral do Município, em datas especiais, tais como natal, ano novo, aniversário da cidade, dia das mães etc., informando sua candidatura às próximas eleições;
- as publicações feitas por agentes públicos à guisa de prestação de contas, enaltecendo seu currículo e suas realizações e anunciando seu desejo de postular eleição ou reeleição em 2008 à prefeitura ou à câmara municipal; e
- a utilização sistemática de meios de comunicação para favorecimento de candidaturas às eleições municipais.

Contudo, no dia 29 de setembro do ano de 2009, reformas consideráveis ocorreram, como a inclusão de maior participação feminina no quórum eleitoral, passou-se a proibir o uso de trio elétrico, exceto para comícios, entre outras. A alteração de maior destaque passou a ser a liberação de prévias partidárias, bem como a participação de pré-candidatos em entrevistas na rádio ou na televisão, podendo discutir sobre assuntos políticos e aludir de forma direta opiniões críticas, desde que não houvesse pedido de voto. Muito se discutiu na época como desvincular assuntos de plataforma política do pedido de voto, haja vista que um assunto desta natureza está completamente correlato, conforme a seguir expõe o inciso I do art. 36-A da Lei n. 12.034/2009:

> I – a participação de filiados a partidos políticos ou de pré-candidatos em entrevistas, programas, encontros ou debates no rádio, na televisão e na internet, inclusive com a exposição de plataformas e projetos políticos, desde que não haja pedido de voto, observado pelas emissoras de rádio e de televisão o dever de conferir tratamento isonômico.

Compreende-se pacificamente na doutrina que, com a inclusão desse inciso, passou-se a entender que somente não se caracterizaria como propaganda eleitoral extemporânea a comunicação feita em entrevistas de rede de televisão, rádio e internet. Todavia, destaca Gomes (2011) que a veiculação feita por intermédio de jornais impressos caracterizaria propaganda eleitoral antecipada, o que na visão do autor era um absurdo, visto que o jornal impresso tem visualização inferior. Conforme pontua:

> Interpretando-se literalmente a regra do inciso I, poder-se-ia inferir que só não se considera propaganda antecipada a comunicação (entrevista, programa, encontro ou debate) realizada 'no rádio, na televisão e na internet'. Destarte, entrevista estampada em jornal impresso poderia ser considerada como propaganda extemporânea, levando à responsabilização do beneficiário e do veículo. Essa exegese, porém, não é razoável, tampouco constitucional. Isso porque o alcance da televisão, do rádio e da internet é muito superior ao do jornal impresso e da revista. Por outro lado, as liberdades fundamentais de comunicação e informação não autorizam, nessa hipótese, a descriminação de veículos de mídia, vedando aos menos abrangentes o que concede aos dotados de maior poder de difusão (GOMES, 2011, p. 332).

A Lei n. 13.165/2015 veio instituir novas permissões e diretrizes no que diz respeito à propaganda eleitoral extemporânea. Iremos agora analisar as características da norma.

Iniciemos, pois, com as proibições, ou seja, com aquilo que não se caracteriza como propaganda antecipada ou extemporânea, e por conseguinte analisaremos o que passou a ser proibido.

De acordo com art. 36- B, a convocação geral do Presidente da República da Câmara dos Deputados, do Senado Federal, do Congresso Nacional e de redes de radiodifusão, para divulgação de atos que denotem propaganda política, ou ataques a partidos políticos, filiados e instituições, será configurado como propaganda eleitoral antecipada. A observação que se faz a norma é que propaganda política não é o mesmo que propaganda extemporânea eleitoral, enquanto propaganda política é gênero, e propaganda eleitoral antecipada, espécie desse gênero.

Como percebido, o próprio art. 36-A da Lei n. 13.165/2015 já se inicia com uma negativa: "não configuram propaganda eleitoral antecipada desde que não envolvam pedido explícito de voto". Perceba que o próprio artigo em si traz consigo uma mensagem implícita do legislador, mensagem esta que tem por objetivo mostrar aos interessados que a norma passou a se abster ao pedido explícito de voto. Essa proibição ganhou grande destaque, e infelizmente, em virtude da atualidade do tema, poucas são as reflexões doutrinárias sobre o assunto, dado que há por detrás dessa proibição uma grande massa nebulosa de dúvida, e poucos são os doutrinadores que se aventuraram a uma definição concreta do assunto.

Compreendo o cuidado jurídico que se tem, contudo, somos operadores do direito e temos, portanto, liberdade de pesquisa e opinião, e toda norma está sujeita a princípios basilares de interpretação e hermenêutica jurídica. Obviamente que uma conclusão sobre o assunto demandaria muito mais tempo de estudo, quem sabe não seja pauta de uma próxima pesquisa acadêmica, no entanto, baseando-me nos princípios de interpretação da norma, irei aduzir prévios apontamentos sobre o tema.

Como já mencionado neste trabalho, existem diversos princípios que regulamentam as normas eleitorais, entre eles está o princípio da isonomia, portanto não se faz interpretação da norma de forma isolada, conforme aduz Campelo (2017, p. 55-56):

> O Direito Eleitoral está regido por diversos princípios, muitos deles previstos na Constituição Federal. Assim, a norma prevista no art. 36-A da Lei das Eleições não pode ser interpretada de forma isolada, mas em consonância

com o princípio da igualdade e com o art. 14, § 9º, da Constituição Federal que prevê o combate ao abuso de poder econômico.

À luz, portanto, do princípio da isonomia, que *grosso modo* é a igualdade de oportunidade entre os candidatos, o pedido explícito de voto parece em primeiro momento uma tentativa do legislador de conceder isonomia. Contudo, em uma análise de maior profundidade, vamos compreender que, ao inserir a palavra *expresso*, propõe na verdade o pedido implícito de voto. O pedido implícito de voto não tem compromisso algum com a isonomia, dado que não há sequer a garantia de que de fato todos os filiados que pretendem se candidatar terão de fato tratamento isonômico pela mídia, ou seja, em uma leitura extensa, é possível compreender que aquele que detiver maior aparecimento midiático terá vantagem sob os demais no que diz respeito ao pedido implícito de voto.

Feitas tais considerações, passaremos a observar as principais permissões feitas pelo legislador, que de acordo com a norma foram:

A menção à pretensa candidatura foi de fato um grande avanço, no que diz respeito ao que se entendia como hipocrisia legislativa, pois com a inserção do inciso I do art. 36-A havia passado a se permitir a exposição de plataformas e projetos políticos. Contudo, a menção à pretensa candidatura era proibida por lei. Conforme aduz Gomes (2011), um dos elementos proibitórios que compunham a tripartite era: "alusão a processo eleitoral, externada pela menção a nome do pretenso candidato ou candidatura", ou seja, era possível fazer menção a plataformas e até projetos políticos, entretanto, não se permitia mencionar a pretensa candidatura. Em linhas gerais, era possível dizer os projetos políticos que o eventual candidato teria, mas não se era permitido manifestar seu desejo de ser candidato. Parece-nos um tanto quanto difícil desvincular tais normas. Em termos de conclusão, passou a ser permitido aos pré-candidatos, mencionarem sua pretensão à candidatura.

Passou a ser permitida também a exaltação das qualidades pessoais. Essa norma, assim como a menção à pretensa candidatura, eram normas que compunham o conceito da tripartite da propaganda extemporânea, dado que o pré-candidato que fizesse de forma direta ou indireta exaltação de suas qualidades pessoais seria certamente enquadrado no rol das proibições. Hoje o que buscou o legislador foi uma restruturação à norma, visto que ela necessitava de maior abertura.

Com toda a certeza, o rol de proibições que dantes existiam passou a delimitar-se ao pedido explícito de voto.

Classifica-se a propagada eleitoral extemporânea, assim como a propaganda eleitoral, como um tipo da propaganda política, conforme aduz Rollo (2019, p. 67):

> A propaganda eleitoral consiste na modalidade de manifestação de pensamento através da qual partidos, coligações e candidatos pedem diretamente o voto do eleitor, com vistas às eleições. Trata-se de espécie de propaganda política, juntamente com a propaganda intrapartidária e a propaganda partidária costumeiramente está associada à divulgação de ideias, opiniões, princípios, pensamentos, proposta e teorias, visando captar a simpatia do eleitor.

Outra forma de se classificar a propaganda eleitoral ou extemporânea é que ela se encontra entre a pré-campanha e a campanha, sendo a pré-campanha, como já mencionado no presente estudo, os atos dos quais os pré-candidatos podem executar antes da data estipulada pela campanha eleitoral, enquanto a campanha é o momento em que o pré-candidato já está eleito como candidato, e poderá se utilizar de todos os meios legais para angariar votos.

Por conseguinte, a propaganda eleitoral antecipada ou extemporânea classifica-se como os atos ou ato que implicam antecipar o angariamento de votos, fora do tempo determinado por lei, colocando em cheque o princípio da isonomia entre os candidatos.

Como é sabido, a norma possui diversas características. São elas a bilateralidade, que tem por objetivo mostrar que existem dois polos, ou duas partes a serem atendidas, enquanto uma detêm o poder de impor a norma, e outra parte deve cumprir tal norma. Outras características são apontadas de acordo com Reale (2002, p. 17):

> Bilateralidade: O Direito existe sempre vinculado a duas ou mais pessoas, atribuindo poder a uma parte e impondo dever à outra. Generalidade: É a característica relacionada ao fato da norma valer para qualquer um, sem distinção de qualquer natureza. Abstratividade: A norma não foi criada para regular uma situação concreta ocorrida, mas para regular, de forma abstrata, abrangendo o maior número possível de casos semelhantes. Imperatividade: é a característica de impor aos destinatários a obrigação de obedecer.

> Não depende da vontade dos indivíduos, pois a ordem não é conselho, mas ORDEM a ser seguida. Coercibilidade: Possibilidade do uso da força para combater aqueles que não observam as normas[8].

Portanto, para que o Estado faça com que as partes cumpram sua ordem, ele impõe sanção em caso de desobediência à norma, com o objetivo de, em primeiro lugar, coibir que as partes ou a parte desobedeça à norma, em segundo punir o agente transgressor. Dessa forma, o Direito Eleitoral impõe sanções aos que descumprem a norma.

Cumpre-se destacar que a sanção pecuniária para a multa está posta a partir de 5 mil reais, até 25 mil, ou o equivalente ao valor da propaganda. O § 3º do art. 36 da Lei n. 9.504/97 determina:

> A violação do disposto neste artigo sujeitará o responsável pela divulgação da propaganda e, quando comprovado o seu prévio conhecimento, o beneficiário à multa no valor de R$ 5.000,00 (cinco mil reais) a R$ 25.000,00 (vinte e cinco mil reais), ou ao equivalente ao custo da propaganda, se este for maior.

Na mesma esteira, Rollo (2019, p. 81):

> A multa decorrente da propaganda eleitoral antecipada deve ser individual, ou seja, havendo mais de um responsável pela sua realização, cada um deverá ser apenado com multa individualmente, no valor de R$ 5 mil a R$ 25 mil ou equivalente ao custo da propaganda, se for maior.

A multa para o que proceder em atitude de propaganda antecipada será aplicada conforme nos ensina Rollo (2019), de maneira individual, ou seja, todos os agentes que eventualmente forem responsabilizados pelo ilícito deverão pagar a multa de maneira individual.

Para que o pré-candidato seja de fato responsabilizado pela propaganda eleitoral antecipada, deverá ser comprovado o prévio conhecimento do pré-candidato, ou ainda depois de a Justiça Eleitoral ter arbitrado a retirada de material. Essa medida visa impedir que ocorram fraudes contra pré-candi-

---

8. Disponível em: https://cleverton1000.jusbrasil.com.br/artigos/520027796/caracteristicas-da-norma-juridica. Acesso em: 23 maio 2022.

dato, no afã de fazer com que o mesmo seja responsabilizado e, dependendo da medida, até ter seu diploma cassado.

Consoante Rollo (2019, p. 82): "A realização da propaganda antecipada acarreta a punição do 'responsável pela divulgação' e do candidato beneficiário, apenas quando comprovado seu prévio conhecimento".

Em síntese, como dito, a sanção cumpre uma das funções da norma que é de assegurar que direitos e prerrogativas sejam mantidos. Em caráter efetivo, a sanção no direito eleitoral visa em primeiro lugar coibir o agente para que não transgrida a norma, e em segundo lugar punir aqueles que descumprem a norma. No que diz respeito à propaganda eleitoral antecipada ou extemporânea, a intenção da sanção é fazer valer o direito da igualdade entre os candidatos, para assim evitar os abusos. Entretanto, ao analisarmos em caráter genérico a penalidade adotada para essa ação, em nossa opinião, é um tanto quanto irrisória, haja vista que aquele que abusa de seu poder econômico não irá ser desestimulado por tal sanção.

A propaganda eleitoral antecipada ou extemporânea passou nos últimos anos com as minirreformas a estar cada vez mais distante daquilo que se pretendia buscar como efeito dessa norma, que *a priori* era garantir a isonomia entre os candidatos e evitar o abuso do poder econômico, pois a cada lei que se insurge com intuito de fazer pequenas reformas vemos cada vez mais distante aquilo que se entendia por propaganda antecipada. Em contrapartida, vemos uma maior liberdade no cenário político para manifestarem de maneira efetiva seus posicionamentos políticos. E não somente isso – a meu ver, o que se chama de pré-campanha se tornou uma arma muito mais poderosa do que o próprio nome sugere, sendo tão decisiva ou mais do que a própria campanha. Em um aspecto geral, entendo ser a pré-campanha uma extensão da própria campanha, devendo os interessados se aprofundarem mais na matéria, pois certamente será um diferencial.

REFERÊNCIAS

ARAÚJO, Reginaldo Caldas de. O pré-candidato e o exercício do direito à propaganda eleitoral em época de eleição. *Juris*, Aracaju: TRE/SE, v. 11, n. 3, p. 51-53, maio/jun. 2004.

BRASIL. Lei das Eleições. Disponível em: http://www.planalto.gov.br/ccivil_03/leis/l9504.htm. Acesso em: 1° nov. 2017.

BRASIL. Constituição da República Federativa do Brasil de 1988. Disponível em: http://www.planalto.gov.br/ccivil_03/constituicao/ConstituicaoCompilado.htm. Acesso em: 3 nov. 2017.

CASTILHO, Ricardo. *Direitos humanos*. São Paulo: Saraiva, 2011. p. 137.

COÊLHO, Marcus Vinicius Furtado. *Direito eleitoral e processo eleitoral* . 3. ed. revista, atualizada e ampliada. Rio de Janeiro: Renovar, 2012.

CONEGLIAN, Olivar. *Eleições* – radiografia da Lei 9.504/97. 9. ed. Curitiba: Juruá, 2016a.

CONEGLIAN, Olivar. *Propaganda eleitoral*. 13. ed. rev. e atual. Curitiba: Juruá, 2016b.

ESTUDOS ELEITORAIS – Tribunal Superior Eleitoral. Disponível em: http://www.tse.jus.br/o-tse/escola-judiciaria-eleitoral/publicacoes/revista-estudos-eleitorais. Acesso em: 1º nov. 2017.

GOMES, José Jairo. *Aspectos da propaganda eleitoral*. Belo Horizonte: TRE-MG, 2011.

GONÇALVES, Guilherme de Salles. Propaganda eleitoral de rua, propaganda pela internet e as principais alterações da Lei n. 12.034/2009. *Revista Brasileira de Direito Eleitoral*, Belo Horizonte: Fórum, v. 2, n. 2, p. 79-106, 2010.

GUILHERME, Walter de Almeida; KIM, Richard Pae; VLADMIR Oliveira da Silveira (Org.). *Direito eleitoral e processual eleitoral*. São Paulo: Revista dos Tribunais, 2012.

LEXML – Rede de Informação Legislativa e Jurídica do Senado Federal "Portal especializado em informação jurídica e legislativa. Pretende-se reunir leis, decretos, acórdãos, súmulas, projetos de leis entre outros documentos das esferas federal, estadual e municipal dos Poderes Executivo, Legislativo e Judiciário de todo o Brasil". Disponível em: http://www.lexml.gov.br/urn/urn:lex:br:federal:lei:1995-09-19;9096. Acesso em: 1º nov. 2017.

MACHADO FILHO, Paulo Cézar Nobre; MATIAS FILHO, João Luis Nogueira. Captação ilícita de sufrágio no período de pré-campanha eleitoral. *Revista Estudos Eleitorais*, Recife, v. 2, n. 3, p. 1-103, jul. 2018.

MUDANÇAS recentes na lei eleitoral geram inseguranças a operadores do Direito. Disponível em: https://www.conjur.com.br/2015-out-31/mudancas-lei-eleitoral-gera-inseguranca-operadores-direito. Acesso em: 14 jun. 2016.

LUCON, Paulo Henrique dos Santos; VIGLIAR, José Marcelo Menezes. *Código Eleitoral interpretado*: normas eleitorais complementares (Constituição Federal, Lei de Inelegibilidade, Lei dos Partidos Políticos, leis das eleições e principais resoluções do Tribunal Superior Eleitoral). 2. ed. São Paulo: Atlas, 2011. p. xv, 802.

MACHADO, Paulo Cézar Nobre. *Rev. Estud. Eleit*. Recife, v. 2, n. 3, p. 1-103, jul. 2018.

MENDES, Ana Paula. *Revista de Estudos Eleitorais*, v. 12, n. 3, p. 24- 48, 2018. Disponível em: https://www.tse.jus.br/hotsites/catalogo-publicacoes/pdf/estudos_eleitorais/estudos_eleitorais_v12-n3.pdf. Acesso em: 26 maio 2022.

MIRANDA, Jorge. *Manual de direito constitucional*. 3. ed. Coimbra: Coimbra Editora, 2000. t. IV.

REALE, Miguel. *Filosofia do direito*. 19. ed. São Paulo: Saraiva, 1999.

REVISTA DE DOUTRINA E JURISPRUDÊNCIA, n. 15, p. 42-53, set. 2006.

ROLLO, Alberto *et al*. *Propaganda eleitoral*: teoria e prática. São Paulo: Revista dos Tribunais, 2004.

ROLLO, Arthur Luis Mendonça. A importância ambiental da propaganda eleitoral. *Paraná Eleitoral*, v. 1, 2012.

ROLLO, Arthur Luis Mendonça. A propaganda eleitoral antecipada. *Revista Democrática*, Cuiabá, v. 5, p. 67-85, 2019. Disponível em: https://ava.tre-rs.jus.br/ejers/pluginfile.php/2950/mod_resource/content/0/Propaganda%20antecipada%20-%20Revista%20Democr%C3%A1tica%20Vol%205%20_MIOLO.indd.pdf. Acesso em: 19 maio 2022.

SORJ, Bernardo. Internet, espaço público e marketing político: entre a promoção da comunicação e o solipsismo moralista. *Novos estud. – CEBRAP* [online], n. 76, p. 123-136, nov. 2006. Disponível em: http://www.scielo.br/scielo.php?script=sci_arttext&pid=S0101-33002006000300006. Acesso em: 26 out. 2017.

TRIBUNAL SUPERIOR ELEITORAL. Jurisprudência "Pesquisa Simultânea de Jurisprudência dos Tribunais Eleitorais". Disponível em: http:// http://www.tse.jus.br/jurisprudencia. Acesso em: 20 set. 2017.

TRIBUNAL SUPERIOR ELEITORAL. Legislação Eleitoral, Código Eleitoral Anotado e Legislação Complementar, Outros atos Normativos, Legislação Compilada. Disponível em: http://www.tse.jus.br/legislacao. Acesso em: 20 set. 2017.

TRIBUNAL SUPERIOR ELEITORAL. Temas selecionados. "A série Jurisprudência do TSE: temas selecionados, idealizada pela Coordenadoria de Jurisprudência, objetiva ser uma fonte atualizada de consulta às decisões do Tribunal Superior Eleitoral, disponível apenas em versão eletrônica, no sítio do Tribunal". Disponível em: http://temasselecionados.tse.jus.br/. Acesso em: 20 set. 2017.

TRIBUNAL SUPERIOR ELEITORAL. Tudo que você precisa saber sobre propaganda eleitoral antecipada. Disponível em: http://www.tse.jus.br/imprensa/noticias-tse/2017/Agosto/tudo-o-que-voce-precisa-saber-sobre-propaganda-eleitoral-antecipada. Acesso em: 23 nov. 2017.

TRIBUNAL REGIONAL ELEITORAL DO CEARÁ. Ementário sobre Propaganda Eleitoral Antecipada. Atualizado em 27/02/2014. Disponível em: http://www.justicaeleitoral.jus.br/arquivos/tre-ce-ementarios-tematicos-propaganda-eleitoral-antecipada. Acesso em: 20 set. 2017.

VIANNA, Fernando Maurício Pessoa Ramalho. A propaganda eleitoral antecipada e suas especificidades. *Jus Navigandi*, Teresina, ano 16, n. 2780, 10 fev. 2011. Disponível em: http://jus.com.br/revista/texto/18464/a-propaganda-eleitoral-antecipada-e-suas-especificidades. Acesso em: 26 out. 2017.

ZACLIKEVIS, Wagner Luiz. A nova pré-campanha eleitoral da Lei n. 13.165 – O que mudou? (Debate realizado entre Carlos Neves Filho, Carla Cristine Karpstein e Guilherme de Salles Gonçalves). Disponível em: https://rdstation-static.s3.amazonaws.com/cms/files/1425/1521669240artigo-eleitoral.pdf. Acesso em: 19 maio 2022.

Inelegibilidade da alínea *l* do inciso I do art. 1° da LC n. 64/90: dos requisitos de dano ao erário e enriquecimento ilícito

André Eduardo Silva[1]

1. INTRODUÇÃO

Como cerne do objeto do presente estudo, analisaremos a aplicação da hipótese de inelegibilidade da alínea *l* do inciso I do art. 1º da Lei Complementar n. 64/90, incluída pela Lei Complementar n. 135/2010, a "Lei da Ficha Limpa":

> Art. 1º São inelegíveis:
>
> I – para qualquer cargo:
>
> (...)
>
> l) os que forem condenados à suspensão dos direitos políticos, em decisão transitada em julgado ou proferida por órgão judicial colegiado, por ato doloso de improbidade administrativa que importe lesão ao patrimônio público e enriquecimento ilícito, desde a condenação ou o trânsito em julgado até o transcurso do prazo de 8 (oito) anos após o cumprimento da pena.

Sem esgotar a matéria e, demonstrando a tendência do jurisprudencial, trataremos da controvertida aplicabilidade da alínea *l* do inciso I do art.

---

1. Formado pela FADITU em 1997. Atuante em Direito Eleitoral. Pós-graduado em Direito Eleitoral (2013/2014). Presta serviços em campanhas eleitorais. Advogado de partido político.

1º da LC n. 64/90, sob três enfoques: (a) agentes políticos que, não lhes sendo reconhecido o enriquecimento ilícito (art. 9º da Lei n. 8.429/92), foram condenados por ato doloso de improbidade com prejuízo ao erário, inclusive suspensão dos direitos políticos, como por exemplo fraude ou dispensa indevida de licitação (art. 10, VIII, da Lei n. 8.429/92); (b) falha legislativa na elaboração da norma, pois a conjuntiva *e* no texto da alínea *l* deve ser entendida como disjuntiva *(ou)*, pois é possível cogitar de lesão ao patrimônio público por ato doloso do agente sem que haja enriquecimento ilícito; e (c) a possibilidade de o TSE indeferir o registro de candidatura se, a partir da análise da condenação, for possível constatar que o Órgão Colegiado da Justiça Comum reconheceu a presença cumulativa de prejuízo ao erário e de enriquecimento ilícito decorrente de ato doloso de improbidade administrativa, ainda que não conste expressamente na parte dispositiva da decisão condenatória.

2. INELEGIBILIDADE DA ALÍNEA L DO INCISO I DO ART. 1º DA LC N. 64/90: DOS REQUISITOS DE DANO AO ERÁRIO E ENRIQUECIMENTO ILÍCITO

Refere-se à inelegibilidade da alínea *l* do inciso I do art. 1º da LC n. 64/90 daqueles que forem condenados à suspensão dos direitos políticos, em decisão transitada em julgado ou proferida por órgão judicial colegiado, por ato doloso de improbidade administrativa que importe lesão ao patrimônio público e enriquecimento ilícito, desde a condenação ou o trânsito em julgado até o transcurso do prazo de oito anos após o cumprimento da pena.

Doravante, em primeira análise denota-se ser de restrita aplicação referida norma, contudo, hão de ser analisadas suas peculiaridades e subjetividades em cada caso em concreto. Vejamos:

Em análise dogmática e fria da norma, na hipótese de determinado agente público ser condenado por ato doloso de improbidade administrativa com prejuízo ao erário, como por exemplo fraude ou dispensa indevida de licitação (art. 10, VIII, da Lei n. 8.429/92), em razão de não lhe ser reconhecido expressamente enriquecimento ilícito (art. 9 da Lei n. 8.429/92), mesmo diante de tal conduta ilícita e moralmente reprovável veria sua candidatura ser legitimada pela Justiça Eleitoral.

Porém, nessa hipótese de fraude ou dispensa indevida de licitação, sempre é presumível o favorecimento/enriquecimento de terceiro, com prejuízo ao erário, havendo a justiça especializada de analisar o teor do acórdão condenatório proferido pela Justiça Comum a fim de verificar a presença ou não dos demais requisitos para configuração dessa causa de inelegibilidade.

Nessa hipótese, estar-se-á implícito no tipo o enriquecimento ilícito de terceiro, haja vista que obviamente se beneficiou economicamente de certame que foi fraudado ou dispensado indevidamente. Sendo, assim, aplicável a inelegibilidade da alínea *l* do inciso I do art. 1º da LC n. 64/90, mesmo que o provimento jurisdicional tenha se amparado somente no art. 10, VIII, da Lei n. 8.429/92 e não tenha reconhecido expressamente o enriquecimento ilícito (art. 9º da Lei n. 8.429/92).

Nesse sentido é o posicionamento jurisprudencial, no sentido de indeferir o registro de candidatura se, a partir da análise da condenação, for possível constatar que a Justiça Comum reconheceu a presença cumulativa de prejuízo ao erário e de enriquecimento ilícito decorrente de ato doloso de improbidade administrativa, ainda que não conste expressamente na parte dispositiva da decisão condenatória[2].

---

2. "BRASIL. Tribunal Superior Eleitoral (TSE). Recurso Ordinário n. 38023. Recorrente: José Geraldo Riva. Recorrido: Coligação Coragem e Atitude pra Mudar. RECURSO ORDINÁRIO. ELEIÇÕES 2014. GOVERNADOR. REGISTRO DE CANDIDATURA. INELEGIBILIDADE. ART. 1º, 1, *L*, DA LC 64/90. DANO AO ERÁRIO E ENRIQUECIMENTO ILÍCITO. REQUISITOS CUMULATIVOS.

   1. Consoante a jurisprudência do Tribunal Superior Eleitoral, para fim de incidência da inelegibilidade prevista no art. 1º, I, *l*, da LC n. 64/90, é necessário que a condenação à suspensão dos direitos políticos pela prática de ato doloso de improbidade administrativa implique, cumulativamente, lesão ao patrimônio público e enriquecimento ilícito.

   2. Deve-se indeferir o registro de candidatura se, a partir da análise das condenações, for possível constatar que a Justiça Comum reconheceu a presença cumulativa de prejuízo ao erário e de enriquecimento ilícito decorrente de ato doloso de improbidade administrativa, ainda que não conste expressamente na parte dispositiva da decisão condenatória.

   3. No caso, o candidato foi condenado nos autos de quatro ações civis públicas à suspensão dos direitos políticos pela prática de ato doloso de improbidade admi-

De outra banda, até mesmo para se evitar interpretações polêmicas e contraditórias de referido instituto, o que seria ainda mais um importante filtro da finalidade social da Lei da Ficha Limpa em moralizar a política nacional, com a devida vênia o legislador deveria ter usado, na redação da norma, a conjunção coordenativa alternativa *ou*, e não a conjunção coordenativa *e*, pois em algumas hipóteses existe a possibilidade lesão ao patrimônio sem enriquecimento ilícito. Diante dessa falha legislativa, entendemos, portanto, que em qualquer hipótese, configurado ou não o enriquecimento ilícito, há que ser reconhecida a inelegibilidade da alínea *l*. Nesse sentido é o ensinamento de Rui Stocco e Leandro de Oliveira[3]:

> Voltamos à análise da letra "l", dos seus termos ressuma, com clareza solar que, para incidência da sanção de inelegibilidade, faz-se necessário que a condenação por improbidade tenha estabelecido expressamente a suspensão dos direitos políticos.
>
> (...)
>
> À luz da qualificação dos atos de improbidade contida na Lei 8.429/92, já referida, oportunamente nos lembra Jairo Gomes ao afirmar que a "conjuntiva 'e' no texto da alínea 'l' de ser entendida como disjuntiva (ou), pois é possível cogitar de lesão ao patrimônio público por ato doloso do agente sem que haja enriquecimento ilícito".

Assim sendo, dizer que somente é passível de inelegibilidade a condenação por órgão colegiado resultante de ato doloso de agente público que,

---

nistrativa, consistente em um esquema de desvio e apropriação de recursos da Assembleia Legislativa de Mato Grosso, mediante emissão de cheques em benefício de empresas inexistentes ou irregulares, sem nenhuma contraprestação, e que, posteriormente, eram descontados em empresas de *factoring* ou sacados na boca do caixa. Extrai-se dos acórdãos condenatórios que a Justiça Comum reconheceu a existência de prejuízo ao erário e de enriquecimento ilícito decorrente do ato doloso de improbidade administrativa. Assim, presentes todos os requisitos da causa de inelegibilidade do art. 1º, I, *l*, da LC n. 64/90, deve ser mantido o indeferimento do registro.

4. Recursos ordinários não providos. Relator: João Otávio de Noronha. Brasília, 11 de setembro de 2014".

3. STOCO, Rui *et al*. *Legislação eleitoral interpretada*. Doutrina e jurisprudência. 4. ed. São Paulo: RT, 2012, p. 240.

cumulativamente, importe em comprovado dano ao erário e correspondente enriquecimento ilícito é o mesmo que se dizer que somente merece a sanção política o agente "totalmente corrupto", ficando livre dela o "parcialmente corrupto" (*sic*). Este é o posicionamento do professor Joel J. Cândido[4]:

> Por primeiro, importa saber se a condenação for por lesão ao patrimônio público sem, contudo, ter propiciado enriquecimento ilícito ao agente (que é bem possível de acontecer na prática administrativa), acarretará, ou não, a inelegibilidade. O uso da conjunção coordenativa aditiva *e*, no texto, sugere que não seria o caso de inelegibilidade, já que seriam exigidos os dos requisitos: lesão ao patrimônio público e enriquecimento ilícito.
>
> A interpretação, todavia, não nos aprece a melhor.
>
> Temos a robusta dificuldade de superar o entendimento de que só merece a sanção política o agente "totalmente corrupto", ficando livre dela o "parcialmente corrupto". Ambos os comportamentos são altamente censuráveis, considerando que a infração é cometida com uso ilícito do dinheiro do contribuinte. Assim, tanto faz tenha ele causado lesão ao patrimônio público, como enriquecido ilicitamente, pois ambos os caso, para nós, estão a desafiar o apenamento. Basta a ocorrência de um deles.
>
> Deste modo, não temos, aqui, um requisito composto por duas modalidades infracionais. Temos dois requisitos que, alternativamente, podem, tanto um, quanto o outro, de modo independente, ensejar a incidência da sanção política sob análise. Ademais, ambos são de idêntica gravidade, sendo esta mais uma razão para serem aplicados, modo satisfatório para fins de apenamento, separadamente.
>
> A estarmos certos, o legislador deveria ter usado, na redação da norma, a conjunção coordenativa alternativa "ou", e não a conjunção coordenativa *e*, como o fez. Como se a primeira ali constasse, ao invés da segunda, o texto, a nosso sentir, deve ser recebido pelo intérprete.

A falha legislativa e o fato de o provimento jurisdicional do órgão colegiado não ter reconhecido expressamente o enriquecimento ilícito, em face de determinado cidadão e, assim, deixá-lo participar do pleito eleitoral, é ferir de morte o princípio constitucional que tem por ilegítima e anormal a eleição de quem já abusara inequivocamente do exercício de função e fora

---

4. CÂNDIDO, Joel J. *Direito eleitoral brasileiro*. São Paulo: Edipro, 2012, p. 146 e 147.

condenado à suspensão de direitos políticos por flagrante ato doloso de improbidade administrativa em prejuízo ao erário (art. 14, § 9º, CF/88).

Ressalta-se o posicionamento de Sarmento[5], no sentido de que o enriquecimento ilícito está diretamente relacionado às outras espécies de improbidade, implicando o enriquecimento ilícito do agente em prejuízos ao erário e violação aos princípios da administração pública:

> o enriquecimento ilícito mantém vários canais de intercomunicação com as demais espécies de improbidade administrativa, pois o locupletamento do agente público implica, invariavelmente, prejuízos ao erário e violação aos princípios da administração pública.

Ainda nos primórdios da vigência da Lei da Ficha Limpa, contrariamente à tese aqui engendrada, exsurgiu uma corrente doutrinária defendendo a aplicação restritiva do texto legal da alínea *l* do inciso I do art. 1º da LC n. 64/90, no sentido de que, sendo a mesma clara, não comporta interpretação extensiva. Nesse sentido *in verbis*:

> Com o devido respeito, é princípio básico da hermenêutica a interpretação restritiva, nestes casos, da norma que restringe o direito ao pleito do cargo.
>
> Deste modo, como vem assentando a jurisprudência dos nossos tribunais, não é qualquer condenação por improbidade administrativa que obstará a elegibilidade, mas tão somente aquela resultante de ato doloso de agente público que, cumulativamente, importe em comprovado dano ao erário e correspondente enriquecimento ilícito.
>
> (...)
>
> A Lei das Inelegibilidades é clara, portanto, e não comporta interpretação extensiva, e, deste modo, se não há condenação por improbidade administrativa cumulada com o enriquecimento ilícito, não se vislumbra a ocorrência dos requisitos legais previstos, portanto, não há que se falar em sua inelegibilidade[6].

---

5. SARMENTO, George. *Improbidade administrativa*. Porto Alegre: Síntese, 2002, p. 84. Apud PAIÉ, Karline dos Santos Nascimento. Presunção de enriquecimento ilícito na Lei de improbidade administrativa. *Jus Navigandi*, Teresina, 2011. Disponível em: http://jus.com.br/artigos/18607. Acesso em: 18 jun. 2014.
6. VILELA DE PINHO, Cristiano. *Da análise da hipótese de inelegibilidade da alínea L, inciso I do art. 1º da Lei n. 64/90*. Assembleia Legislativa do Estado de

O eminente doutrinador Marcos Ramayana[7], sob mesmo prisma, discorre a respeito da necessidade da presença de ambas as hipóteses de enriquecimento ilícito e dano ao erário para a configuração de referida inelegibilidade:

> Se o ato de improbidade for tipificado como lesivo ao patrimônio e gerador de enriquecimento ilícito, ou seja, se ambas as hipóteses coexistirem, além do infrator se sujeitar à suspensão dos direitos políticos nos prazos estabelecidos na Lei n. 8.429/92, ele ficará inelegível por 8 (oito) anos. Trata-se de uma causa de inelegibilidade que é efeito secundário da sentença ou acórdão não eleitoral, mas que impedirá o registro de uma candidatura e até mesmo servirá como matéria de impugnação de mandato eletivo.

No entanto, o Egrégio Tribunal Superior Eleitoral, em recente julgamento, fixou entendimento no sentido de que a justiça especializada eleitoral poderá, em cada caso em concreto e, com base em elementos da própria decisão da Justiça Comum, reconhecer eventual requisito não pronunciado expressamente na parte dispositiva na decisão Colegiada (Justiça Comum), a fim de declarar a inelegibilidade da alínea *l* do inciso I do art. 1º da LC n. 64/90[8-9].

São Paulo, São Paulo. Disponível em: http://www.al.sp.gov.br/repositorio/ilp/anexos/1525/YY2014MM3DD3HH12MM57SS11-Da%20an_lise%20da%20hip_tese%20de%20inelegibilidade%20(...)%20Cristiano%20Vilela%20e%20Wilton%20Luis%20da%20Silva%20Gomes%20(1).pdf. Acesso em: 23 jun. 2014, p. 13.

7. RAMAYANA, Marcos. *Direito eleitoral*. 12. ed. Rio de Janeiro: Impetus, 2011, p. 385.
8. BRASIL. Tribunal Superior Eleitoral (TSE). Condenação por improbidade administrativa e enquadramento jurídico do ato ilícito pela Justiça Eleitoral.

   O Plenário do Tribunal Superior Eleitoral, por maioria, assentou que a condenação por improbidade administrativa proferida por órgão colegiado atrai a inelegibilidade prevista na alínea *l* do inciso I do art. 1º da Lei Complementar n. 64/90, quando esta Justiça especializada concluir, a partir do acórdão condenatório, ter havido a prática de ato doloso, ainda que não seja essa a qualificação adotada na decisão do órgão colegiado. Disponível em: http://www.justicaeleitoral.jus.br/arquivos/tse-informativo-tse-no-17-ano-16. Acesso em: 3 nov. 2014.
9. BRASIL. Tribunal Superior Eleitoral (TSE). Condenação por improbidade administrativa e enquadramento jurídico do ato ilícito pela Justiça Eleitoral. O Minis-

Portanto, o Juiz, ou Tribunal, formará sua convicção pela livre apreciação da prova, atendendo aos fatos e às circunstâncias constantes dos autos, ainda que não alegados pelas partes, mencionando, na decisão, os que motivaram seu convencimento, na forma do parágrafo único do art. 7º da LC n. 64/90:

> Art. 7º Encerrado o prazo para alegações, os autos serão conclusos ao Juiz, ou ao Relator, no dia imediato, para sentença ou julgamento pelo Tribunal.
>
> Parágrafo único. O Juiz, ou Tribunal, formará sua convicção pela livre apreciação da prova, atendendo aos fatos e às circunstâncias constantes dos autos, ainda que não alegados pelas partes, mencionando, na decisão, os que motivaram seu convencimento.

Importante consignarmos que não se trata de usurpar a competência da Justiça Comum para enquadrar o ato de improbidade, mas sim de extrair as conclusões da Justiça Comum a respeito da classificação do ato de improbidade, ainda que elas não constem textualmente no dispositivo do acórdão.

Interpretando-se teleologicamente a norma, ou seja, sua finalidade social, o real entendimento do referido dispositivo não é outro a ser dado, pois o legislador visou punir os agentes públicos que praticaram ato de improbidade de forma dolosa e que causaram lesão ao patrimônio público ou enriqueceram ilicitamente a si ou a terceiro.

Nessa senda, torna-se patente a necessidade de interpretação extensiva do dispositivo legal ora em discussão, diante da clara finalidade social da Lei

---

tro Luiz Fux, acompanhando a relatora, destacou que no processo o réu se defende dos fatos e ao Poder Judiciário cabe o enquadramento destes à norma legal. Considerou, dessa forma, possível esta Justiça especializada concluir pela prática de ato doloso de improbidade, a partir dos elementos incontroversos constantes do acórdão do Tribunal de Justiça. Nessa esteira, mencionou ser pacífico o entendimento de que a norma jurídica não integra a *causa petendi*; e que, se o juiz confere definição jurídica diferente da alegada pela parte aos fatos, não configura julgamento *ultra petita*. Enfatizou ainda que a Corte de Justiça não assentava a inexistência de ato doloso de improbidade administrativa, mas apenas concluía pela impossibilidade de assim qualificar os atos praticados, por não ter havido interposição de recurso contra a decisão de piso, que os reputava culposos. Disponível em: http://www.justicaeleitoral.jus.br/arquivos/tse-informativo-tse-no-17-ano-16. Acesso em: 3 nov. 2014.

de Ficha limpa em combater e erradicar a corrupção administrativa e eleitoral. Valemo-nos, pois, do posicionamento do eminente jurista Ophir Cavalcante[10], que compara a corrupção administrativa e eleitoral como uma grave doença que precisa ser extirpada do Brasil:

> A corrupção administrativa está umbilicalmente ligada à corrupção eleitoral. Um é causa e efeito do outro. Constituem em uma grave doença a ser extirpada de nosso país, pois é certo, como já se disse que OU O BRASIL ACABA A CORRUPÇÃO OU A CORRUPÇÃO ACABA O PAÍS. A Lei Complementar 135/2010 é um importante passo nesse sentido, sendo um clarão de esperança por dias melhores a todos.

Interpretando-se de forma dogmática e restritiva o dispositivo legal, exigindo-se a presença simultânea dos dois elementos (enriquecimento ilícito e dano ao erário), fere-se de morte a louvável Lei da Ficha Limpa (LC n. 135/2010), não atingindo a sua finalidade social, que é resguardar a moralidade e probidade administrativa.

Nessa seara, destaquemos o voto-vista do até então Ministro Joaquim Barbosa, que, no julgamento conjunto das Ações Declaratórias de Constitucionalidade no 29 e no 30 e da Ação Direta de Inconstitucionalidade no 4.578, posicionou-se no sentido da total constitucionalidade da Lei da Ficha Limpa, qualificando-a como o "Estatuto da Ética e da Moralidade da Cidadania Política Brasileira":

> As alegações de inconstitucionalidades dessa lei decorrem de uma interpretação limitada da Constituição, que privilegia uma minoria de ocupantes de cargos eletivos em detrimento de toda a sociedade que anseia pela moralização da política brasileira, para que não haja mais engodo do eleitorado, manipulações e falsas promessas, para que os eleitores comecem a ter liberdade de escolha real, verdadeira.
>
> É chegada a hora de a sociedade ter o direito de escolher e de orgulhar-se de poder votar em candidatos probos, sobre os quais não recaia qualquer condenação criminal; sobre os quais não pairem dúvidas sobre o envolvi-

---

10. CAVALCANTE JÚNIOR, Ophir. *Lei da Ficha Limpa:* a vitória da sociedade: comentários à Lei Complementar 135/2010. 2. Tiragem. OAB, Conselho Federal, Brasília, 2010. Disponível em: http://www.oab.org.br/pdf/FichaLimpa.pdf. Acesso em: 18 jun. 2014, p. 13.

> mento em crimes ou malversação do dinheiro público; sobre aqueles que honram seus mandatos até o fim; sobre aqueles que têm por preocupação o interesse público e não o interesse pessoal.
>
> (...)
>
> Mais do que isso: considero que a referida lei ao complementar o dispositivo constitucional a ele se integra para formar um todo que poderíamos qualificar como Estatuto da Ética e da Moralidade da Cidadania Política Brasileira, vocacionado a reger as relações entre o eleitor e seu representante.

Como bem ponderou o então Ministro do TSE Cesar Asfor Rocha, a Justiça Eleitoral tem o **poder-dever de velar** pela aplicação dos preceitos constitucionais de proteção à probidade administrativa e à moralidade para o exercício do mandato[11].

O espírito moralizador da Lei da Ficha Limpa não pode ser ignorado, sendo obrigação do órgão Jurisdicional a sua estrita observância, postura esta imposta pelo próprio ordenamento jurídico, haja vista que a Lei de Introdução ao Código Civil, na condição de norma de apoio que estabelece princípios maiores para a interpretação das leis em geral, preconiza em seu art. 5º que "na aplicação da lei, o juiz atenderá aos fins sociais a que ela se dirige e às exigências do bem comum".

Desconsiderar esse espírito da lei, o seu fim social, é ser infiel ao clamor social de moralização da política. É desprestigiar o desiderato da norma, que é prestigiar o Princípio da Moralidade para o exercício do mandato eletivo, ainda que para isso seja necessária a complexa ponderação com outros valores também de estatura constitucional.

Aliás, este é escopo da Constituição Federal, que em seu art. 14, § 9º, dispõe que Lei Complementar, no caso Lei da Ficha Limpa, estabelecerá outros casos de inelegibilidade e os prazos de sua cessação, a fim de proteger

---

11. "BRASIL. Tribunal Superior Eleitoral (TSE). Recurso Ordinário n· 912. Recorrente: Elizeu Alves. Os casos legais complementares de inelegibilidade do cidadão têm por escopo preservar valores democráticos altamente protegidos, sem cujo atendimento o próprio modo de vida democrático se tornará prejudicado ou mesmo inviável, (...) a Justiça Eleitoral tem o poder-dever de velar pela aplicação dos preceitos constitucionais de proteção à probidade administrativa e à moralidade para o exercício do mandato (art. 14, § 9º, CF/88). Relator: César Asfor Rocha. Brasília, 24 de agosto de 2006."

a probidade administrativa, a moralidade para exercício de mandato considerada vida pregressa do candidato e a normalidade e legitimidade das eleições contra a influência do poder econômico ou o abuso do exercício de função, cargo ou emprego na administração direta ou indireta.

Há inclusive aqueles que defendem a autoaplicabilidade do § 9º do art. 14 da Constituição. O jurista Marcelo Antônio Ceará Serra Azul[12], em artigo publicado em 2006, argumenta que:

> O registro de candidatura é ato judicial, no qual se deve ter em vista o princípio da moralidade administrativa, sendo certo que parcela do Poder estatal somente pode ser alcançada por pessoas idôneas, de moral ilibada e reputação indene de dúvidas, haja vista o Preâmbulo da Constituição Federal, e os artigos 14, parágrafo 9º, 5º, XXXV, 37, *caput* e parágrafo 4º, Art. 54, art. 85, V, 101, 105, 119, II, 120, II, 123, I que, sistematicamente, demonstram que a acessibilidade à parcela do Poder Estatal, seja Federal, Estadual, Distrital ou Municipal somente é possível a pessoas probas, cuja moral seja ilibada, indene de dúvidas.

Por sua vez o magistério de Djalma Pinto considera excessiva a exigência de lei para definir vida pregressa de candidato a cargo político, pois a Constituição Federal em diversos artigos exige probidade para o exercício de qualquer função pública. Portanto, permitir o registro de candidatura de determinado cidadão cuja moral é maculada é violar o princípio da moralidade e seus corolários esculpidos na Constituição da República; é negar-lhe a vigência[13]:

> A exigência de lei para definir "vida pregressa", traçando os contornos dos seus efeitos, no âmbito eleitoral, parece excessiva. Tenha-se presente que a Constituição, em diversos artigos, exige probidade para o exercício de qualquer função pública, recomendando, inclusive, a cassação dos direitos políticos e o afastamento do cargo nos casos de corrupção. Fácil, pois, concluir que qualquer pessoa, condenada por crime relacionado com desvio de di-

12. AZUL, Marcelo Antônio Ceará Serra. O princípio da moralidade para o exercício de poder político e sua repercussão no registro de candidaturas. *Suffragium: Revista do Tribunal Regional Eleitoral do Ceará*. Fortaleza, v. 2, n. 3, p. 11, maio/dez. 2006.

13. PINTO, Djalma. *Direito eleitoral*: anotações e temas polêmicos. 3. ed. Rio de Janeiro: Forense, 2000. p. 112.

nheiro público, mesmo que não transitada em julgado a decisão, não preenche o requisito constitucional que manda considerar a vida pregressa na aferição dos casos de inelegibilidade. Aguardar a edição de mais uma lei para ratificar e assegurar eficácia àquilo que a Constituição erigiu a nível de princípio, importa, em última análise, em subtrair-lhe a vigência.

CONCLUSÃO

Com o advento da Lei Complementar n. 135/2010, que incluiu, entre outros, a alínea *l* no inciso I do art. 1º da LC 64/90, cuja aplicação passou a ser validade a partir das eleições municipais majoritárias e proporcionais do ano de 2012, emergiu a necessidade da interpretação de aludida norma frente ao atual estado de clamor social quanto à moralização da política nacional. De um lado a corrente de aplicação restritiva da norma, de outro, a corrente de aplicação extensiva da norma, a qual defende a aplicação da norma com vistas a sua finalidade social de moralização da política.

Com plausibilidade doutrinária, apontamos falha legislativa na elaboração da norma. A conjuntiva *e* no texto da alínea *l* há de ser entendida como disjuntiva (*ou*), pois é possível cogitar de lesão ao patrimônio público por ato doloso do agente sem que haja enriquecimento ilícito, não havendo, portanto, necessidade de observar simultaneamente os requisitos de dano ao erário e enriquecimento ilícito, sob a pena se estar reconhecendo elegível o "parcialmente corrupto".

Em um segundo momento, abordamos a questão em relação aos condenados por ato doloso de improbidade com prejuízo ao erário e cassação dos direitos políticos, como, por exemplo, fraude ou dispensa indevida de licitação (art. 10, VIII, da Lei n. 8.429/92).

Nessa hipótese, entendemos ser presumido enriquecimento ilícito de terceiro, o qual obviamente beneficiou-se da fraude ou dispensa indevida de licitação (art. 9º da Lei n. 8.429/92), independentemente do reconhecimento expresso no provimento jurisdicional do Órgão Colegiado.

Aliás, nessa seara, apresentamos o atual entendimento da jurisprudência do TSE, quanto à real possibilidade de indeferir o registro de candidatura se, a partir da análise da condenação, for possível constatar que o Órgão Colegiado da Justiça Comum reconheceu a presença cumulativa de prejuízo ao erário e de enriquecimento ilícito decorrente de ato doloso de improbidade administrativa, ainda que não conste expressamente na parte dispositiva da decisão condenatória.

Vale dizer que, ainda que não conste na parte dispositiva da decisão do órgão colegiado condenação expressa em concomitância dos dispositivos dos arts. 9º e 10 da Lei n. 8.429/92, a justiça especializada eleitoral, com base na análise do dispositivo da decisão originária, poderá reconhecer a presença cumulativa de prejuízo ao erário (art. 10) e de enriquecimento ilícito (9º).

Essa é a atual tendência da Justiça Eleitoral, que formará sua convicção pela livre apreciação da prova, atendendo aos fatos e às circunstâncias constantes dos autos, mencionando na decisão o que motivou seu convencimento, na forma do parágrafo único do art. 7º da LC n. 64/90, não havendo que se falar em aplicação taxativa e restritiva da norma, caso contrário, estar-se-ia ferindo de morte o princípio constitucional que tem por ilegítima e anormal a eleição de quem já abusara inequivocamente do exercício de função e fora condenado à suspensão de direitos políticos por ato doloso de improbidade administrativa.

Vale destacar que não se trata de usurpar a competência da Justiça Comum para enquadrar o ato de improbidade, mas sim de extrair as conclusões da Justiça Comum a respeito da classificação do ato de improbidade, ainda que elas não constem textualmente no dispositivo do acórdão.

Entendemos, assim, tratar-se de inequívoco respeito ao espírito moralizador da Lei da Ficha Limpa, erigida, segundo os ensinamentos do ex-ministro do STF Joaquim Barbosa, ao *status* de "Estatuto da Ética e da Moralidade da Cidadania Política Brasileira".

É o prestígio da finalidade social norma que é o Princípio da Moralidade para o exercício do mandato eletivo, é o respeito ao clamor social de moralização da política nacional, ainda que para isso seja necessária à complexa ponderação com outros valores de estatura constitucional.

Assim sendo, o verdadeiro escopo, não tão somente da alínea ora em estudo, mas a integralidade das inovações trazidas pela Lei da Ficha Limpa, em concomitância com sua aplicação escorreita e parcimoniosa pela Justiça Eleitoral e paulatinas campanhas e movimentos encabeçados pela sociedade civil e pela própria Justiça Eleitoral, é incentivar o voto consciente do cidadão eleitor, mostrando a importância de se conhecer a trajetória de vida dos candidatos, com base em seus comportamentos e ações.

REFERÊNCIAS

ALMEIDA PRADO, Francisco Octavio. *Improbidade administrativa*. São Paulo: Malheiros, 2001.

AZUL, Marcelo Antônio Ceará Serra. O princípio da moralidade para o exercício de poder político e sua repercussão no registro de candidaturas. *Suffragium: Revista do Tribunal Regional Eleitoral do Ceará*, Fortaleza, v. 2, n. 3, p. 11, maio/dez. 2006.

BARROS, Francisco Dirceu. *Curso de processo eleitoral*. 2. ed. Rio de Janeiro: Elsevier, 2012.

BRASIL. Constituição (1988). Constituição da República Federativa do Brasil. Disponível em: http://www.planalto.gov.br/ccivil_03/constituicao/constituicao.htm. Acesso em: 18 jun. 2014.

BRASIL. Lei Complementar n. 64, de 18 de maio de 1990. Estabelece, de acordo com o art. 14, § 9º, da Constituição Federal, casos de inelegibilidade, prazos de cessação, e determina outras providências. Disponível em: http://www.planalto.gov.br/ccivil_03/leis/lcp/lcp64.htm. Acesso em: 18 jun. 2014.

BRASIL. Lei Complementar 135, de 4 de junho de 2010. Altera a Lei Complementar n. 64, de 18 de maio de 1990, que estabelece, de acordo com o § 9º do art. 14 da Constituição Federal, casos de inelegibilidade, prazos de cessação e determina outras providências, para incluir hipóteses de inelegibilidade que visam a proteger a probidade administrativa e a moralidade no exercício do mandato. Lei da Ficha Limpa. Disponível em: http://www.planalto.gov.br/ccivil_03/leis/lcp/lcp135.htm. Acesso em: 18 jun. 2014.

BRASIL. Lei 8.429, de 2 de junho de 1992. Dispõe sobre as sanções aplicáveis aos agentes públicos nos casos de enriquecimento ilícito no exercício de mandato, cargo, emprego ou função na administração pública direta, indireta ou fundacional e dá outras providências. Disponível em: http://www.planalto.gov.br/ccivil_03/leis/l8429.htm. Acesso em: 18 jun. 2014.

CÂMARA não confere projeto popular. *O Tempo On-line*, Minas Gerais, 9 ago. 2007. Política. Disponível em: http://www.otempo.com.br/capa/pol%C3%ADtica/c%C3%A2mara-n%C3%A3º-confere-projeto-popular-1.287437. Acesso em: 8 set. 2014.

CAMARGO, Guilherme Pessoa Franco de. A lei da ficha limpa e a revolução eleitoral. *Âmbito Jurídico*, XVI, n. 110, Rio Grande, 2013. Disponível em: http://ambito-juridico.com.br/site/?n_link=revista_artigos_leitura&artigo_id=13007&revista_caderno=28. Acesso em: 4 nov. 2014.

CÂNDIDO, Joel J. *Direito eleitoral brasileiro*. São Paulo: Edipro, 2012.

CARVALHO FILHO, José dos Santos. *Manual de direito administrativo*. Rio de Janeiro: Lumen Juris, 2004.

CAVALCANTE JÚNIOR, Ophir. *Lei da Ficha Limpa*: a vitória da sociedade: comentários à Lei Complementar 135/2010. 2. Tiragem. OAB, Conselho Federal, Brasília, 2010. Disponível em: http://www.oab.org.br/pdf/FichaLimpa.pdf. Acesso em: 18 jun. 2014.

CHIMENTI, Ricardo Cunha. *Direito eleitoral*. 4. ed. São Paulo: Saraiva, 2013.

FAZZIO JR., Waldo. *Atos de improbidade administrativa*: doutrina, legislação e jurisprudência. 2. ed. São Paulo: Atlas, 2008.

FAZZIO JR., Waldo. *Atos de improbidade administrativa*: doutrina, legislação e jurisprudência. São Paulo: Atlas, 2007.

FERREIRA FILHO, Manoel Gonçalves. *Aspectos do direito constitucional contemporâneo*. São Paulo: Saraiva, 2003.

FICHA Limpa é o quarto projeto de iniciativa popular a se tornar lei. G1, Portal de Notícia da Globo, Rio de Janeiro, 20 maio 2010. Disponível em: http://g1.globo.com/especiais/eleicoes-2010/noticia/2010/05/ficha-limpa-e-o-quarto-projeto-de-iniciativa-popular-se-tornar-lei.html. Acesso em: 4 nov. 2014.

GOMES DE MATTOS, Mauro Roberto. *O limite da improbidade administrativa*: o direito dos administrados dentro da Lei n. 8.429/92. Rio de Janeiro: América Jurídica, 2005.

GOMES, Suzana de Camargo. *Crimes eleitorais*. 4. ed. rev., atual. e ampl. São Paulo: Revista dos Tribunais, 2010.

GOMES, José Jairo. *Direito eleitoral*. 8. ed. rev., atual. e ampl. São Paulo: Atlas, 2012.

GUILHERME, Walter de Almeida. *Direito eleitoral e processual eleitoral*. Temas Fundamentais. São Paulo: Revista dos Tribunais, 2012.

LEI da Ficha Limpa completa quatro anos e será aplicada pela primeira vez em eleições gerais. TSE, Tribunal Superior Eleitoral, Brasília, 11 jul. 2014. Disponível em: http://www.tse.jus.br/noticias-tse/2014/Julho/lei-da-ficha-limpa-completa-quatro-anos-e-sera-aplicada-pela-primeira-vez-em-eleicoes-gerais. Acesso em: 4 nov. 2014.

LEI da Ficha Limpa será aplicada nas eleições gerais pela primeira vez. TSE, Brasília, 22 jan. 2012. Disponível em: http://www.tse.jus.br/noticias-tse/2014/Janeiro/lei-da-ficha-limpa-sera-aplicada-nas-eleicoes-gerais-pela-primeira-vez. Acesso em: 24 set. 2014.

LINS, Rodrigo Martiniano Ayres. *Direito eleitoral descomplicado*. Rio de Janeiro: Ferreira, 2011.

LUCON, Paulo Henrique dos Santos. *Código Eleitoral interpretado*. 3. ed. São Paulo: Atlas, 2013.

MATTOS, Mauro Roberto Gomes de. *O limite da improbidade administrativa*. 3. ed. Rio de Janeiro: América Jurídica, 2006.

MAZZA, Alexandre. *Manual de direito administrativo*. São Paulo: Saraiva, 2011.

MEDEIROS, Sérgio Monteiro. *Lei de Improbidade Administrativa*. São Paulo: Juarez de Oliveira, 2003.

MORAES, Alexandre de. *Constituição do Brasil interpretada e legislação constitucional*. São Paulo: Atlas, 2002.

MORAES, Alexandre de. *Direito constitucional administrativo*. São Paulo: Atlas, 2002.

MORAES, Alexandre de. *Constituição do Brasil interpretada e legislação constitucional*. 7. ed. atualizada até a EC n. 55/07. São Paulo: Atlas, 2007.

OAB registra a plena validade da Lei da Ficha Limpa em 2014. OAB, Conselho Federal, Brasília, 15 jul. 2014. Disponível em: http://www.oab.org.br/noticia/27263/oab-registra-a-plena-validade-da-lei-da-ficha-limpa-em-2014. Acesso em: 8 set. 2014.

PAIÉ, Karline dos Santos Nascimento. Presunção de enriquecimento ilícito na Lei de improbidade administrativa. *Jus Navigandi*, Teresina, 2011. Disponível em: http://jus.com.br/artigos/1860. Acesso em: 18 jun. 2014.

PAZZAGLINI FILHO, Marino. *Lei de improbidade administrativa comentada*. São Paulo: Atlas, 2002.

PAZZAGLINI FILHO, Marino. 3. ed. São Paulo: Atlas, 2006.

PIETRO, Maria Sylvia Zanella Di. *Direito administrativo*. 27. ed. São Paulo: Atlas, 2013.

PINTO, Djalma. *Direito eleitoral*: anotações e temas polêmicos. 3. ed. Rio de Janeiro: Forense, 2000.

RAMAYANA, Marcos. *Direito eleitoral*. 12. ed. Rio de Janeiro: Impetus, 2011.

RAMAYANA, Marcos. 13. ed. Rio de Janeiro: Impetus, 2012.

SANTOS, Carlos Frederico. *Improbidade administrativa*: reflexões sobre a Lei n. 8.429/92. Rio de Janeiro: Forense, 2002.

SILVA, De Plácido e. *Vocabulário jurídico*. 27. ed. Rio de Janeiro: Forense, 2006.

SILVA, José Afonso da. *Curso de direito constitucional positivo*. 19. ed. São Paulo: Malheiros, 2001.

SILVA, José Afonso da. *Curso de direito constitucional positivo*. 30. ed. São Paulo: Malheiros, 2008.

STOCO, Rui *et al*. *Legislação eleitoral interpretada*: doutrina e jurisprudência. 4. ed. São Paulo: RT, 2012.

VELLOSO, Carlos Mario da Silva. *Elementos de direito eleitoral*. São Paulo: Saraiva, 2012.

VILELA DE PINHO, Cristiano. *Da análise da hipótese de inelegibilidade da alínea* l, *inciso I do art. 1. da Lei n. 64/90*. Assembleia Legislativa do Estado de São Paulo, São Paulo. Disponível em: http://www.al.sp.gov.br/repositorio/ilp/anexos/1525/YY2014MM3DD3HH12MM57SS11-Da%20an_lise%20da%20hip_tese%20de%20inelegibilidade%20(...)%20Cristiano%20Vilela%20e%20Wilton%20Luis%20da%20Silva%20Gomes%20(1).pdf. Acesso em: 23 jun. 2014.

Da perda do mandato eletivo por infidelidade partidária

Diogo Telles Akashi[1]

INTRODUÇÃO

Decorrência da excessiva proliferação de partidos políticos no Brasil, muitos deles sem uma clara definição da matriz ideológica que representam, a infidelidade partidária é um fenômeno recorrente na prática política brasileira.

Com efeito, desde a redemocratização do Brasil tornaram-se muito comuns as constantes trocas de partidos políticos, com a migração de candidatos eleitos por uma legenda para outra logo após a assunção do mandato. Essa prática causou incômodo não só aos partidos políticos, como também a vários setores da sociedade civil.

O descontentamento motivou diversas tentativas de reformas políticas para que fosse respeitada a fidelidade partidária, provocando também a atuação do Tribunal Superior Eleitoral e do Supremo Tribunal Federal para disciplinar o instituto, sempre visando atribuir o mandato ao partido político e prever a sua perda ao detentor de cargo eletivo que voluntariamente se desfiliar, sem justa causa, da agremiação pela qual foi eleito.

1. Pós-graduado em Direito Constitucional pela Escola Superior de Direito Constitucional e em Direito Processual Civil pela Universidade Presbiteriana Mackenzie. Advogado em São Paulo.

Este estudo tem por objeto analisar as atuais normas jurídicas e a recente jurisprudência acerca da fidelidade partidária, e as causas e consequências da prática da infidelidade.

1. A FILIAÇÃO PARTIDÁRIA E A VINCULAÇÃO DO ELEITO AO PARTIDO QUE O ELEGEU

Pressuposto para que qualquer cidadão possa concorrer a um cargo eletivo é o fato de ele estar filiado a um partido político. A filiação partidária é uma das condições de elegibilidade previstas no art. 14, § 3º, V, da Constituição da República de 1988[2].

A Constituição de 1988 reforça a necessidade de filiação partidária no art. 77, § 2º, ao exigir o registro por partido político para que um candidato possa ser eleito Presidente da República[3]. O *caput* do art. 9º da Lei n. 9.504/97[4], por sua vez, também determina que, para concorrer às eleições, o candidato deverá estar com a filiação deferida pelo partido no mínimo seis meses antes da data da eleição[5].

O partido político oferece sua legenda ao aspirante a cargo eletivo, que, uma vez filiado, e após cumpridas as demais exigências legais, registra sua candidatura, concorre ao cargo pretendido, podendo ser eleito. Por isso, considera-se que o mandatário fica vinculado ao partido que o elegeu, e que a vaga pertence ao partido, e não ao candidato, pois sem filiação partidária não há mandato eletivo. Esse é o raciocínio que justifica que a vaga pertence ao partido e que não poderia o candidato, depois de eleito, simplesmente abandonar a legenda e se filiar a outra, sendo infiel ao partido.

---

2. "Art. 14. A soberania popular será exercida pelo sufrágio universal e pelo voto direto e secreto, com valor igual para todos, e, nos termos da lei, mediante: (...) § 3º São condições de elegibilidade, na forma da lei: (...) V – a filiação partidária."
3. "Art. 77. (...) § 2º Será considerado eleito Presidente o candidato que, registrado por partido político, obtiver a maioria absoluta de votos, não computados os em branco e os nulos."
4. Redação dada pela Lei n. 13.488/2017.
5. "Art. 9º Para concorrer às eleições, o candidato deverá possuir domicílio eleitoral na respectiva circunscrição pelo prazo de seis meses e estar com a filiação deferida pelo partido no mesmo prazo."

Essa vinculação do eleito ao partido político que o elegeu fica ainda mais evidente nas eleições pelo sistema proporcional, que destina **às legendas** e coligações, através do quociente eleitoral, uma quantidade de vagas proporcional às suas votações, para que seja respeitada a representatividade de cada agremiação. O sistema proporcional com lista aberta é o adotado para eleição de deputados federais e estaduais e de vereadores.

Situação diferente ocorre no sistema majoritário, em que, embora devam também estar filiados a partidos para disputarem as eleições, os candidatos são eleitos apenas pelos seus próprios votos, independentemente da votação obtida pela legenda partidária, como no caso das eleições para Presidente, Governadores, Prefeitos e Senadores. Essa diferença levou o Supremo Tribunal Federal a afastar a pena de perda do mandato eletivo por infidelidade partidária aos candidatos eleitos pelo sistema majoritário, por ocasião do julgamento da Ação Direta de Inconstitucionalidade n. 5.081[6], como veremos adiante.

A definição de partido político é dada pela Lei n. 9.096/95[7], que, em seu art. 1º, estabelece se tratar de pessoa jurídica de direito privado que se destina a assegurar, no interesse do regime democrático, a autenticidade do sistema representativo e a defender os direitos fundamentais definidos na Constituição. Somente o partido que tenha registrado seu estatuto no Tribunal Superior Eleitoral pode participar do processo eleitoral, receber recursos do fundo partidário e ter acesso gratuito ao rádio e à televisão.

É assegurada ainda aos partidos políticos autonomia para definir sua estrutura interna e estabelecer regras sobre escolha, formação e duração de seus órgãos permanentes e provisórios e sobre sua organização e funcionamento, devendo seus estatutos estabelecer normas de disciplina e fidelidade partidária.

Tal garantia decorre do disposto no § 1º do art. 17 da Constituição da República[8], que também mencionou expressamente o instituto da fidelidade partidária, a ser observado pelos membros dos partidos políticos detentores de mandatos em cargos eletivos.

6. STF, ADI 5.081/DF, Rel. Ministro Roberto Barroso, *DJ* de 19.8.2015, p. 162.
7. Conhecida como Lei dos Partidos Políticos.
8. Redação dada pela Emenda Constitucional n. 97, de 2017.

2. DA FIDELIDADE PARTIDÁRIA PELA PERMANÊNCIA DO ELEITO AO PARTIDO E SUA SUBORDINAÇÃO ÀS DIRETRIZES PARTIDÁRIAS

A previsão da fidelidade partidária não é nova em nosso ordenamento constitucional, sendo que, ainda à época da Constituição de 1967, já havia um dispositivo bastante severo, inserido pela Emenda Constitucional n. 1, de 1969, que modificou a redação do art. 152 para dispor, no seu parágrafo único[9], sobre a perda de mandato ao parlamentar que se opuser às diretrizes legitimamente estabelecidas pelos órgãos de direção partidária ou deixar o partido sob cuja legenda foi eleito.

Há críticas à Constituição de 1988, visto que, embora tenha mencionado expressamente o instituto da fidelidade partidária, não o consagrou como princípio constitucional, o que parece se justificar pelo momento histórico da redemocratização, após longo período de regime militar, concedendo-se certa liberdade de filiação aos cidadãos em virtude da criação de novos partidos políticos com posições ideológicas diversas, corolário do pluripartidarismo adotado pela nova Carta[10].

O instituto da fidelidade partidária possui várias acepções, sendo a principal o dever de o eleito continuar filiado ao partido que o elegeu até o fim do mandato.

Mas não é só esse dever que constitui a fidelidade partidária. O instituto também impõe a obrigação de o eleito ter de agir e votar de acordo com as diretrizes estabelecidas por seu partido político. Segundo o art. 24 da Lei n. 9.096/95, o integrante do partido na Casa Legislativa tem o dever de subordinar a sua ação parlamentar aos princípios doutrinários e progra-

---

9. "Art. 152. (...) Parágrafo único. Perderá o mandato no Senado Federal, na Câmara dos Deputados, nas Assembleias Legislativas e nas Câmaras Municipais quem, por atitudes ou pelo voto, se opuser às diretrizes legitimamente estabelecidas pelos órgãos de direção partidária ou deixar o partido sob cuja legenda foi eleito. A perda do mandato será decretada pela Justiça Eleitoral, mediante representação do partido, assegurado o direito de ampla defesa."

10. "Art. 17. É livre a criação, fusão, incorporação e extinção de partidos políticos, resguardados a soberania nacional, o regime democrático, o pluripartidarismo, os direitos fundamentais da pessoa humana e observados os seguintes preceitos (...)."

máticos e às diretrizes estabelecidas pelos órgãos de direção partidários, na forma do estatuto.

Caso o parlamentar se oponha, pela atitude ou pelo voto, às diretrizes estabelecidas pelos órgãos partidários, poderá sofrer punições e medidas disciplinares estabelecidas no estatuto da legenda, como desligamento temporário da bancada, suspensão do direito de voto nas reuniões internas ou perda de todas as prerrogativas, cargos e funções que exerça em decorrência da sua representação enquanto membro do partido.

Destarte, ao se filiar a um partido político para disputar as eleições, deve o cidadão estar ciente de que, se eleito, deve seguir os princípios da legenda e, às vezes, abrir mão da sua vontade pessoal para seguir o que é determinado pelos líderes partidários.

A fidelidade partidária consiste, pois, tanto na obrigação que os membros do partido possuem de permanecer filiados à legenda depois de eleitos como na de subordinar sua atuação política aos princípios doutrinários e programáticos do partido que os elegeu e às diretrizes estabelecidas pelos respectivos órgãos de direção partidários.

Contudo, nem toda infidelidade partidária gera a perda do mandato eletivo. Como se verá adiante, a atual jurisprudência sobre o tema se firmou no sentido de que a perda do mandato somente pode ocorrer no caso de desfiliação da agremiação por vontade do mandatário, e desde que não haja justa causa.

Já a desfiliação involuntária do mandatário em decorrência de pena de expulsão aplicada pelo partido político, ainda que no caso de infidelidade por insubordinação, não vem sendo considerada como causa de perda do mandato eletivo, mesmo se houver sido garantido ao mandatário o direito de ampla defesa e contraditório em processo disciplinar interno da agremiação.

A recusa à perda do mandato nessa hipótese de infidelidade se justifica pelo receio de as agremiações poderem, por razões múltiplas, e nem sempre legítimas, escolher, de tempos em tempos, quem deveria exercer o mandato, desconsiderando a própria vontade popular, pois, se é certo que o voto é conferido aos partidos, não é menos correto afirmar que o eleitor, no sistema proporcional brasileiro, contribui com sua vontade para a ordenação da lista dos eleitos.

3. DA PERDA DO MANDATO ELETIVO POR INFIDELIDADE PARTIDÁRIA

A infidelidade partidária é vista como uma influência perniciosa à democracia, por subtrair o mandato do partido político pelo qual o candidato teve plataforma para ser eleito e, assim, desvirtuar a vontade do eleitor.

Ela se dá por diversos motivos, desde divergências internas por diferenças ideológicas e disputas de poder, até outros fatores, como a possibilidade de ampliar as chances de vitória em próximas eleições, bem como a aproximação com o Poder Executivo para ampliação da base de apoio parlamentar em troca da participação na alocação de cargos e verbas públicas. Contribui também para o fenômeno da infidelidade partidária a própria conformação atual do sistema político eleitoral brasileiro, em que o candidato se apresenta individualmente ao eleitor, sem dar destaque ao seu partido e às ideologias deste, e, depois de eleito, acredita ser dono do cargo conquistado[11].

Entretanto, a infidelidade partidária só veio a ser reconhecida como causa de perda do mandato eletivo em 2007, a partir da Consulta n. 1.398[12], formulada pelo então Partido da Frente Liberal (PFL)[13], que, diante da migração de diversos filiados para outras legendas, indagou o Tribunal Superior Eleitoral sobre a possibilidade de a agremiação preservar a vaga obtida pelo sistema eleitoral proporcional quando houver pedido de cancelamento de filiação ou transferência do candidato eleito para outro partido. A resposta do Tribunal foi afirmativa, reacendendo a discussão sobre o tema da fidelidade partidária, que outrora já havia sido analisado de forma diametralmente diversa pelo Supremo Tribunal Federal, por ocasião do julgamento dos Mandados de Segurança n. 20.927[14] e 23.405[15], mesmo na vigência da Constituição de 1988.

---

11. Isso ocorre, no mais das vezes, com os candidatos "puxadores de voto", figuras de apelo popular que conseguem angariar votações expressivas para as legendas que os abrigam, muitas delas irrelevantes no espectro político.
12. TSE, Consulta 1.398, Rel. Ministro César Asfor Rocha, *DJ* de 8.5.2007, p. 143.
13. Depois Democratas – DEM (2007) e atual União Brasil – UNIÃO (2022).
14. STF, MS 20.927, Rel. Ministro Moreira Alves, *DJ* de 15.4.1994, p. 8061.
15. STF, MS 23.405, Rel. Ministro Gilmar Mendes, *DJ* de 23.4.2004, p. 8.

A discussão sobre o tema retornou então ao Supremo Tribunal Federal por meio dos Mandados de Segurança n. 26.602[16], 26.603[17] e 26.604[18], e a excelsa Corte, dessa feita, ratificou o entendimento do Tribunal Superior Eleitoral na Consulta n. 1.398, estabelecendo que a permanência do parlamentar no partido político pelo qual se elegeu é imprescindível para a manutenção da representatividade do eleitor, e que, por essa razão, o abandono de legenda enseja a perda do mandato, ressalvadas situações específicas, como, por exemplo, mudanças na ideologia do partido ou perseguições políticas, que deveriam ser definidas e apreciadas caso a caso pelo Tribunal Superior Eleitoral.

Em decorrência do que fora decidido pelo Supremo Tribunal Federal, o Tribunal Superior Eleitoral editou a Resolução n. 22.610/2007, para disciplinar o processo de perda do mandato eletivo, bem como de justificação da desfiliação partidária necessária à preservação do mandato.

A Resolução n. 22.610/2007 foi julgada constitucional pelo Supremo Tribunal Federal nas Ações Diretas de Inconstitucionalidade n. 3.999[19] e 4.086[20]. Já por ocasião do julgamento da Ação Direta de Inconstitucionalidade n. 5.081[21], o Supremo Tribunal Federal fez um ajuste na redação da Resolução mencionada, para declarar a inconstitucionalidade do termo "ou o vice", constante do art. 10; da expressão "e, após 16 (dezesseis) de outubro corrente, quanto a eleitos pelo sistema majoritário", constante do art. 13, e para conferir interpretação conforme à Constituição ao termo "suplente", constante do art. 10, com a finalidade de excluir do seu alcance os cargos do sistema majoritário. Fora fixada tese com o seguinte teor: "A perda do mandato em razão da mudança de partido não se aplica aos candidatos eleitos pelo sistema majoritário, sob pena de violação da soberania popular e das escolhas feitas pelo eleitor".

De acordo com o art. 1º da Resolução n. 22.610/2007, o partido político interessado pode pedir, perante a Justiça Eleitoral, a decretação da perda

16. STF, MS 26.602, Rel. Ministro Eros Grau, *DJ* de 17.10.2008, p. 190.
17. STF, MS 26.603, Rel. Ministro Celso de Mello, *DJ* de 18.12.2008, p. 318.
18. STF, MS 26.604, Rel. Ministra Cármen Lúcia, *DJ* de 2.10.2008, p. 135.
19. STF, ADI 3.999/DF, Rel. Ministro Joaquim Barbosa, *DJ* de 17.4.2009, p. 71.
20. STF, ADI 4.086/DF, Rel. Ministro Joaquim Barbosa, *DJ* de 17.4.2009, p. 71.
21. STF, ADI 5.081/DF, Rel. Ministro Roberto Barroso, *DJ* de 19.8.2015, p. 162.

de cargo eletivo[22] em decorrência de desfiliação partidária sem justa causa. Quando o partido político não formular o pedido dentro de trinta dias da desfiliação, pode fazê-lo, em nome próprio, nos trinta subsequentes, quem tenha interesse jurídico[23] ou o Ministério Público eleitoral. Também é possível ao mandatário que se desfiliou ou pretenda se desfiliar pedir a declaração da existência de justa causa, fazendo citar o partido. O Tribunal Superior Eleitoral é competente para processar e julgar pedido relativo a mandato federal; nos demais casos, é competente o tribunal eleitoral do respectivo estado.

Em 2015, o Congresso Nacional resolveu finalmente exercer sua função, e aprovou a Lei n. 13.165[24], incluindo o art. 22-A à Lei n. 9.096/97, para também dispor, através de lei ordinária, que perderá o mandato o detentor de cargo eletivo que se desfiliar, sem justa causa, do partido pelo qual foi eleito. Originalmente, a Lei n. 9.096/97 apenas previa que o parlamentar que deixar o partido sob cuja legenda tenha sido eleito perderia automaticamente a função ou cargo que exerça, na respectiva Casa Legislativa, em virtude da proporção partidária[25].

4. DA JUSTA CAUSA PARA DESFILIAÇÃO PARTIDÁRIA SEM PERDA DO MANDATO

Como se observou, tanto a Resolução n. 22.610/2007 quanto a Lei n. 9.096/97, com redação dada pela Lei n. 13.165/2015, estabelecem que a perda do mandato eletivo pode ocorrer apenas na hipótese de este se desfiliar, voluntariamente e sem justa causa, do partido pelo qual foi eleito. Em outras palavras, havendo justa causa, é admissível a desfiliação partidária por ato voluntário do mandatário, sem que isso implique perda do mandato eletivo.

A própria Constituição de 1988 já traz uma primeira justa causa para desfiliação partidária sem a perda do mandato no § 5º do art. 17[26], dispondo

22. *Sic erat scriptum.*
23. A exemplo dos suplentes do cargo detido pelo mandatário desfiliado.
24. Conhecida como Reforma Eleitoral de 2015.
25. "Art. 26. Perde automaticamente a função ou cargo que exerça, na respectiva Casa Legislativa, em virtude da proporção partidária, o parlamentar que deixar o partido sob cuja legenda tenha sido eleito."
26. Incluído pela Emenda Constitucional n. 97, de 2017.

que, no caso de o partido político não preencher as condições previstas para que tenha direito a recursos do fundo partidário e acesso gratuito ao rádio e à televisão[27], é assegurado ao eleito a manutenção do seu mandato e facultada a filiação a outro partido que os tenha atingido.

Posteriormente, a Resolução TSE n. 22.610/2007 trouxe no § 1º do art. 1º quatro situações nas quais a desfiliação durante o mandato é admitida, considerando como justa causa: I – incorporação ou fusão do partido; II – criação de novo partido; III – mudança substancial ou desvio reiterado do programa partidário; IV – grave discriminação pessoal.

Na primeira hipótese, se o partido for incorporado por outro, ou se fundir a outro, naturalmente adotará ideologia, estatutos e diretrizes deste outro partido. Nessa situação, considera-se que o agente político não é obrigado a se manter na agremiação, pois, nesse caso, poderia estar em desacordo com sua ideologia política pessoal, tendo que aderir a uma que não condiz com a sua, havendo justa causa para desfiliação, atitude que não é considerada infidelidade partidária.

Já no caso de criação de um novo partido, que é a segunda causa admitida pela Resolução, o político também pode se desfiliar de sua legenda e adotar a nova agremiação. A hipótese é considerada justa causa para desfiliação sem a perda do mandato. Essa hipótese está sendo questionada na Ação Direta de Inconstitucionalidade n. 4.583, atualmente com a relatoria da Ministra Rosa Weber, ainda pendente de julgamento. O processo conta com parecer favorável do então Procurador-Geral da República, Rodrigo Janot Monteiro de Barros, sob o fundamento de que a autorização concedida pelo dispositivo impugnado ignora elemento essencial à fidelidade partidária e torna o processo de desfiliação excessivamente objetivo e aberto.

Com relação à mudança substancial ou ao desvio reiterado do programa partidário, se a direção do partido fugir radicalmente das disposições esta-

27. "Art. 17. (...) § 3º Somente terão direito a recursos do fundo partidário e acesso gratuito ao rádio e à televisão, na forma da lei, os partidos políticos que alternativamente: I – obtiverem, nas eleições para a Câmara dos Deputados, no mínimo, 3% (três por cento) dos votos válidos, distribuídos em pelo menos um terço das unidades da Federação, com um mínimo de 2% (dois por cento) dos votos válidos em cada uma delas; ou II – tiverem elegido pelo menos quinze Deputados Federais distribuídos em pelo menos um terço das unidades da Federação."

belecidas em seus estatutos e programas partidários, em temas de grande relevância e com consequências evidentes para os filiados, é possível alegar justa causa para desfiliação. **Não se trata de opinião pessoal de um dirigente, ou ações de grupos internos do partido. Essa possibilidade de justa causa deve emergir de mudança substancial ou desvio reiterado do programa partidário, praticada pela direção do partido,** e de forma a trazer prejuízos ao partido e aos filiados.

Por fim, como grave discriminação pessoal, a justificar a desfiliação partidária sem perda do mandato, temos as hipóteses de perseguição, humilhação pública, exposição indevida do político pelo partido e situações assemelhadas. Também não é a mera divergência de ideias que a caracteriza, sendo preciso que fique comprovada uma grave discriminação pessoal.

Por sua vez, a Reforma Eleitoral de 2015[28], que incluiu o art. 22-A na Lei dos Partidos Políticos[29], manteve como justa causa apenas as hipóteses de: I – mudança substancial ou desvio reiterado do programa partidário; e II – grave discriminação política pessoal; não replicando as demais hipóteses previstas no § 1º do art. 1º da Resolução n. 22.610/2007.

O novo art. 22-A da Lei n. 9.095/95, porém, acrescentou mais uma hipótese para desfiliação imotivada sem a perda do mandato, qual seja: III – mudança de partido efetuada durante o período de trinta dias que antecede o prazo de filiação exigido em lei para concorrer à eleição, majoritária ou proporcional, ao término do mandato vigente[30]. De acordo com o dispositivo, os detentores de mandato eletivo em cargos proporcionais podem trocar de legenda nos trinta dias anteriores ao último dia do prazo para a filiação partidária, que ocorre seis meses antes do pleito[31].

Cabe registrar ainda, por oportuno, o curioso caso da "janela partidária" autorizada em 2016 pela Emenda Constitucional n. 91, cujo art. 1º dispôs ser facultado ao detentor de mandato eletivo desligar-se do partido pelo qual foi eleito nos trinta dias seguintes à promulgação da Emenda, sem prejuízo do mandato, não sendo essa desfiliação considerada para fins de distribuição dos

---

28. Lei n. 13.165/2015.
29. Lei n. 9.096/95.
30. Esse lapso de tempo em que se admite a desfiliação imotivada sem a perda do mandato eletivo é conhecido como "janela partidária".
31. Art. 9º, *caput*, da Lei n. 9.504/97.

recursos do fundo partidário e de acesso gratuito ao tempo de rádio e televisão. Tratou-se de uma hipótese excepcional e transitória de admissão da desfiliação partidária injustificada com manutenção do mandato eletivo.

Por fim, existe também a hipótese de o partido político conceder formalmente uma carta de anuência à desfiliação, atestando a existência de justa causa ao político, o que vem sendo admitido pela Justiça Eleitoral. Com efeito, a jurisprudência do Tribunal Superior Eleitoral firmou-se no sentido de que a concordância da agremiação partidária com o desligamento do filiado é apta a permitir a desfiliação sem prejuízo do mandato eletivo[32].

CONCLUSÕES

Pressuposto para que qualquer cidadão possa concorrer a um cargo eletivo é o fato de se filiar a um partido político. O partido político oferece sua legenda ao aspirante a cargo eletivo, que, uma vez filiado, e após cumpridas as demais exigências legais, registra sua candidatura, concorre ao cargo pretendido, podendo ser eleito. Esse é o raciocínio que justifica que a vaga pertence ao partido e que não poderia o candidato, depois de eleito, simplesmente abandonar a legenda e se filiar a outra, sendo infiel ao partido.

A infidelidade partidária é vista como uma influência perniciosa à democracia, por subtrair o mandato do partido político pelo qual o candidato teve plataforma para ser eleito e, assim, desvirtuar a vontade do eleitor. O descontentamento com a prática motivou diversas tentativas de reformas políticas para que fosse respeitada a fidelidade partidária, provocando também a atuação do Tribunal Superior Eleitoral e do Supremo Tribunal Federal para disciplinar o instituto.

Lato sensu, a fidelidade partidária consiste tanto na obrigação que os membros do partido possuem de permanecer filiados à legenda depois de eleitos como na de subordinar sua atuação política aos princípios doutrinários e programáticos do partido que os elegeu e às diretrizes estabelecidas pelos respectivos órgãos de direção partidários.

Contudo, nem toda infidelidade partidária gera a perda do mandato eletivo. A Resolução n. 22.610/2007, do Tribunal Superior Eleitoral, e a Lei

---

32. AgR-Pet n. 0601117-75/PE, Rel. Ministra Rosa Weber, *DJ* de 17.4.2018.

n. 9.096/97, com redação dada pela Lei n. 13.165/2015, estabelecem que a perda do mandato eletivo pode ocorrer apenas na hipótese de este se desfiliar, voluntariamente e sem justa causa, do partido pelo qual foi eleito.

Destarte, na hipótese de expulsão imposta por ato do partido, ou havendo justa causa, é admissível a desfiliação partidária do mandatário, sem que isso implique perda do mandato eletivo.

REFERÊNCIAS

ARAS, Augusto. *Fidelidade partidária*: a perda do mandato parlamentar. Rio de Janeiro: Lumen Juris, 2006.

CAPRIO, Fernanda. *Infidelidade partidária*. Disponível em: https://fernandacaprio.jusbrasil.com.br/artigos/112135243/infidelidade-partidaria. Acesso em: 8 abr. 2022.

CARDOSO, José Carlos. *Fidelidade partidária*. Rio de Janeiro: Lumen Juris, 1997.

CLÈVE, Clèmerson Merlin. *Fidelidade partidária e impeachment*: estudo de caso. 2. ed. Curitiba: Juruá, 2012.

LEWANDOWSKI, Enrique Ricardo. Infidelidade partidária e proteção da confiança. *Estudos Eleitorais*, Tribunal Superior Eleitoral, v. 5, n. 1, jan./abr. 2010.

MACIEL, Eliane Cruxên Barros de Almeida. *Fidelidade partidária*: um panorama institucional. Consultoria Legislativa do Senado Federal, Brasília, 2004. Disponível em: https://www2.senado.leg.br/bdsf/handle/id/101. Acesso em: 8 abr. 2022.

PIMENTA, Fernando Gurgel. *Guia Prático da Fidelidade Partidária à luz da Resolução TSE 22.610/07*. Leme: J. H. Mizuno, 2008.

ROLLEMBERG, Gabriela. A *expulsão como causa de pedir da perda do mandato eletivo por infidelidade partidária*. Disponível em: http://www.osconstitucionalistas.com.br/a-expulsao-como-causa-de-pedir-da-perda-do-mandato-eletivo-por-infidelidade-partidaria. Acesso em: 8 abr. 2022.

SAMPAIO, Sabrina Batista. *Infidelidade partidária*: um estudo sobre a legislação, causas e consequências. Disponível em: https://jus.com.br/artigos/56304. Acesso em: 8 abr. 2022.

A inconstitucionalidade da exigência de votação nominal mínima de 10% do quociente eleitoral

George Melão[1]

A Lei Federal n. 13.165, de 29 de setembro de 2015, em seu art. 4º, ao fazer alterações no Código Eleitoral Brasileiro, mudando a redação do art. 108 e acrescentando-lhe o parágrafo único, em nosso entendimento, contraria a Constituição Federal em vários aspectos, em especial no que diz respeito ao regime democrático, por isso, acreditamos em sua inconstitucionalidade.

INTRODUÇÃO

Como é sabido, até as eleições de 1996 não existia uma lei que regulamentasse, especificamente, as regras eleitorais, fato que obrigava o legislador a alterar, a cada eleição, o processo eleitoral, ou seja, tínhamos uma nova lei para cada pleito eleitoral. Diante disso, várias propostas legislativas surgiram no Congresso Nacional, até que, no início de 1997, o PL n. 2.695, de autoria do Deputado Federal **Edinho Araújo** (PMDB/SP), ganhou destaque e começou a tramitar pelo legislativo federal. Durante o seu curso recebeu diversos apensamentos e alterações, vindo a receber o número 2695-A/97. O Deputado Federal **Carlos Apolinário** (PMDB/SP) foi designado para a rela-

1. Bacharel em Direito pela Universidade São Francisco de Bragança Paulista/SP. Especialista em Direito Público e Privado pela Faculdade de Direito Professor Damásio de Jesus, em Direito Processual Civil pela Escola Paulista da Magistratura e em Direito Eleitoral e Direito Processual Eleitoral pela Escola Judiciária Eleitoral Paulista. Advogado, professor e escritor especializado em Direito Eleitoral.

toria, e, em seu pronunciamento no plenário à época, afirmou tratar-se de uma lei perene, que regularia todas as eleições a partir da que estava por se realizar em 1998. Pedimos *vênia* para reproduzir trecho de seu discurso:

> Ao receber a incumbência de preparar o relatório da Lei Eleitoral, minha primeira preocupação foi a de não fazer uma lei casuística, que viesse reger apenas as eleições de 1998, porque um dos problemas que sofremos em nosso País nessa área é que a cada dois anos temos uma nova lei, leis casuísticas que são feitas apenas com o propósito de atender àqueles que estão governando, em prejuízo daqueles que querem disputar as eleições com a pretensão de governar o País, o Estado ou o Município. Então, creio que **essa lei avança quando se torna uma legislação permanente**[2] (grifo nosso).

Infelizmente, não foi bem isso que ocorreu, já que, de 1997 para cá, a legislação eleitoral sofreu quinze alterações, mais de uma lei eleitoral a cada dois anos, assim, o que não era para acontecer continua acontecendo, ou seja, uma nova lei para cada eleição, conforme se demonstra a seguir: **Lei n. 9.840/1999, Lei n. 10.408/2002, Lei n. 10.740/2003, Lei n. 11.300/2006, Lei n. 12.034/2009, Lei n. 12.350/2010, Lei Complementar n. 135/2010, Lei n. 12.891/2013, Lei n. 12.976/2014, Lei n. 13.165/2015, Lei n. 13.487/2017, Lei n. 13.488/2017, Lei n. 13.831/2019, Lei n. 13.877/2019, Lei n. 13.831/2019 e Lei n. 13.877/2019.**

Como se pode perceber, o sonho e o discurso do relator, o deputado federal Carlos Apolinário (PMDB/SP), caíram por terra, pois, apesar de termos uma lei eleitoral, além de não ser perene, continua a sofrer alterações a cada pleito eleitoral.

Dessa forma, diante da busca da preservação de interesses próprios, os parlamentares, receosos e com medo de perderem espaço, mudam as regras do jogo a cada eleição, promovendo, de forma açodada, alterações na Lei 9.504/97 – Lei das Eleições, motivo pelo qual, não raro, padecem de inconstitucionalidades.

1. A CONSTITUIÇÃO DE 1988 E A DEMOCRACIA

A Constituição da República Federativa do Brasil de 1988 consagrou no *caput* de seu art. 1º o regime democrático como forma de governo: "Art.

2. Diário da Câmara dos Deputados de 21 de agosto de 1997, p. 24.549/24.550.

1º A República Federativa do Brasil, formada pela união indissolúvel dos Estados e Municípios e do Distrito Federal, constitui-se em **Estado Democrático** de Direito e tem como fundamentos (...)[3]" (grifo nosso).

Democracia é a forma de governo em que o poder é exercido direta ou indiretamente pelo povo.

A palavra "democracia" tem origem no grego *demokratía*, que é composta por *demos* (que significa povo) e *kratos* (que significa poder). Nesse sistema político, o poder é exercido pelo povo, diretamente, ou através de representantes eleitos.

Embora existam pequenas diferenças nas várias democracias, certos princípios e práticas distinguem o governo democrático de outras formas de governo.

Democracia é o regime de governo pelo qual o poder e a responsabilidade cívica são exercidos por todos os cidadãos, diretamente ou através dos seus representantes livremente eleitos.

Democracia é um conjunto de princípios e práticas que protegem a liberdade humana; é a institucionalização da liberdade em poder participar das decisões políticas de uma nação.

O mestre José Afonso da Silva, em sua obra *Curso de direito constitucional positivo*, nos ensina que "democracia é um processo de convivência social em que o poder emana do povo, há de ser exercido, direta ou indiretamente, pelo povo e em proveito do povo"[4].

2. REPRESENTATIVIDADE PELO SISTEMA PROPORCIONAL

Apenas à guisa de informação, esclarecemos que o sistema eleitoral é complexo e que não há um único sistema que possa ser adotado em todas as nações e mantido de forma rígida para sempre, é preciso que sejam realizadas as adaptações necessárias para cada povo, com sua cultura, costume e sua história, sofrendo, assim, as alterações no decorrer do tempo.

3. Constituição da República Federativa do Brasil de 1988.
4. SILVA, José Afonso da. *Curso de direito constitucional positivo*. 9. ed. São Paulo: Malheiros, 1994, p. 115.

A Constituição brasileira consagrou dois sistemas, o majoritário e o proporcional.

O sistema majoritário rege as eleições para os cargos de chefe do Poder Executivo e do Senado Federal, ou seja, regulamenta as eleições para Presidente da República, Governadores dos estados e do Distrito Federal, Prefeitos e para Senador da República.

O sistema proporcional destina-se às eleições para os cargos legislativos, exceto Senador, ou seja, normatiza as eleições para Deputado Federal, Deputado Estadual, Deputado para a Câmara Distrital e para Vereador, sendo por isso conhecidos como cargos eletivos proporcionais, e visa garantir a distribuição dos cargos na proporção da preferência dos eleitores pelos partidos políticos, buscando, dessa forma, dar representatividade aos diversos segmentos da sociedade, assegurando, inclusive, oportunidade para a representação das chamadas minorias.

No Brasil, esse sistema foi inserido pela primeira vez em nossa legislação pelo Código Eleitoral de 1932 e mantido nos subsequentes, sustentando, dessa forma, a democracia brasileira.

A democracia indireta ou representativa é aquela em que o povo, através de eleições periódicas, escolhe as pessoas que irão representá-lo para, em seu nome, tomar as decisões políticas de seu interesse; assim, o povo é a fonte primária do poder que será exercido por meio de representação.

A redação do parágrafo único do art. 1º da Constituição Federal não deixa dúvidas no que diz respeito à democracia representativa: "**Todo poder emana do povo, que o exerce por meio de representantes eleitos** ou diretamente, nos termos desta Constituição" (grifo nosso)[5].

No Brasil, como se sabe, as eleições para a composição dos cargos do Poder Legislativo, com exceção do Senado Federal, nos termos do art. 45 da Constituição Federal, regem-se pelo denominado sistema proporcional: "A Câmara dos Deputados compõe-se de **representantes do povo, eleitos, pelo sistema proporcional**, em cada Estado, em cada Território e no Distrito Federal[6]" (grifo nosso).

O jurista José Jairo Gomes entende que

5. Constituição da República Federativa do Brasil de 1988.
6. Constituição da República Federativa do Brasil de 1988.

> [o] sistema proporcional foi concebido para refletir os diversos pensamentos e tendências existentes no meio social. Visa distribuir entre as múltiplas entidades políticas as vagas existentes nas Casas Legislativas, tornando equânime a disputa pelo poder e, principalmente, ensejando a representação de grupos minoritários[7].

O professor Sivanildo de Araújo Dantas, ao discorrer sobre o tema em seu artigo publicado na revista *Estudos Eleitorais* da Escola Judiciária Eleitoral do Tribunal Superior Eleitoral, explicou, de forma didática:

> O legislador ordinário, quando da regulamentação do sistema proporcional adotado constitucionalmente, escolheu o sistema proporcional de lista fechada não hierarquizada. Por ele, o eleitor tem a liberdade de escolher entre dar o seu voto ao candidato ou à legenda. Caso ele vote apenas na legenda, o voto é computado para efeito da distribuição de cadeiras para o partido, mas não é contabilizado em particular para nenhum dos candidatos da lista fornecida pelo partido. Os candidatos, assim, serão eleitos conforme recebam o maior número de votos dentro da legenda partidária.
>
> Por outro lado, se o eleitor deu o seu voto diretamente ao candidato de sua preferência, automaticamente estará votando também no partido a que o candidato pertence. Dessa forma, para este ser eleito, é necessário que o partido ao qual pertença receba dos eleitores que o desejam representante um mínimo de apoio eleitoral à legenda[8].

Apesar de o comando constitucional ser expresso em determinar que os representantes do povo sejam eleitos pelo sistema proporcional, a Carta Magna não explica ou define o que vem a ser esse sistema, ficando a cargo da legislação infraconstitucional a definição do que vem a ser representação proporcional, neste caso, encontramos no Código Eleitoral, na Parte Quarta – Das Eleições, no Título I – Do Sistema Eleitoral, no Capítulo IV – Da Representação Proporcional – entre os arts. 106 e 111. Especificamente o art. 106 faz referência ao quociente eleitoral, e o art. 107 diz respeito ao quociente partidário. Para facilitar o entendimento, pede-se licença para a reprodução desses artigos:

---

7. GOMES, José Jairo. *Direito eleitoral*. 8. ed. São Paulo: Atlas, 2012, p. 110.
8. DANTAS, Sivanildo de Araújo. Reforma do sistema eleitoral de representação proporcional brasileiro. *Estudos eleitorais – EJE-TSE*, 2011, p. 70.

> Art. 106. Determina-se o **quociente eleitoral** dividindo-se o número de votos válidos apurados pelo de lugares a preencher em cada circunscrição eleitoral, desprezada a fração se igual ou inferior a meio, equivalente a um, se superior (grifo nosso).
>
> Art. 107. Determina-se para cada Partido o **quociente partidário**, dividindo-se pelo quociente eleitoral o número de votos válidos dados sob a mesma legenda, desprezada a fração[9] (Redação dada pela Lei n. 14.211/2021) (grifo nosso).

Conforme já informado, o art. 106 fala em quociente eleitoral e o art. 107 faz referência ao quociente partidário. Para melhor compreensão, ainda que de forma sucinta, vamos explicar um e outro.

Quociente eleitoral é o resultado da soma dos votos válidos (excluindo-se os votos nulos e os votos em branco), ou seja, considerando-se apenas os votos nominais para os candidatos e os votos assinalados para a legenda partidária, dividindo-se pelo número de cadeiras a serem ocupadas para o cargo em disputa (Deputado Federal, Deputado Estadual e Distrital e Vereador).

Exemplo: nas eleições para a disputa de 10 cadeiras de vereador do município X, obteve-se o resultado de 3 mil votos válidos, logo, o quociente eleitoral será de 300 votos, ou seja, para que cada cadeira seja ocupada, é necessário que o partido político alcance o quociente eleitoral de 300 votos. Se um partido político, na soma de seus votos nominais e de legenda, obtiver 299 votos, não ocupará nenhuma cadeira.

Quociente partidário é o número de cadeiras que cada partido conquistará com a sua votação, ou seja, a soma dos votos nominais e de legenda de cada partido é que determinará quantas cadeiras lhe serão destinadas em primeira contagem, caso tenha alcançado o quociente eleitoral.

Exemplo: no município X, em que o quociente eleitoral ficou definido em 300 votos, o Partido Alpha obteve 635 votos (nominais e legenda), número que, dividido por 300, resulta em duas cadeiras destinadas a esse partido. O Partido Betha alcançou 599 votos, número que, dividido por 300, dá direito a uma cadeira. Assim, nos termos do art. 107 do Código Eleitoral, o quociente partidário do Partido Alpha será de duas cadeiras; o do Partido Betha, de uma cadeira, e assim por diante.

Os partidos políticos conquistam suas vagas de acordo com o número de votos obtidos (o quociente partidário). Essa metodologia visa garantir aos

---

9. Código Eleitoral brasileiro.

partidos a representação legislativa proporcionalmente à quantidade de votos que eles e seus candidatos obtiveram no pleito, valorizando-se, assim, o idealismo político-partidário.

Em resumo, o partido político somente terá lugar no parlamento se conquistar o número de votos suficiente que atinja o quociente partidário.

3. PARTIDO POLÍTICO – MANDATO NO SISTEMA PROPORCIONAL

O sistema eleitoral proporcional adotado no Brasil buscou valorizar e fortalecer o partido político, tanto é que o Código Eleitoral Brasileiro e a Lei n. 9.096/95 (Lei dos Partidos Políticos), em total consonância com o inciso V, § 3º, do art. 14 da Constituição Federal, delegaram aos partidos políticos o monopólio para indicação de candidatos a qualquer cargo eletivo, uma vez que impuseram como condição de elegibilidade, entre outros requisitos, a obrigatoriedade da filiação partidária.

> Art. 14. A soberania popular será exercida pelo sufrágio universal e pelo voto direto e secreto, com valor igual para todos, e, nos termos da lei, mediante:
> (...)
> § 3º São condições de elegibilidade, na forma da lei:
> (...)
> **V – a filiação partidária**; (grifo nosso)[10].

Foi na Constituição Federal de 1946, no art. 134, que o partido político ganhou tamanha notoriedade e importância no Brasil, pois, pela primeira vez, passou a figurar na Magna Carta.

> Art. 134. O sufrágio é universal e, direto; o voto é secreto; e fica assegurada a representação proporcional dos **Partidos Políticos** nacionais, na forma que a lei estabelecer[11] (grifo nosso).

A Constituição da República Federativa do Brasil de 1988, conhecida como Constituição Cidadã, além de prestigiar o partido político ao impor

10. Constituição da República Federativa do Brasil de 1988.
11. Constituição dos Estados Unidos do Brasil (de 18 de setembro de 1946).

como condição de elegibilidade a filiação partidária, conforme se verifica no inciso V, § 3º, do art. 14, conferiu-lhe, ainda, um capítulo próprio no art. 17.

Ressalte-se que a Constituição de 1988 assegurou aos partidos políticos, no § 1º do art. 17, entre outras garantias, o direito de estabelecer as regras para impor a fidelidade partidária, visando, dessa forma, proteger e fortalecer a ideologia adotada pelo partido.

No que concerne à fidelidade partidária para os cargos disputados pelo sistema proporcional (Deputado Federal, Deputado Estadual, Deputado Distrital e Vereador), muito já se discutiu quanto a quem pertence o cargo, se é do parlamentar ou do partido político. Esse assunto já está teoricamente pacificado, tanto na doutrina quanto na jurisprudência, no sentido de que, em caso de perda do cargo em decorrência da infidelidade partidária, a vaga é destinada a agremiação partidária pela qual foi eleito, tendo em vista a necessidade da soma dos votos obtidos pelo infiel com os votos dos demais candidatos do partido e com os votos de legenda, uma vez que, muito raramente, o candidato alcança, sozinho, o quociente eleitoral necessário para garantir um lugar no parlamento.

Visando pacificar esse posicionamento, o Tribunal Superior Eleitoral, ao responder à consulta n. 1.398, formulada pelo então Partido da Frente Liberal (PFL), atualmente União Brasil, editou a Resolução n. 22.526/2007, passando a entender como constitucional preservação do mandato, oriundo de eleições proporcionais, ao partido político que tinha como filiado o parlamentar infiel, já que não se pode confundir o ocupante do cargo com o titular do mandato, portanto o mandato não poderia pertencer ao candidato, e sim ao partido.

Destacamos um trecho do voto do Ministro relator, Cesar Asfor Rocha, à referida consulta:

> Ao meu sentir, o **mandato parlamentar pertence**, realmente, **ao partido político**, pois é à sua legenda que são atribuídos os votos dos eleitores, devendo-se entender como indevida (e mesmo ilegítima) a afirmação de que o mandato pertence ao eleito, **inclusive porque toda a condução ideológica, estratégica, propagandística e financeira é encargo do Partido Político**, sob a vigilância da Justiça Eleitoral, à qual deve prestar contas (art. 17, III, da CF)[12] (grifo nosso).

---

12. Disponível em: http://www.tse.jus.br/legislacao/codigo-eleitoral/normas-editadas-

Ainda na consulta 1.398, o voto do Ministro Cezar Peluso vai no mesmo sentido:

> O art. 14, § 3º, inc. V, da atual Constituição da República, regulamentando o disposto no § único do art. 1º, no aspecto da democracia representativa, sublima a filiação partidária à condição necessária de elegibilidade. De modo que, como tal filiação constitui requisito e pressuposto constitucional do mandato, o cancelamento dela ou a transferência do partido por que se elegeu o candidato, quando não seja justificado, **tem por efeito a preservação da vaga na esfera do partido de origem**[13] (grifo nosso).

Dessa feita, verifica-se que a democracia pressupõe a participação popular, e, sendo a participação indireta uma das maneiras de atuação do cidadão na tomada de decisões, para tanto, a Constituição Federal conferiu ao partido político o monopólio e a responsabilidade para a indicação dos cargos políticos a serem disputados. Diante desse contexto, bem como da forma adotada pela legislação brasileira para a disputa dos cargos ao Legislativo (Deputado Federal, Deputado Estadual, Deputado Distrital e Vereador), o chamado sistema proporcional, em que o postulante ao cargo eletivo dificilmente obtém, sozinho, os votos suficientes para conseguir se eleger, pois em regra é imprescindível a soma dos votos dos demais candidatos dessa agremiação e mais os votos dados à legenda partidária para que se alcance o quociente eleitoral e, assim, tenha direito a uma vaga no parlamento.

Portanto, nessas condições, não se discute mais se o mandato pertence ao partido político, e para acabar com qualquer discussão sobre o tema, o Tribunal Superior Eleitoral editou a Resolução n. 22.610/2007, que em seu art. 1º afirma: "O partido político interessado pode pedir, perante a Justiça Eleitoral, a decretação da perda de cargo eletivo em decorrência de desfiliação partidária sem justa causa"[14].

-pelo-tse/resolucao-nb0-22.610-de-25-de-outubro-de-2007-brasilia-2013-df. Acesso em: 29 maio 2022.

13. Disponível em: https://www.migalhas.com.br/Quentes/17,MI37410,11049-Integra+do+voto+do+ministro+Cezar+Peluso+na+consulta+1398+do+PFL. Acesso em: 29 maio 2022.

14. Disponível em: http://www.tse.jus.br/legislacao/codigo-eleitoral/normas-editadas-pelo-tse/resolucao-nb0-22.610-de-25-de-outubro-de-2007-brasilia-2013-df. Acesso em: 29 maio 2022.

Claro está que o Brasil optou, ao inseri-lo na Constituição Federal, pelo regime democrático de governo, pela forma de democracia indireta exercida pelo sistema representativo e proporcional, e, concedendo aos partidos políticos o monopólio para o registro de candidatos, é certo ainda que, no que concerne ao sistema proporcional para os cargos do Poder Legislativo, a legislação infraconstitucional adotou o método de cotas partidárias através do quociente eleitoral e quociente partidário. Nesse contexto, não há mais o que se discutir, em caso de infidelidade partidária a cadeira deverá ser restituída ao partido político, pois a ele pertence naturalmente.

4. DA MODIFICAÇÃO INTRODUZIDA PELO ART. 4º DA LEI N. 13.165/2015 NO ART. 108, *CAPUT* E PARÁGRAFO ÚNICO, DO CÓDIGO ELEITORAL

O art. 4º da Lei n. 13.165/2015 alterou o art. 108 do Código Eleitoral e acrescentou-lhe o parágrafo único. À guisa de informação, destacamos a redação do referido artigo em sua primitiva redação: "Art. 108. **Estarão eleitos tantos candidatos** registrados por um partido ou coligação **quantos o respectivo quociente partidário indicar**, na ordem de votação nominal que cada um tenha recebido. (Redação dada pela Lei n. 7.454, de 30.12.1985)" (grifo nosso).

Com a alteração do art. 108 do Código Eleitoral, dada pelo art. 4º da Lei n. 13.165/2015, e que ainda lhe acrescentou o parágrafo único, a redação ficou da seguinte forma:

> Lei n. 4.737, de 15 de julho de 1965 – Código Eleitoral – com redação dada pelo art. 4º da Lei n. 13.165/15
>
> Art. 108. **Estarão eleitos**, entre **os candidatos** registrados por um partido ou coligação **que tenham obtido votos em número igual ou superior a 10% (dez por cento) do quociente eleitoral**, tantos quantos o respectivo quociente partidário indicar, na ordem da votação nominal que cada um tenha recebido. (Redação dada pela Lei n. 13.165, de 2015) (grifo nosso).
>
> Parágrafo único. Os lugares não preenchidos em razão da exigência de **votação nominal mínima** a que se refere o *caput* serão distribuídos de acordo com as regras do art. 109[15] (Incluído pela Lei n. 13.165, de 2015) (grifo nosso).

15. Código Eleitoral brasileiro.

A alteração realizada pelo art. 4º da Lei n. 13.165/2015 no art. 108, *caput* e parágrafo único, do Código Eleitoral, no que diz respeito à votação mínima de 10% do quociente eleitoral, distorce o fundamento do sistema proporcional, enfraquece o partido político e, principalmente, contraria a Constituição Federal e seu princípio fundamental de democracia, senão vejamos:

Se o fundamento do sistema proporcional é garantir o exercício da democracia, com a participação de todos os segmentos sociais na tomada de decisão através do parlamento, permitindo, inclusive, que as chamadas minorias tomem parte do processo eletivo e de poder, e se a exigência da cota mínima de 10% impede ou dificulta, especialmente, os partidos que buscam representar estas minorias de terem uma efetiva participação no parlamento e na tomada de decisões, principalmente porque, em regra, tais agremiações partidárias são os vulgarmente conhecidos "partidos nanicos", tal exigência afronta o exercício da democracia, portanto infringe o parágrafo único do art. 1º da Constituição Federal.

Na prática, esse impedimento ou dificuldade imposta pela nova redação do art. 108, *caput* e parágrafo único, poderá inviabilizar o acesso de alguns partidos ao parlamento, ainda que o partido político venha a alcançar o quociente eleitoral, conforme exemplo explicativo que segue:

Exemplo: no município X, o quociente eleitoral foi determinado em 3 mil votos, logo, a votação nominal mínima para cada candidato deverá ser de 300 votos. O Partido Alpha lançou 20 candidatos ao cargo de vereador. Hipoteticamente, cada vereador teve 290 votos nominalmente, ou seja, menos que os 10% do quociente eleitoral imposto pela legislação atual. É certo ainda que o Partido Alpha recebeu mais 300 votos de legenda. Dessa forma, somando-se todos os votos nominais com os votos de legenda, teríamos 6.100 votos, logo, o Partido Alpha teria obtido mais que o dobro do quociente eleitoral, tendo direito a duas cadeiras na Câmara Municipal, pois atendeu ao comando determinado no art. 107 do Código Eleitoral; contudo, diante da regra inserida pelo art. 4º da Lei n. 13.165/2015, que alterou o art. 108, *caput* e parágrafo único, do Código Eleitoral, o Partido Alpha, apesar de ter atingido o quociente eleitoral e o quociente partidário, não terá direito a nenhuma cadeira, pois, nesse caso, nenhum de seus candidatos obteve a votação nominal mínima exigida pela nova legislação.

Com o exemplo hipotético exposto, verifica-se que essa alteração legislativa impede que alguns partidos políticos, que, apesar de terem recebido mais votos que o necessário para atingir o quociente eleitoral e o quociente partidário, assumam suas vagas, ficando excluídos da distribuição das cadeiras, deixando algum segmento social sem a devida representação e participação no parlamento e, consequentemente, na tomada de decisões, esvaziando, dessa forma, o fundamento do sistema proporcional.

Em muitos casos poderá ocorrer uma enorme injustiça, desestimulando, cada vez mais, que os partidos políticos participem das disputas eleitorais divulgando seus ideais, sua plataforma, seu programa de governo, sua filosofia política etc., tornando, dessa forma, as eleições em escolhas unipessoais, fato indicador da total desnecessidade da existência de partidos políticos no Brasil.

No que se refere aos partidos políticos, existem diversos conceitos e definições, mas, para não nos estendermos demais, mesmo porque o espaço não permite, exporemos o que nos ensinou o mestre José Afonso da Silva sobre o tema: "O partido político é uma forma de agremiação de um grupo social que se propõe organizar, coordenar e instrumentalizar a vontade popular com o fim de assumir o poder para realizar seu programa de governo"[16].

Os partidos políticos, como já dito, dada a sua importância no processo democrático brasileiro, a partir de 1946 conquistaram espaço na Constituição Federal, prosseguindo nas posteriores até a atual. Na Constituição Federal de 1988, o partido político é citado no inciso V do § 3º do art. 14, que determina como condição de elegibilidade a filiação partidária, e, depois, em um capítulo próprio, no art. 17, que traça as diretrizes básicas para criação, fusão, extinção, fidelidade partidária e outros preceitos.

Diante desse contexto, em que a Lei Maior buscou ressaltar a importância do partido político para a implementação total da democracia, não pode uma lei infraconstitucional, em nosso sentir, mitigar sua relevância e muito menos impedir o seu acesso ao parlamento e à tomada de decisões.

O art. 4º da Lei n. 13.165/2015, ao exigir a votação nominal mínima de 10% do quociente eleitoral, retira do partido político uma de suas princi-

---

16. SILVA, José Afonso da. *Curso de direito constitucional positivo*. 9. ed. São Paulo: Malheiros, 1994, p. 344.

pais funções, que é a representatividade, pois desvaloriza o todo em prol da individualidade, destrói o conceito de unidade partidária em torno de seu idealismo e promove caráter pessoal, o que contraria a intenção do poder constituinte originário de garantir, através dos partidos políticos, a participação de todos os segmentos sociais na tomada de decisões, uma vez que, ao assegurar o direito da maioria, não pode deixar de reconhecer e garantir o direito da minoria.

5. DA INCONSTITUCIONALIDADE DO ART. 108 E SEU PARÁGRAFO ÚNICO COM A REDAÇÃO DADA PELO ART. 4º DA LEI N. 13.165/2015

A alteração promovida pelo art. 4º da Lei n. 13.165/2015, especificamente no que se refere à exigência da votação nominal mínima, agride a Constituição Federal de 1988 em vários pontos, e por certo, em razão de algum deles, o Supremo Tribunal Federal deveria declarar a sua inconstitucionalidade.

Em nosso entendimento, a inconstitucionalidade em comento começa, como já nos referimos, pela ofensa ao regime democrático e ao sistema representativo, ambos constantes no parágrafo único do art. 1º da Carta Magna: "Todo poder emana do povo, que o exerce por meio de representantes eleitos ou diretamente, nos termos desta Constituição".

O parágrafo único do art. 1º da Constituição Federal traz o fundamento básico da democracia ao determinar que o poder pertence ao povo, bem como faz referência ao sistema representativo ao afirmar que esse poder será exercido, principalmente, através de seus representantes eleitos; logo, não poderia uma lei infraconstitucional impedir ou criar dificuldades para que o cidadão possa participar do regime democrático, sobretudo no que concerne aos direitos das chamadas minorias.

Decerto que a alteração, ao criar dificuldades ao sistema representativo, afeta diretamente o sistema eleitoral proporcional previsto nos arts. 27, § 1º, 29, IV, 32, § 3º, e, especialmente, no art. 45, todos da Constituição Federal, atacando, como consequência, o regime democrático: "Art. 45. A Câmara dos Deputados compõe-se de **representantes do povo, eleitos, pelo sistema proporcional**, em cada Estado, em cada Território e no Distrito Federal" (grifo nosso).

A despeito da inconstitucionalidade do atual art. 108 e parágrafo único do Código Eleitoral, em razão de confrontar o parágrafo único do art. 1º e do art. 45, *caput*, ambos da Constituição Federal, cumpre destacar que, em março de 2018, a renomada advogada especializada em Direito Eleitoral, **Dra. Karina Kufa**, juntamente com o **Dr. Amilton Augusto da Silva Kufa**, patrocinando o **PATRIOTAS**, antigo Partido Ecológico da Nação (PEN), ingressou com Ação Direta de Inconstitucionalidade n. 5.920/DF, sobre a qual falaremos adiante.

Antes, contudo, convém ressaltar que a Procuradoria-Geral da República, em novembro de 2015, já havia ingressado com uma Ação Direta de Inconstitucionalidade (ADI) 5.420/DF, porém contestando a validade do art. 4º da Lei n. 13.165/2015 no trecho em que deu nova redação ao art. 109, I a III, do Código Eleitoral, o qual alterou a fórmula de cálculo para a distribuição das vagas remanescentes, as denominadas *sobras*. Ao se manifestar na ADI 5.920/DF, opinou pela constitucionalidade da votação nominal mínima de 10% do quociente eleitoral, utilizando na defesa de sua tese, em nosso entendimento, uma argumentação política e não jurídica, mas, principalmente, contraditória. Vejamos um trecho da tese adotada pela Procuradoria-Geral da República na ADI 5.920/DF:

> Em virtude dessa sistemática, **os votos válidos de cada eleição proporcional são divididos pelas vagas em disputa**, o que gera o chamado quociente eleitoral. **Partidos** ou coligações **ocupam as vagas de acordo com os votos obtidos** (o quociente partidário). A finalidade do sistema é assegurar a partidos e coligações uma quantidade de representantes nas casas legislativas correlacionada ao montante de votos que eles e seus candidatos obtiveram no pleito. Busca-se prestigiar o ideário político dos partidos, presumindo que também os votos dados a seus candidatos sufraguem uma ideologia ou estilo de atuação em particular. Em contraposição ao sistema majoritário – no qual são eleitos os mais votados, simplesmente –, **ele faz a votação individual dos candidatos ingressar em soma geral, que beneficiará todos os candidatos daquela grei**. Dessa maneira, com exceção do pequeno percentual de candidatos que alcançam, sozinhos, votação equivalente ao quociente eleitoral (votos válidos divididos pelas vagas em disputa), a eleição para as casas legislativas é procedimento colaborativo, no qual o voto de um auxilia a eleição de todos da mesma agremiação ou coligação. A vantagem do sistema é pôr foco no partido (e na respectiva ideologia) e somente a seguir no candidato (grifo nosso).

A Advocacia-Geral da União, ao defender a constitucionalidade do texto, trouxe, no corpo da peça contestatória da ADI 5.920/DF, um trecho da decisão monocrática do Ministro Dias Toffoli na ADI 5.420/DF, que, a nosso ver, não possui nenhum argumento jurídico, apenas político:

> (...) no nosso sistema proporcional, não há como afirmar, simplesmente, que **a representatividade política do parlamentar está atrelada à legenda partidária para a qual foi eleito**, ficando em segundo plano a legitimidade da escolha pessoal formulada pelo eleitor por meio do sufrágio.
>
> Pelo contrário, em razão das características próprias do sistema de listas abertas, diversas daquelas das listas fechadas, o voto amealhado dá prevalência à escolha pessoal do candidato pelo eleitor, em detrimento da proposta partidária.
>
> Como explicita Maurizio Cotta, a escolha do sistema partidário não se resume à forma de decidir quais são os eleitos; a escolha entre o sistema de listas abertas e listas fechadas significa também decidir qual o aspecto da representação que se quer ressaltar (*Dicionário de Política*. 13. ed. Brasília: UnB, 2010. v. 2, p. 1105).
>
> Desse modo, **embora a filiação partidária seja condição de elegibilidade** (art. 14, § 3º, V, CF/88), **não se admitindo candidaturas avulsas,** o voto só na legenda partidária é apenas uma faculdade do eleitor (art. 176 do Código Eleitoral), opção exercida por uma pequena minoria de eleitores. Conquanto se faculte a possibilidade do voto de legenda, a verdade é que o voto do eleitor brasileiro, mesmo nas eleições proporcionais, em geral, se dá em favor de determinado candidato.
>
> Sob esse raciocínio, observa-se que a alteração legislativa, ao adicionar como requisito para a obtenção de vaga o recebimento, pelo candidato, de votação correspondente a pelo menos 10% do quociente eleitoral, apenas reforça essa característica do sistema proporcional brasileiro: **o voto do eleitor brasileiro, mesmo nas eleições proporcionais, em geral, se dá em favor de determinado candidato.**
>
> Basta ver os números das últimas eleições para deputado federal (2014): **segundo dados do Tribunal Superior Eleitoral, do total de votos válidos, 8,37% foram de legenda e 91,63%, votos nominais** (grifo nosso).

Se os partidos políticos não possuem credibilidade, pois não buscam divulgar suas ideias, propostas e programas, se o individualismo tomou conta do processo eleitoral através do costume, isso não autoriza o legislador infraconstitucional a mudar um preceito constitucional, e tampouco deve permitir que o Poder Judiciário avalize essa distorção de democracia que se concretiza através do sistema representativo. Ademais, se o povo tem preferência em votar na pessoa do candidato em detrimento da agremiação partidária, isso não é argumentação jurídica, mas sim política, portanto não deveria ser levada em consideração em um processo judicial em que o tema do debate é somente a lei. Apenas para ilustrar as incoerências no discurso da Procuradoria-Geral da República, ressaltamos os trechos contraditórios: "(...) os votos válidos de cada eleição proporcional são divididos pelas **vagas em disputa,** o que gera o chamado quociente eleitoral. **Partidos** ou coligações **ocupam as vagas de acordo com os votos obtidos** (...) (grifo nosso)".

A Procuradoria-Geral da República, ao que nos parece, possui um discurso diferente do outro para cada situação, já que na ADI 5.420/DF por ela proposta em 2015 afirmou ser a eleição para as casas legislativas um procedimento colaborativo e que visa valorizar a agremiação em detrimento do candidato, conforme segue:

> ADI n. 5.420/DF
>
> Com exceção do pequeno percentual de candidatos que alcançam, sozinhos, votação equivalente ao quociente eleitoral (votos válidos divididos pelas vagas em disputa), **a eleição para as casas legislativas é procedimento colaborativo, no qual o voto de um auxilia a eleição de todos da mesma grei ou da coligação. A vantagem desse sistema é buscar pôr foco no partido** (e na ideologia ou forma de ação que o caracterizam, ou que o deveriam caracterizar) **e somente a seguir no candidato**. Justificam-se por inteiro o comando constitucional que veda candidaturas avulsas, as resoluções do Tribunal Superior Eleitoral nessa direção e, atualmente, a própria Lei 13.165, de 29 de setembro de 2015 (reforma eleitoral), no que definem o mandato parlamentar como pertencente ao partido (grifo nosso).

Ora, se a própria lei, no art. 107 do Código Eleitoral, afirma que os partidos políticos ocupam suas vagas de acordo com o número de votos obtidos (votos nominais somados aos de legenda), o que se denomina quociente partidário, não poderá o artigo subsequente (art. 108, com nova redação) retirar-lhe o que já é seu, pois, como já afirmado anteriormente, no sistema proporcional a vaga pertence ao partido político e não ao parlamentar eleito; pensar de outra forma é praticamente eliminar o papel do partido político no regime democrático, não havendo razão para sua existência no inciso V do § 3º do art. 14 da Constituição Federal.

Reforçando a nossa tese, o Ministro Gilmar Mendes, ao discorrer sobre o tema, em que pese não ter dito expressamente que a atual redação do art. 108, *caput* e seu parágrafo único, é inconstitucional, demonstrou sua discordância com o texto:

> Com o advento da Lei 13.165/2015, que passou a exigir cláusula de votação nominal mínima (10% do quociente eleitoral), pode-se gerar uma situação de extrema relevância jurídica, quando, no limite exemplificativo, o partido ou coligação que tenha obtido mais votos não preencha sequer uma vaga, considerando que nenhum candidato obteve a referida cláusula (grande pulverização e votos entre os candidatos do partido ou da coligação ou número espetacular de votos de legenda), ou, ainda, como exemplo, quando o partido ou coligação mais sufragada nas urnas alcance um número bem menor de lugares comparado com outros concorrentes que obtiveram votação inferior. É dizer, **o modelo atual pode fomentar na própria agremiação partidária a necessidade de difundir o voto nominal, o voto em determinado candidato, e não na própria legenda, o que pode enfraquecer ainda mais o próprio sistema partidário brasileiro**[17] (grifo nosso)

6. DECISÃO DA ADI 5.920/DF

Sob a presidência do Ministro Dias Toffoli e relatoria do Ministro Luiz Fux, a ADI 5.920/DF, no dia 4 de março de 2020, foi julgada, por unanimidade, improcedente, declarando-se a constitucionalidade do art. 4º da Lei Federal n. 13.165/2015 na parte em que deu nova redação ao art. 108 da Lei Federal n. 4.737/65 (Código Eleitoral), no que se refere à exigência de votação nominal mínima de 10% do quociente eleitoral para que o candidato seja considerado eleito, ainda que esteja dentro do número de vagas determinado pelo quociente partidário, conforme trecho da certidão de julgamento que segue:

> O Tribunal, por unanimidade, **julgou improcedente** os pedidos formulados na ação direta, **para declarar a constitucionalidade** do art. 4º da Lei Federal n. 13.165/2015, na parte em que deu nova redação ao art. 108 da Lei

17. MENDES, Gilmar Ferreira. Reforma eleitoral: perspectivas atuais. *In*: NORONHA, João Otávio de; KIM, Richard Pae (coord.). *Sistema político e direito eleitoral brasileiros*: estudo em homenagem ao Ministro Dias Toffoli. São Paulo: Atlas, 2016, p. 314.

Federal n. 4.737/1965 (Código Eleitoral), nos termos do voto do Relator. Falou, pelo requerente, a Dra. Karina de Paula Kufa. Ausente, por motivo de licença médica, o Ministro Celso de Mello. Presidência do Ministro Dias Toffoli. Plenário, 04.03.2020 (grifo nosso).

CONCLUSÃO

É imperioso esclarecer que qualquer tipo de lei possui várias formas de interpretação, e a Constituição Federal, apesar de ser a Lei Maior de uma nação, também não foge à regra.

Discorre J. J. Gomes Canotilho, citado por Pedro Lenza[18], que "a interpretação das normas constitucionais é um conjunto de métodos, desenvolvidos pela doutrina e jurisprudência com base em critérios ou premissas (filosóficas, metodológicas, epistemológicas) diferentes, mas, em geral, reciprocamente complementares".

Ressalte-se que o método jurídico ou hermenêutico clássico entende que a Constituição deve ser tratada como uma lei, devendo, contudo, serem utilizados todos os métodos tradicionais para interpretá-la, valendo-se, para tanto, dos elementos da exegese a seguir descritos:

Elemento genético: busca a origem dos conceitos utilizados pelo legislador na concepção da norma.

Elemento gramatical ou filológico: conhecido também por literal ou semântico, prega que a análise deve ser feita de modo textual, na forma como foi escrita, literalmente.

Elemento lógico: usa-se do raciocínio lógico para harmonizar as normas constitucionais.

Elemento sistemático: busca uma visão holística da constituição, observa-se o todo.

Elemento histórico: vê-se o projeto de lei, a sua justificativa, as exposições de motivos, pareceres, discussões, cultura e condições psicológicas no momento do nascimento da norma.

Elemento teleológico ou sociológico: busca a finalidade da norma.

---

18. LENZA, Pedro. *Direito constitucional esquematizado*. 18. ed. São Paulo: Saraiva, 2014.

Elemento doutrinário: parte da interpretação dada pelos estudiosos do Direito.

Elemento evolutivo: observa a mudança de significado das normas com a evolução das relações sociais.

Diante disso, verifica-se que o art. 4º da Lei n. 13.165/2015, no que concerne à alteração do art. 108 e à inclusão de seu parágrafo único, no momento de sua elaboração, violou diversos elementos de interpretação, especialmente o genético, o sistemático, o histórico e o teleológico, pois contraria o preceito fundamental contido no parágrafo único do art. 1º da Constituição Federal, a **democracia**.

No que diz respeito ao Código Eleitoral, constata-se que a nova redação do art. 108 e a introdução de seu parágrafo único contrariam o teor do art. 107, invertendo a lógica normativa ao desconsiderar o elemento sistemático: "Determina-se para cada partido o quociente partidário, dividindo-se pelo quociente eleitoral o número de votos válidos dados sob a mesma legenda, desprezada a fração".

Entendemos, pois, que, diante dos métodos de interpretação e dos fundamentos previstos na Constituição Federal, não faz qualquer sentido o Supremo Tribunal Federal invocar o art. 107 do Código Eleitoral para decidir que a cadeira pertence ao partido político e não ao eleito, utilizando o argumento de que, em regra, se faz necessária a soma dos votos dos candidatos e da legenda para que se alcance o quociente eleitoral, e, em decorrência deste, obtenha-se o quociente partidário (quantidade de vagas do partido no parlamento). Ao declarar a constitucionalidade do art. 108 e parágrafo único do mesmo *codex*, sob a alegação de que "o voto do eleitor brasileiro, mesmo nas eleições proporcionais, em geral, se dá em favor de determinado candidato", menospreza-se o partido político e desconsidera-se a tese de que a cadeira pertence à agremiação partidária e não ao eleito, pois, como se percebe, ao exigir a votação nominal mínima de 10% do quociente eleitoral, retira-se a validade do art. 107 do mesmo diploma legal, ou seja, nesse caso, exclui-se o quociente partidário.

Assim, com todo respeito à decisão do Supremo Tribunal Federal na ADI 5.920/DF, entendemos que a alteração do art. 108 e a inserção de seu parágrafo único do Código Eleitoral, com a redação dada pelo art. 4º da Lei n. 13.165/2015, são inconstitucionais por violarem o parágrafo único do art.

1º, o inciso V do § 3º do art. 14 e o *caput* do art. 45, todos da Constituição da República Federativa do Brasil de 1988, atingindo em cheio a democracia, a representatividade e o sistema proporcional, além de contrariar a norma supraconstitucional, aquilo que está acima do texto legal, que é a intenção do legislador no momento de confeccionar a lei, que é o elemento histórico.

REFERÊNCIAS

DANTAS, Sivanildo de Araújo. Reforma do sistema eleitoral de representação proporcional brasileiro. *Estudos eleitorais – EJE-TSE*, 2011. Disponível em: http://www.tse.jus.br/hotsites/catalogo-publicacoes/pdf/estudos_eleitorais/estudos_eleitorais_v6_n1.pdf. Acesso em: 12 nov. 2018.

GOMES, José Jairo. *Direito eleitoral*. 8. ed. São Paulo: Atlas, 2012.

LENZA, Pedro. *Direito constitucional esquematizado*. 18. ed. São Paulo: Saraiva, 2014.

MENDES, Gilmar Ferreira. Reforma eleitoral: perspectivas atuais. *In*: NORONHA, João Otávio de; KIM, Richard Pae (coord.). *Sistema político e direito eleitoral brasileiros*: estudo em homenagem ao Ministro Dias Toffoli. São Paulo: Atlas, 2016.

SILVA, José Afonso da. *Curso de direito constitucional positivo*. 9. ed. São Paulo: Malheiros, 1994.

LEGISLAÇÃO PESQUISADA

BRASIL. *Código Eleitoral Brasileiro*. Disponível em: http://www.tse.jus.br/legislacao/codigo-eleitoral. Acesso em: 27 nov. 2021.

BRASIL. *Constituição da República Federativa do Brasil de 1988*. Disponível em: https://www2.camara.leg.br/atividade-legislativa/legislacao. Acesso em: 12 nov. 2018.

BRASIL. *Constituição dos Estados Unidos do Brasil de 1946*. Disponível em: http://www.planalto.gov.br/ccivil_03/Constituicao/Constituicao46.htm. Acesso em: 12 nov. 2018.

BRASIL. *Diário da Câmara dos Deputados de 21 de agosto de 1997*. Disponível em: https://www2.camara.leg.br/atividade-legislativa/legislacao. Acesso em: 25 jan. 2019.

BRASIL. Tribunal Superior Eleitoral. *Resolução 22.610/2007*. Disponível em: http://www.tse.jus.br/legislacao/codigo-eleitoral/normas-editadas-pelo-tse/resolucao-nb0-22.610-de-25-de-outubro-de-2007-brasilia-2013-df. Acesso em: 25 jan. 2019.

As novas diretrizes do direito processual brasileiro e o processo eleitoral

José Antonio Dias Toffoli[1]
Lília Maria da Cunha Fernandes[2]

1. CONCEPÇÕES ACERCA DO PROCESSO ELEITORAL NO ORDENAMENTO JURÍDICO BRASILEIRO

O processo eleitoral não abrange exclusivamente regras atinentes ao exercício da jurisdição nesse ramo especializado do Direito. Define-se como processo eleitoral, em sentido amplo, o conjunto de regras que disciplinam a participação de um cidadão na política e o acesso ao poder estatal.

Para o doutrinador José Jairo Gomes, processo eleitoral consiste na "complexa relação que se instaura entre a Justiça Eleitoral, candidatos, partidos políticos, coligações, Ministério Público e cidadãos com vistas à concretização do [...] direito de sufrágio" (GOMES, 2011, p. 208). Em todas as fases do processo eleitoral brasileiro – gestão do cadastro eleitoral, filiação partidária, registro de candidatura, votação, apuração, proclamação do resultado e diplomação dos candidatos eleitos – há mecanismos para garantir a normalidade dos pleitos, a segurança do voto e a liberdade democrática. Por conta disso, o país se tornou referência mundial em eleições. A Justiça Eleitoral, por

1. Ministro do Supremo Tribunal Federal
2. Assessora da Presidência do TSE no biênio 2014/2016

sua vez, tem por missão garantir eleições livres, justas e equilibradas e assegurar que o resultado obtido nas urnas expresse a soberania popular – mediante o sufrágio –, razão pela qual ela faz jus ao título de guardiã da democracia brasileira.

Em sentido estrito, o processo eleitoral consiste em uma sucessão de atos preordenados por meio dos quais a jurisdição se opera. No exercício da função jurisdicional, compete aos órgãos da Justiça Eleitoral solucionar os conflitos e aplicar a legislação eleitoral em matéria penal e extrapenal, a fim de tutelar os princípios da moralidade e da legitimidade das eleições. A limitação temporal dos mandatos eletivos exige uma tramitação mais célere, com especial relevo ao postulado da duração razoável do processo, sem prejuízo das garantias constitucionais.

2. CARACTERÍSTICAS E PRINCÍPIOS QUE REGEM O PROCESSO ELEITORAL

Além dos postulados e das diretrizes gerais dos processos civil e penal, o processo eleitoral rege-se por princípios específicos, como, por exemplo, os da celeridade e da preclusão, que ganham especial relevo em razão da temporalidade dos mandatos e das fases que marcam o processo eleitoral em sentido amplo. Assim, as impugnações e os recursos devem ser adequados ao calendário eleitoral, a fim de que as fases seguintes possam ser conduzidas com a maior estabilidade e com a maior segurança possíveis.

A propósito, é elucidativo o art. 149 do Código Eleitoral, o qual estabelece que "não será admitido recurso contra votação, se não tiver havido impugnação perante a mesa receptora, no ato da votação, contra as nulidades arguidas". Além disso, determina o art. 259 que "são preclusivos os prazos para interposição de recurso, salvo quando neste se discutir matéria constitucional". Segundo o parágrafo único desse dispositivo, se perdido o prazo do recurso numa fase própria, só em outra que se apresentar poderá ser interposto.

O processo eleitoral rege-se, ainda, pelos princípios republicano, democrático, da anterioridade, da duração razoável do processo, da segurança jurídica, da tipicidade das ações e dos recursos eleitorais e da soberania popular, do qual decorre a regra *in dubio, pro sufragio*, ou o princípio do aproveitamento do voto.

Vale ressaltar que a existência de uma principiologia inerente ao processo eleitoral deve ser observada pelo legislador e pelos demais operadores do Direito a fim de conferir unidade e organicidade ao sistema.

Tal compreensão deve permear todos os atos do processo eleitoral, uma vez que esse consubstancia uma sucessão preordenada de atos cuja finalidade é garantir eleições livres que expressem a vontade soberana do eleitor. Nessa toada, vale citar a regra prevista no art. 219 do Código Eleitoral, segundo a qual "na aplicação da lei eleitoral o juiz atenderá sempre aos fins e resultados a que ela se dirige abstendo-se de pronunciar nulidades sem demonstração de prejuízo". Logo, não há como conceber ou interpretar as regras do processo eleitoral sem examinar os princípios, os valores e os fins aos quais se destina.

Outro aspecto relevante, devido ao interesse público que rege as demandas eleitorais, é a titularidade do Ministério Publico para ajuizar as ações eleitorais, nas quais possui legitimidade concorrente com partidos, coligações e candidatos. Com efeito, o MPE atua em todas as fases do processo eleitoral, seja como parte, seja como fiscal da lei.

Aliás, na linha da moderna doutrina processualista, Flavio Cheim Jorge (TAVARES, AGRA e PEREIRA, 2016) discorre sobre a natureza coletiva das ações eleitorais, refletindo sobre seu fim último, que consiste na defesa da democracia popular, um dos valores estruturantes do Estado brasileiro. Trata-se de característica fundamental dos feitos eleitorais, todos voltados à proteção dos valores albergados no texto constitucional, de natureza supraindividual, quais sejam, a liberdade, a normalidade e a legitimidade das eleições, o sufrágio popular, a probidade administrativa e a moralidade exigida para a investidura em mandatos políticos.

Sobre esse aspecto, vale citar o escólio de André Ramos Tavares, no sentido de que, "com a aplicação subsidiária do CPC, não se exclui uma análise própria do direito eleitoral". E prossegue:

> A visão processual individualista é incompatível com o processo eleitoral, independentemente do que disser qualquer lei, considerando que ambos os sentidos do processo eleitoral incluem não apenas eventuais partes ou interessados diretamente envolvidos, mas também a coletividade de cidadãos afetados pelos resultados eleitorais (TAVARES, AGRA e PEREIRA, 2016, p. 27).

Em razão do princípio da duração razoável do processo, previsto no inciso LXXVIII do art. 5º da Constituição Federal, o art. 97-A da Lei n. 9.504/97, incluído pela Lei n. 12.034/2009, estabeleceu o prazo máximo de um ano para o julgamento de processo que possa resultar em perda de mandato eletivo, contado da apresentação do processo à Justiça Eleitoral, abrangendo a tramitação em todas as instâncias da Justiça Eleitoral. Vencido o referido prazo, o candidato, partido ou coligação poderá noticiar o respectivo descumprimento às instâncias superiores, sem prejuízo de representação ao Conselho Nacional de Justiça (art. 97-A, § 2º).

Ademais, as ações processadas perante a Justiça Eleitoral exigem prioridade no que tange às participações do Ministério Público e dos juízes de todas as Justiças e instâncias, ressalvados apenas os processos de *habeas corpus* e mandado de segurança.

O Código Eleitoral – Lei n. 4.737/65 –, por sua vez, preconiza, como regra geral, a execução imediata das decisões da Justiça Eleitoral, dispondo, em seu art. 257, que "os recursos eleitorais não terão efeito suspensivo" e que "a execução de qualquer acórdão será feita imediatamente, através de comunicação por ofício, telegrama, ou, em casos especiais, a critério do presidente do Tribunal, através de cópia do acórdão".

As exceções ficam por conta da regra do art. 216 do CE, no que toca ao recurso contra expedição de diploma, e do § 2º do art. 257, incluído pela Lei n. 13.165/2015, que estabelece o recebimento do recurso ordinário com efeito suspensivo quando interposto contra decisão que resulte em cassação de registro, afastamento do titular ou perda de mandato eletivo.

Ao assegurar a manutenção dos mandatos outorgados pelo eleitor até que a cassação seja confirmada em duplo grau de jurisdição, o legislador buscou compatibilizar, de um lado, o princípio da celeridade e, de outro, o da soberania popular, ou seja, da legitimidade do sufrágio.

Entretanto, a minirreforma eleitoral foi além e acrescentou ao art. 224 do CE o § 3º, que condiciona a realização de novas eleições majoritárias ao trânsito em julgado da decisão que importe o indeferimento do registro, a cassação do diploma ou a perda do mandato de candidato eleito, estabelecendo que

> a decisão da Justiça Eleitoral que importe o indeferimento do registro, a cassação do diploma ou a perda do mandato de candidato eleito em pleito

majoritário acarreta, após o trânsito em julgado, a realização de novas eleições, independentemente do número de votos anulados.

Tal dispositivo, contudo, foi declarado inconstitucional pelo Plenário do Tribunal Superior Eleitoral, pela via incidental, no julgamento do Recurso Especial Eleitoral no 139-25/RS, tendo sido fixado, em primeiro lugar, que as hipóteses do *caput* e do § 3º do art. 224 do Código Eleitoral não se confundem nem se anulam, pois a regra do *caput* seria aplicável quando a soma dos votos nulos dados a candidatos que não obteriam o primeiro lugar ultrapassasse 50% dos votos dados a todos os candidatos (registrados ou não), enquanto o disposto no § 3º incidiria quando o candidato mais votado, independentemente do percentual de votos obtidos, tivesse o seu registro negado ou o seu diploma ou mandato cassado.

Na sequência, foi declarada a inconstitucionalidade da expressão "após o trânsito em julgado", prevista no § 3º do art. 224 do Código Eleitoral, conforme redação dada pela Lei n. 13.165/2015, por flagrante incompatibilidade com os princípios norteadores do processo eleitoral, ressaltando-se, ainda, a ausência de efeito suspensivo dos recursos eleitorais, bem como a violação ao postulado da soberania popular, na medida em que, enquanto não realizada a nova eleição, os cargos majoritários seriam preenchidos de forma precária pelos agentes que figuram na ordem de sucessão do titular.

A inovação também denota desalinho com o disposto no art. 15 da LC n. 64/90, que disciplina o cumprimento das decisões proferidas em investigações judiciais eleitorais fundadas em abuso do poder econômico ou político, ou na utilização indevida de veículos ou meios de comunicação social. O dispositivo é claro no sentido de que basta a publicação da decisão colegiada para que seja negado o registro ou cancelado – se já tiver sido feito –, ou declarado nulo o diploma – se já expedido. Já o parágrafo único, incluído pela LC n. 135/2010, determina que a decisão seja comunicada, de imediato, ao Ministério Público Eleitoral e ao órgão da Justiça Eleitoral competente para o registro da candidatura do réu ou para a expedição de diploma a ele.

De fato, não há como afastar a conclusão de que vincular-se a realização de novas eleições ao trânsito em julgado da decisão de cassação do diploma de candidato eleito em pleito majoritário implica violação frontal aos princípios da celeridade e da efetividade processual, neutralizando a utilidade do provimento judicial, sobretudo devido à temporalidade dos mandatos.

Por outro lado, uma vez que a renovação do pleito consiste na principal consequência da nulidade dos votos atribuídos a candidatos que tiverem registros, diplomas ou mandatos cassados, seu condicionamento ao trânsito em julgado das decisões proferidas pela Justiça Eleitoral pode causar ainda maior instabilidade política e social nas circunscrições atingidas, além de esvaziar a eficácia de outras normas que garantem proteção à legitimidade e à moralidade das disputas eleitorais.

Posteriormente, o Supremo Tribunal Federal também declarou inconstitucionais os §§ 3º e 4º do art. 224 do Código Eleitoral, preservando-se a racionalidade sistêmica das normas eleitorais mediante ponderação dos valores e bens jurídicos tutelados por esse microssistema jurídico.

No julgamento das Ações Diretas de Inconstitucionalidade n. 5.525 e 5.619, foi declarada a inconstitucionalidade da expressão "após o trânsito em julgado", prevista no § 3º do art. 224 do Código Eleitoral, bem como dada interpretação conforme a Constituição ao § 4º do mesmo artigo, a fim de afastar da incidência situações de vacância nos cargos de presidente e vice-presidente da República e de senador.

3. REFLEXÕES SOBRE O PROPALADO ATIVISMO JUDICIAL NO ÂMBITO DA JUSTIÇA ELEITORAL

Diante das novas garantias constitucionais e dos valores tutelados pelo ordenamento eleitoral brasileiro, o Poder Judiciário vem sendo chamado a solucionar diversos conflitos da sociedade contemporânea, o que traz à baila o tema – bastante discutido no Brasil e em diversos outros países – relativo ao protagonismo judicial.

Em linhas gerais, o que se convencionou chamar ativismo judicial consiste na atuação do Poder Judiciário, por meio de hermenêutica ampliativa, no suprimento de direitos e necessidades dos jurisdicionados, em face da lentidão ou da omissão dos poderes legislativo e executivo. Tal situação, à vista da profusão de ações previstas na legislação eleitoral, leva a discussão para esse foro especializado, defrontando-se os operadores com a seguinte indagação: como adaptar o processo eleitoral aos princípios que lhes são mais caros e evitar um indesejável ativismo, diante da prodigalidade de ações vocacionadas à alteração do resultado das eleições e à subtração dos efeitos do sufrágio popular? Afinal, há uma estreita relação entre o denominado protagonismo judicial, no âmbito eleitoral, e a quantidade de mecanismos capazes de alterar o resultado das eleições, envolvendo, por exemplo, a cassação dos diplomas e mandatos dos candidatos eleitos. A Justiça Eleitoral, uma vez provocada, tem o dever de garantir eleições livres, justas e equilibradas, extirpando as influências abusivas e ilegítimas, atentatórias ao princípio democrático. Por outro lado, deve-se privilegiar o postulado da soberania popular e a vontade do eleitor.

A jurisdição eleitoral se submete aos princípios e às garantias processuais previstos na Constituição Federal, assegurando-se às partes o devido processo legal, a isonomia processual, o contraditório e a ampla defesa – com todos os meios a ela inerentes –, o juiz natural, a publicidade e a motivação das decisões judiciais e a inadmissibilidade da prova ilícita.

Importante contrapeso à excessiva judicialização das eleições reside no princípio da segurança jurídica, que encontra no postulado da anualidade ou da anterioridade eleitoral – previsto no art. 16 da CF/88 – sua maior expressão. O dispositivo estabelece que "a lei que alterar o processo eleitoral entrará em vigor na data de sua publicação, não se aplicando à eleição que ocorra até um ano da data de sua vigência".

O limite temporal visa coibir alterações casuísticas e repentinas nas regras legais e se estende às chamadas "viragens jurisprudenciais", de modo que a estabilidade do sistema jurídico também importe na interpretação estável e uniforme das normas eleitorais, evitando-se a adoção de soluções distintas para situações iguais ou semelhantes.

Como exemplo prático dessa diretriz, podemos citar o entendimento firmado sobre a aplicabilidade da LC n. 135/2010. Em 2010, ao apreciar a Consulta no 1120-26/DF em 10/06/2010, o Tribunal Superior Eleitoral assentou que a lei seria aplicável às eleições gerais de 2010, mesmo tendo sido publicada há menos de um ano da data das eleições.

Em um primeiro momento, a corrente até então majoritária, conduzida pelo voto do Ministro Hamilton Carvalhido, assentava que as inovações trazidas pela Lei Complementar n. 135/2010 teriam a natureza de norma eleitoral material e em nada se identificariam com as do processo eleitoral, deixando de incidir, destarte, o óbice esposado no art. 16 da CF/88.

No entanto, prevaleceu a orientação posterior do Supremo Tribunal Federal de que a norma não deveria ser aplicada ao pleito de 2010, em respeito ao art. 16 da Constituição Federal. A decisão foi tomada no julgamento do RE n. 633.703, da relatoria do Ministro Gilmar Mendes. A nova lei passou, então, a ser aplicada apenas a partir das eleições municipais de 2012.

Um dos mais importantes reflexos do imperativo da segurança jurídica no âmbito da Justiça Eleitoral foi a atualização da Súmula de Jurisprudência do TSE, com o cancelamento e a atualização de enunciados superados e o acréscimo de verbetes que representam o entendimento pacificado da Corte acerca de temas relevantes, os quais vão nortear os órgãos de primeira e segunda instância, bem como advogados, partidos, candidatos e todos os que atuam perante aquela Justiça Especializada.

A atualização foi feita nos autos do PA no 323-45 e publicada no *DJe* de 28 de junho de 2016. Com a edição das novas súmulas evita-se a tendência natural da rotatividade existente nos órgãos da Justiça Eleitoral e que se reflete, por vezes, na oscilação da jurisprudência.

Tal providência está em harmonia com a nova ordem processual, no sentido de se prestigiarem a estabilidade da jurisprudência e a integridade do ordenamento jurídico: "[o]s tribunais devem uniformizar sua jurisprudência e mantê-la estável, íntegra e coerente" (art. 926 do CPC).

É inegável, portanto, que a Justiça Eleitoral brasileira dispõe de importantes ferramentas para assegurar a efetividade dos direitos políticos e dos valores democráticos, tarefa essa que o TSE vem desempenhando com muita responsabilidade, independência e autoridade, guiando-se pelo princípio da segurança jurídica, como se verifica em inúmeros julgados da Corte Eleitoral, bem como na recente atualização da súmula de sua jurisprudência, o que garante a previsibilidade das regras que vão orientar as eleições vindouras e, consequentemente, maior tranquilidade aos jurisdicionados e a todos os que participam do processo democrático.

Feitas essas considerações acerca das principais características da jurisdição eleitoral, passamos a enumerar as ações que podem gerar a cassação dos registros, diplomas e mandatos dos candidatos, as novas diretrizes jurisprudenciais e legislativas sobre o tema, bem como os novos desafios a serem superados, visando à máxima efetividade e à racionalização do sistema.

4. AÇÕES E RECURSOS ELEITORAIS

É certo que, se no plano tecnológico a Justiça Eleitoral vem adotando mecanismos eficientes para eliminar fraudes no alistamento e na votação, sobretudo com o desenvolvimento das urnas eletrônicas, no plano ideológico os desvios de conduta continuam a exigir atuação dos órgãos eleitorais, tendo o legislador, para resguardar os valores instituídos pela atual Constituição, optado por ampliar os mecanismos processuais de impugnação, o que vem gerando o aumento da judicialização das questões eleitorais.

O Código Eleitoral previa, originalmente, em seu art. 237, que "a interferência do poder econômico e o desvio ou abuso do poder de autoridade, em desfavor da liberdade do voto, serão coibidos e punidos" e que qualquer eleitor ou partido político poderia se dirigir ao Corregedor Geral ou regional, relatar fatos, indicar provas e pedir a abertura de investigação para apurar uso indevido do poder econômico, desvio ou abuso do poder por autoridade em benefício de candidato ou de partido político. Tal investigação, de natureza administrativa, servia como base probatória ao recurso contra expedição de diploma, previsto no art. 262 do CE.

Posteriormente, o art. 19 da LC n. 64/90 veio a determinar que "as transgressões pertinentes à origem de valores pecuniários, abuso do poder econômico ou político, em detrimento da liberdade de voto, serão apuradas mediante investigações jurisdicionais realizadas pelo Corregedor-Geral e Corregedores Regionais Eleitorais". Referido procedimento assumiu, portanto, feição jurisdicional, conforme reconhecido na jurisprudência do TSE, a qual assentou, no julgamento do AI no 115-24/SC, de relatoria do então Ministro Torquato Jardim, *DJ* de 09/11/1993, que a investigação judicial eleitoral consubstancia verdadeira ação, com caráter sancionatório desconstitutivo.

Todavia, até 2010, a AIJE só ensejava a cassação do registro caso fosse julgada até a data da eleição. Em avanço jurisprudencial, contudo, o TSE interpretou a norma no sentido de que seriam possíveis a cassação de registro e a inelegibilidade mesmo após o dia da votação, desde que ocorridas antes da diplomação do candidato eleito (RO n. 1362, Rel. designado Min. Ayres Britto, *DJe* de 06/04/2009).

Apenas com o advento da LC n. 135/2010 é que as novas redações dadas ao art. 15 e ao inciso XIV do art. 22 da LC n. 64/90 passaram a permitir a cassação do diploma, e não apenas do registro. Afastou-se, ainda, a necessidade de trânsito em julgado para o cumprimento do julgado, bastando a decisão proferida por órgão colegiado declarando a inelegibilidade do candidato. Além disso, passou-se a permitir a cassação do diploma a qualquer tempo.

Foram avanços significativos na persecução dos ilícitos eleitorais, o que confere maior efetividade aos princípios da moralidade e da lisura do processo eleitoral do TSE.

No tocante à execução dos julgados, a Corte decidiu que, "uma vez publicado o acórdão proferido pelo TSE que manteve a decisão regional, a comunicação deve ser imediata, não estando, em regra, vinculada ao julgamento dos embargos de declaração, os quais não são dotados de efeito suspensivo". No caso, tratava-se de "decisão colegiada que manteve, além da cassação do diploma, a sanção de inelegibilidade aplicada em face do agravante", estando "a comunicação do julgado ao regional, ainda que não transitado em julgado em virtude da oposição de embargos, [...] de acordo com o que estabelece o parágrafo único do art. 15 da LC n. 64/90" (AgR-Pet n. 108-98/RS, Rel. Min. Dias Toffoli, *DJe* de 03/06/2015).

Na esfera da legislação ordinária, a Lei n. 9.504/97 passou a enumerar e sancionar o uso da máquina administrativa e dos recursos estatais para favorecimento de partidos e candidatos, tipificando as condutas vedadas aos agentes públicos durante campanhas eleitorais e fixando, para algumas hipóteses, a cassação do registro ou do diploma dos candidatos eleitos, sem prejuízo da suspensão dos atos ilícitos e da aplicação de multa aos responsáveis, além de caracterização das condutas como atos de improbidade administrativa (arts. 73 a 78).

No mesmo diploma, foram acrescentados o art. 41-A – pela Lei n. 9.840/99 –, que tipificou a captação ilícita de sufrágio, e o art. 30-A – pela Lei n. 11.300/2006 –, fortalecendo-se, assim, ainda mais, os mecanismos de atuação da Justiça Eleitoral – mediante provocação dos entes legitimados – contra os abusos atentatórios à vontade do eleitor, à igualdade de chances entre os candidatos e, em última instância, à própria democracia. Passaram a ensejar a cassação do registro ou do diploma, respectivamente, a compra de votos e as irregularidades financeiras, ou seja, a arrecadação e os gastos ilícitos de campanha.

O grande salto dessas representações em relação à investigação prevista nos arts. 19 e 22 da LC n. 64/90 foi a desnecessidade de se reconhecer a potencialidade dos ilícitos para interferir ou desequilibrar o resultado da eleição, requisito que, segundo a jurisprudência hoje superada, dificultava a aplicabilidade das sanções.

A própria disciplina da AIJE, atualmente, não mais exige o requisito da potencialidade, mas apenas o da gravidade das circunstâncias que caracterizam o ato abusivo (art. 22, XVI, incluído pela LC n. 135/2010). O cumprimento das decisões também se revestiu de maior efetividade com a nova redação do art. 15 da LC n. 64/90, que não mais exige o trânsito em julgado, mas, tão somente, a publicação da decisão colegiada.

No caso específico disciplinado pelo art. 30-A da Lei n. 9.504/97, observou-se sensível alteração, pois, segundo o quadro normativo anterior, sobretudo o disposto no art. 25 da Lei das Eleições, as irregularidades financeiras não acarretavam qualquer sanção imediata, sendo necessário o ajuizamento de AIJE sob o fundamento da prática de abuso do poder econômico.

Diante do atual cenário normativo e jurisprudencial, a questão está, portanto, na pluralidade e na concorrência de demandas com idênticas consequências, sejam elas AIJE (art. 22 da LC n. 64/90), AIME (art. 14, § 10, da CF/88) ou representações fundadas na Lei n. 9.504/97 (arts. 30-A, 41-A e 73), uma vez que todas são aptas a ensejar a cassação do diploma, bem como a acarretar a inelegibilidade dos responsáveis pelos ilícitos, em virtude das novas cláusulas positivadas no art. 1º, I, da LC n. 64/90 pela Lei da Ficha Limpa (LC n. 135/2010).

Isso porque, segundo o disposto nas alíneas *d* e *j* do inciso I do art. 1º da Lei de Inelegibilidades, a condenação nessas representações consubstancia hipótese de inelegibilidade a ser aferida em eventual pedido de registro de candidatura.

Vale registrar que, antes da reforma promovida pela Lei n. 12.891/2013, o recurso contra a expedição de diploma fundado no inciso IV do art. 262 do CE também visava à apuração de falsidade, fraude, coação, abuso de poder e captação ilícita de sufrágio, podendo ensejar a anulação da votação. Tal dispositivo, contudo, foi declarado incompatível com o art. 10, § 10, da CF/88 pelo TSE no julgamento do RCED n. 884/PI, assentando-se que "a Constituição Federal de 1988 estabeleceu, no art. 14, § 10, qual é o único veículo pelo qual é possível impugnar o mandato já reconhecido pela Justiça Eleitoral", de modo que "o inciso IV do art. 262 do Código Eleitoral, no que diz respeito à redação original do dispositivo, não foi recepcionado pela Constituição brasileira e, quanto à parte final, denota incompatibilidade" (RCED n. 8-84/PI, Rel. Min. Dias Toffoli, *DJe* de 12/11/2013).

Naquela assentada, ficou consignado que, na redação dada anteriormente à Constituição Federal, a norma não foi recepcionada pela Carta Magna. Quanto à parte final em que se acrescentou o art. 41-A à Lei n. 9.504/97 (acrescido pela Lei n. 9.840/99), reconheceu-se a incompatibilidade dela com o texto constitucional, declarando-se, portanto, sua inconstitucionalidade.

O TSE já proclamava, portanto, a falta de racionalidade do sistema, na medida em que o mesmo fato poderia ser objeto de análise em dois veículos diferentes, em instâncias diversas.

Após o julgamento, ocorrido em 17/09/2013, adveio a alteração do art. 262 do CE por meio da Lei n. 12.891, de 11 de dezembro de 2013, que suprimiu todos os incisos do artigo e adotou a seguinte redação para seu *caput*: "O recurso contra expedição de diploma caberá somente nos casos de inelegibilidade superveniente ou de natureza constitucional e de falta de condição de elegibilidade".

Como se vê, houve uma sensível redução das hipóteses de cabimento do RCED, não havendo mais coincidência com os objetos da AIME, que passa a ser o único instrumento cabível para apurar condutas que configurem abuso do poder econômico, corrupção ou fraude após a diplomação.

Pois bem. A jurisprudência do Tribunal Superior Eleitoral, sob o fundamento de que, em cada uma das ações, os valores tutelados seriam diversos, negava sua identidade e afastava os institutos da litispendência, da coisa julgada e da prejudicialidade e fixava que

> o recurso contra expedição de diploma e a ação de investigação judicial eleitoral são autônomos, com causas de pedir e sanções próprias, razão pela qual não se há falar em imprescindibilidade de julgamento conjunto das demandas nem em vinculação do resultado de uma ao resultado da outra (AgR-AI n. 4120-34/BA).

Entendia-se que,

> muito embora exista convergência em relação ao pedido, as indigitadas representações possuem partes e causa de pedir diferentes. De outra parte, em se tratando de ações diversas e autônomas, não há fundamento razoável para a também pretendida reunião de processos, especialmente, quando a lide já se encontra em fase avançada de julgamento (RO n. 13-67/RS).

Como já afirmado, a legislação processual eleitoral dispõe de instrumentos próprios e adequados para cada fase do processo eleitoral, que, além do princípio da preclusão, é regido pelo princípio da tipicidade dos meios de impugnação. Em elucidativo voto proferido no AgR-Respe n. 256833-26/SP, o Ministro Arnaldo Versiani declinou os fundamentos pelos quais a jurisprudência se firmara nesse sentido, tecendo as seguintes considerações:

> No que diz respeito à matéria de fundo, o recorrente alega que a pendência de ações de investigação judicial eleitoral impede a análise do mérito da presente ação de impugnação de mandato eletivo, tendo em vista que estariam fundadas na mesma causa de pedir, conforme decidiu o juízo eleitoral [...].
>
> Esta Corte já se posicionou no sentido de que inexiste litispendência entre as mencionadas ações.
>
> Conforme bem assinalado pelo voto condutor do acórdão recorrido, "o E. Tribunal Superior Eleitoral consagrou o entendimento segundo o qual não há identidade entre as ações de impugnação de mandato eletivo e de ação de investigação judicial eleitoral (...) I – Não há litispendência entre as ações eleitorais, ainda que fundadas nos mesmos fatos, por serem ações autônomas, com causa de pedir própria e consequências distintas, o que impede que o julgamento favorável ou desfavorável de alguma delas tenha influência sobre as outras. Precedentes do TSE" (RO 1.527, RE. Min. Ricardo Lewandowski, j. em 04.02.2010, *DJE* 24.03.2010) (fl. 647).
>
> [...]
>
> Ressalto que essa orientação foi pacificada nesta Corte Superior tendo em vista o princípio da tipicidade dos meios de impugnação da justiça eleitoral, em que há limitado número de ações eleitorais a serem ajuizadas nos prazos legais e que envolvem sanções de natureza diversa, tais como multa, cassação de registro, diploma ou mandato e inelegibilidade, além do que eventual providência de execução pode, também, ter tratamento diverso de uma demanda para a outra.
>
> De outra parte, embora o agravante insista na carência da AIME, por ausência de interesse processual, tendo em vista a identidade com a causa de pedir de investigações judiciais já processadas pelo juízo eleitoral, e em grau de recurso no TRE, anoto que descabe extinguir ações eleitorais sob tal fundamento.
>
> Nada impede que o órgão julgador, no exame da nova demanda, considere eventual apreciação do mesmo fato em outra ação eleitoral. Ocorre que tal observância sequer é obrigatória, considerando, por exemplo, que uma ação de investigação judicial pode ser julgada improcedente por ausência de pro-

> vas e, para fins de ação de impugnação de mandato eletivo, tal prova pode ser posteriormente produzida, de modo a permitir uma nova aferição do fato, possibilitando decisão quanto à eventual caracterização do ilícito.
>
> Desse modo, reafirmo que o anterior ajuizamento de ações de investigação judicial eleitoral não torna o autor da ação de impugnação de mandato eletivo carecedor da demanda, por falta de interesse de agir, dada a independência desses feitos e considerada a tipicidade dos meios de impugnação da Justiça Eleitoral.

Em que pesem as razões que sustentavam essa corrente jurisprudencial, o que se tem refletido atualmente na doutrina, nos fóruns acadêmicos e na jurisprudência do TSE, é que multiplicidade de ações com a finalidade de atingir os registros, diplomas ou mandatos dos candidatos eleitos compromete os princípios da celeridade, da segurança jurídica, bem como a racionalidade do processo eleitoral.

Muitos partidos e candidatos se valem do "armazenamento tático" para tentar reverter o resultado das urnas quando não logram vitória por meio do sufrágio popular, o que gera instabilidade social, política e econômica na circunscrição atingida pela decisão judicial. Ademais, a concomitância de ações gera risco de decisões conflitantes, situação incompatível com a estabilidade e a segurança jurídica.

Os efeitos das decisões já não mais se distinguem, nem tampouco o momento de sua execução. Tanto as representações fundadas na Lei n. 9.504/97, como a AIJE e a AIME, permitem a cassação dos diplomas ou mandatos a qualquer tempo, desde que garantidos o contraditório e a ampla defesa. Além disso, as condenações passaram a ser geradoras de inelegibilidade como efeito secundário, de acordo com as inovações trazidas pela LC n. 135/2010, a Lei da Ficha Limpa.

A seguir, abordaremos inovações legislativas e jurisprudenciais sobre essas questões, buscando enriquecer a reflexão para a constante melhoria do processo eleitoral em sentido estrito.

5. EVOLUÇÃO JURISPRUDENCIAL E LEGISLATIVA

A atual ausência de tratamento sistêmico, que permite aos legitimados – Ministério Público Eleitoral, partidos, coligações e candidatos – o ajuizamento de várias medidas para lograr os mesmos efeitos, muitas vezes baseadas nos mesmos fatos e na mesma causa de pedir, tem sofrido alterações graduais com vistas à maior celeridade e organicidade do processo eleitoral.

Uma das normas que governa a fixação da competência em virtude da prevenção reside no art. 260 do CE, que versa sobre a reunião de feitos a partir do primeiro recurso que chega ao Tribunal Eleitoral e que tenha por objeto a impugnação do pleito em determinada circunscrição. O preceito estabelece que "a distribuição do primeiro recurso que chegar ao Tribunal Regional ou Tribunal Superior prevenirá a competência do Relator para todos os demais casos do mesmo Município ou Estado". Adotava-se, ainda, antes da vigência da Lei n. 13.105/2015 (novo CPC), o regramento previsto nos arts. 103 a 106 do CPC/73 e, por fim, o Regimento Interno do STF, por remissão expressa do art. 94 da Res.-TSE n. 4.510/52 (RITSE).

A jurisprudência eleitoral sempre albergou a aplicação subsidiária do Código de Processo Civil na hipótese de ausência de normas específicas. Atualmente, essa aplicabilidade está expressamente consignada no art. 15 da Lei n. 13.105/2015, nos seguintes termos: "na ausência de normas que regulem processos eleitorais, trabalhistas ou administrativos, as disposições deste Código lhes serão aplicadas supletiva e subsidiariamente".

A aplicação do novo CPC no âmbito da Justiça Eleitoral foi disciplinada pelo TSE por meio da Resolução n. 23.478, de 10/05/2016. Em razão da especialidade da matéria, ficou estabelecido que "as ações, os procedimentos e os recursos eleitorais permanecem regidos pelas normas específicas previstas na legislação eleitoral e nas instruções do Tribunal Superior Eleitoral" (art. 2º) e que "a aplicação das regras do Novo Código de Processo Civil tem caráter supletivo e subsidiário em relação aos feitos que tramitam na Justiça Eleitoral, desde que haja compatibilidade sistêmica" (art. 2º, parágrafo único).

Impende ressaltar que a adoção dos parâmetros do processo civil no âmbito eleitoral dependerá sempre do exame da compatibilidade sistêmica, haja vista que as ações eleitorais visam à tutela de bens jurídicos e valores constitucionais que sustentam a própria democracia. Daí a legitimidade concorrente dos entes de natureza coletiva para seu ajuizamento – Ministério Público Eleitoral, partidos políticos e coligações –, bem como dos candidatos, que também atuam como representantes de interesses supraindividuais.

Em matéria de modificação de competência, o novo CPC trouxe alguns dispositivos que merecem destaque para a seara eleitoral:

Da Modificação da Competência

> Art. 54. A competência relativa poderá modificar-se pela conexão ou pela continência, observado o disposto nesta Seção.
>
> Art. 55. Reputam-se conexas 2 (duas) ou mais ações quando lhes for comum o pedido ou a causa de pedir.
>
> § 1º Os processos de ações conexas serão reunidos para decisão conjunta, salvo se um deles já houver sido sentenciado.
>
> [...]
>
> § 3º Serão reunidos para julgamento conjunto os processos que possam gerar risco de prolação de decisões conflitantes ou contraditórias caso decididos separadamente, mesmo sem conexão entre eles.
>
> Art. 56. Dá-se a continência entre 2 (duas) ou mais ações quando houver identidade quanto às partes e à causa de pedir, mas o pedido de uma, por ser mais amplo, abrange o das demais.
>
> Art. 57. Quando houver continência e a ação continente tiver sido proposta anteriormente, no processo relativo à ação contida será proferida sentença sem resolução de mérito, caso contrário, as ações serão necessariamente reunidas.
>
> Art. 58. A reunião das ações propostas em separado far-se-á no juízo prevento, onde serão decididas simultaneamente.
>
> Art. 59. O registro ou a distribuição da petição inicial torna prevento o juízo.

Antes das alterações, contudo, a jurisprudência do TSE já vinha evoluindo no sentido de que

> mesmo nos casos em que não se verificar a litispendência ou a conexão, o órgão competente deve, sempre que possível, reunir e julgar em conjunto ações eleitorais que tratem de fatos idênticos ou similares. Precedente: Respe n. 2-54, rel. Min. Henrique Neves, *DJe* de 20.11.2014 (AgR-Respe n. 153-13/PA).

Questão relevante a envolver o instituto da conexão reside na cumulação de pedidos envolvendo as hipóteses de abuso do poder econômico, político ou dos meios de comunicação, previstas no art. 22 da LC n. 64/90, e outro ilícito eleitoral, como, por exemplo, a captação ilícita de sufrágio, as condutas vedadas ou a arrecadação e os gastos ilícitos de campanha. Nesse caso, o TSE já decidiu pela regularidade da distribuição do feito ao Corregedor, devido a sua competência absoluta para examinar a AIJE. Nesse sentido:

> [...] 3. Durante o período eleitoral, os juízes auxiliares são competentes para processar as ações propostas com fulcro no art. 30-A da Lei n. 9.504/97 (AgR-Rep n. 1229/DF, Rel. Min. César Asfor Rocha, *DJ* de 13.12.2006; RO n. 1596/MG, Rel. Min. Joaquim Barbosa, *DJ* de 16.3.2009), o que não exclui a competência do Corregedor, pela conexão, quando a ação tiver por objeto a captação ilícita de recursos cumulada com o abuso de poder econômico [...] (RO n. 15-40, Rel. Min. Felix Fischer, *DJe* de 01/06/2009).

Observe-se que todas as ações que geram cassação dos diplomas ou mandatos seguem o procedimento do art. 22 da LC n. 64/90. Desse modo, bastaria uma única ação, de amplitude e cognição exauriente, para lograr o fim pretendido.

Enquanto permanece a pluralidade de instrumentos na legislação eleitoral, vale destacar as inovações trazidas no art. 96-B da Lei n. 9.504/97, recentemente introduzidas pela Lei n. 13.165/2015, as quais preveem algumas técnicas já adotadas em outros procedimentos de natureza coletiva relativas à litispendência, à conexão e à prevenção. Vide:

> Art. 96-B. Serão reunidas para julgamento comum as ações eleitorais propostas por partes diversas sobre o mesmo fato, sendo competente para apreciá-las o juiz ou relator que tiver recebido a primeira.
>
> § 1º O ajuizamento de ação eleitoral por candidato ou partido político não impede ação do Ministério Público no mesmo sentido.
>
> § 2º Se proposta ação sobre o mesmo fato apreciado em outra cuja decisão ainda não transitou em julgado, será ela apensada ao processo anterior na instância em que ele se encontrar, figurando a parte como litisconsorte no feito principal.
>
> § 3º Se proposta ação sobre o mesmo fato apreciado em outra cuja decisão já tenha transitado em julgado, não será ela conhecida pelo juiz, ressalvada a apresentação de outras ou novas provas.

Muitas são as indagações que podem surgir diante do novo texto legal, de modo que não pretendemos exaurir o tema. Abordaremos, contudo, alguns aspectos palpitantes.

Quanto ao *caput*, a norma estabelece critério de conexão. Ao mencionar "juiz ou relator que tiver recebido a primeira" ação, parece determinar a reunião no juízo que houver despachado em primeiro lugar, como era previsto pelo CPC/73 (art. 106), diferindo do parâmetro fixado no art. 260 do

CE, que é o da distribuição. Não haveria, *a priori*, espaço para a aplicação subsidiária do art. 59 do novo CPC, segundo o qual "o registro ou a distribuição da petição inicial torna prevento o juízo".

A base para a reunião das ações reside na identidade de fatos, o que, por si só, não autoriza a modificação da competência, devendo-se examinar o risco de decisões conflitantes, bem como a utilidade da reunião dos feitos sob o ponto de vista da economia processual e da segurança jurídica, sob pena de violação do princípio do juiz natural e da regra da livre distribuição.

Nesse sentido, é valioso o seguinte excerto doutrinário relativo à reunião de ações de improbidade administrativa, cuja *ratio essendi* se amolda aos feitos eleitorais:

> A reunião de processos somente deve ser admitida nos casos em que os pontos de contato entre os fatos de improbidade sejam relevantes, mantendo-se a separação naqueles em que a afinidade for meramente casual [...]. para o fim da reunião de processos, o essencial é que o liame entre os atos de improbidade administrativa seja realmente relevante, à luz das regras sobre conexão. A modificação da competência não deve ser realizada se a afinidade entre as condutas for meramente casual. Assim, não há conexão entre atos de improbidade distintos, se não houver risco de decisões contraditórias ou se do conhecimento dessa circunstância não resultar economia processual significativa ou proveito para o exercício do *jus puniendi*. A reunião, para julgamento conjunto, de atos ímprobos entre os quais haja afinidade meramente acidental, importaria indevida derrogação de competência (MEDINA, 2012, p. 229-241).

Evidencia-se, portanto, a necessidade de se aferir, em concreto, a hipótese de conexão, diante dos fatos apresentados em cada processo, não sendo possível a adoção de critérios abstratos, como entendia a superada jurisprudência do TSE.

Outro ponto importante diz respeito à possibilidade de reunião dos processos em instâncias distintas, conforme preconizado pelo § 2º do art. 96-B da Lei n. 9.504/97, o que contraria o disposto no § 1º do art. 55 do novo CPC, segundo o qual deverão ser reunidos os processos de ações conexas, "salvo se um deles já houver sido sentenciado", bem como a Súmula 235 do STJ, *in verbis*: "A conexão não determina a reunião dos processos, se um deles já foi julgado".

Em um primeiro juízo, a regra parece conflitar com a racionalidade do processo, devendo prevalecer o juízo de conveniência e oportunidade a ser realizado pelo próprio julgador, que deverá avaliar se a reunião não vai causar tumulto processual ou se, por outro lado, não seria o caso de se reconhecer a litispendência, o que poderia ensejar até mesmo a extinção do segundo feito.

A título de exemplo, imaginemos o ajuizamento de uma representação fundada no art. 41-A da Lei n. 9.504/97 e, posteriormente, de AIME baseada nos mesmos fatos, enquadrados como hipótese de corrupção ou abuso do poder econômico. Nesse caso, deverá o magistrado verificar a identidade subjetiva passiva, pois, se o segundo feito for mais abrangente, incluindo outros réus, a esses deverá ser assegurado o contraditório e a ampla defesa, o que seria inviável na hipótese da reunião dos processos em segundo grau de jurisdição ou já nas instâncias extraordinárias.

Outra situação a ser avaliada é a possibilidade de se apresentarem novos fatos e novas provas no feito posterior, faculdade que não pode ser cerceada, sob pena de violação dos princípios do devido processo legal, da inafastabilidade do Poder Judiciário e do duplo grau de jurisdição, sendo necessário, portanto, o exame da regra no caso concreto, em consonância com os princípios e garantias constitucionais. Nesse sentido, confira-se o seguinte julgado do TSE:

> [...] 1. O entendimento predominante nesta Corte Superior é no sentido de que não há litispendência entre a ação de impugnação de mandato eletivo e a ação de investigação judicial eleitoral, por se tratarem de demandas com causas de pedir e objetos distintos. Precedentes: AgR-Respe n. 26.314, rel. Min. Caputo Bastos, *DJ* de 22.3.2007; Respe n. 26.118, rel. Min. José Gerardo Grossi, *DJ* de 28.3.2007.
>
> 2. De acordo com as informações registradas no acórdão recorrido, a ação de impugnação de mandato eletivo veiculou um fato a mais do que os alegados na ação de investigação judicial eleitoral. Inexistência de litispendência, tendo em vista a diversidade das causas de pedir.
>
> 3. Salvo nas hipóteses em que houver prejuízo para a regular instrução processual, cabe ao juízo competente reunir e julgar em conjunto a AIJE e a AIME propostas com fundamento em fatos idênticos ou similares, de modo que se evitem decisões conflitantes. 4. Impossibilidade de extinção sem resolução do mérito da AIME na espécie, tendo em vista a sua prece-

> dência constitucional e a inexistência de identidade da respectiva *causa petendi* com a da AIJE anteriormente ajuizada.
>
> 5. Devolução dos autos à origem, a fim de que, afastado o fundamento alusivo à litispendência, se prossiga no julgamento da AIME. Recurso especial provido (Respe n. 2-54/SC, Rel. Min. Henrique Neves, *DJe* de 20/11/2014).

No tocante ao polo ativo das demandas, deve-se reconhecer que o óbice à repetição de ações, a princípio, diz respeito ao mesmo autor, não sendo possível se subtrair a legitimidade do órgão ministerial, sob pena de violação da prerrogativa de que trata o § 1º do art. 96-B da Lei n. 9.504/97.

Na hipótese de ajuizamento de ações por partidos ou candidatos distintos, há que se determinar, sempre que possível, a reunião dos processos, o que equivaleria a um litisconsórcio ativo facultativo de uma única demanda.

Todavia, sempre que for conveniente à preservação da celeridade e da economia processuais, é possível reconhecer a litispendência, extinguindo-se processos repetidos que chegariam ao mesmo resultado prático, como já assentado em alguns precedentes do TSE (Respe n. 11-03/SC, Rel. Min. Luciana Lóssio, *DJe* de 13.06.2016; ED-AgR-AI n. 43-03/PE, Rel. Min. Gilmar Mendes, *DJe* de 31/05/2016 e Respe n. 317-43/PE, Rel. Min. Maria Thereza de Assis Moura, *DJe* de 31/05/2016, dentre outros).

Conforme pontuado por Luiz Fernando Casagrande Pereira, na linha do que já vinha se consolidando na jurisprudência,

> a reorientação operada pelo art. 96-B (que manda observar os fatos; o caso concreto, portanto) e a aproximação ao microssistema dos processos coletivos (§§ 1º e 3º) devem consolidar o recente entendimento do TSE sobre o tema. Em outras palavras, não há mais espaço para a utilização do antigo método apriorístico e abstrato para refutar litispendência e continência entre ações eleitorais (PEREIRA, 2016, p. 166).

Em recente julgamento, da lavra do Ministro Tarcisio Vieira de Carvalho Neto, foram muito bem equacionadas as inquietações atinentes ao alcance do art. 96-B, *caput*, e § 2º, da Lei n. 9.504/97, assentando-se que "a reunião para julgamento conjunto de processos que, embora versando sobre ações distintas, tenham por escopo os mesmos fatos, nos termos do art. 96-B, *caput*, da Lei n. 9.504/97, é medida salutar à escorreita prestação jurisdicional, devendo ser observada quando em trâmite na mesma instância, cuja inobservância, contudo, não contém aptidão para, *de per si*, invalidar pronunciamentos judiciais que se revelem harmônicos".

No tocante à reunião de processos em trâmite perante instâncias distintas, nos termos preconizados pelo § 2º do art. 96-B da Lei n. 9.504/97, o relator ressaltou a necessidade de compatibilizá-la com os princípios do juiz natural e do duplo grau de jurisdição, devendo ser adotada apenas em hipótese da qual não decorra, ao fim e ao cabo, supressão de instância, em exegese sistemática com o *caput* e demais parágrafos do aludido artigo.

CONCLUSÕES

Conforme abordado ao longo deste artigo, a pluralidade das demandas eleitorais já encontra na legislação, na doutrina e na jurisprudência mecanismos de racionalização e efetividade, o que permite que a Justiça Eleitoral, sempre que provocada, atue de acordo com os valores e as garantias positivadas na Constituição Federal e na Lei n. 13.105/2015, que instituiu o novo Código de Processo Civil.

Tanto a Justiça Eleitoral quanto o legislador têm procurado dotar o processo eleitoral de maior racionalidade e eficiência, mas, como se percebe, essa é uma questão complexa, de difícil equacionamento e que não comporta soluções simples.

Algumas mudanças já foram realizadas e outras ainda são necessárias para garantir a segurança jurídica, evitar o armazenamento tático, o abuso do direito de ação e as lides temerárias, o que garantirá maior efetividade ao princípio da soberania popular e prevenirá a excessiva judicialização das eleições.

Ao longo desse caminho, a construção jurisprudencial, as instruções expedidas pelo TSE, bem como as Súmulas editadas por esse Tribunal continuarão sendo importantes balizadores das inovações jurídicas e principiológicas que orientam esse ramo especializado do Direito, ensejando o aprimoramento contínuo do processo eleitoral e da democracia brasileira.

REFERÊNCIAS

GOMES, José Jairo. *Direito eleitoral*. 6. ed. São Paulo: Atlas, 2011.

MATTOS, Marcelo Borges de. Conexão entre atos de improbidade administrativa. *Revista de Processo* 209/229-241. São Paulo: Editora Revista dos Tribunais, jul. 2012.

PEREIRA, Luiz Fernando Casagrande. Ações eleitorais: atualidades sobre conexão, continência, litispendência e coisa julgada. *In:* SALGADO, Eneida Desiree; KEPPEN, Luiz Fernando Tomasi (org.). *Direito eleitoral contemporâneo*: 70 anos da redemocratização pós-ditadura Vargas e da reinstalação da Justiça Eleitoral. Curitiba: Tribunal Regional Eleitoral do Paraná, 2016.

TAVARES, André Ramos; AGRA, Walber de Moura; PEREIRA, Luiz Fernando (coord.). *O direito eleitoral e o novo Código de Processo Civil*. Belo Horizonte: Fórum, 2016.

Os efeitos das *fakenews* no processo eleitoral e a efetividade das decisões da justiça eleitoral após o fim do pleito: uma análise das eleições de 2018

Marcelo Vieira de Campos[1]
Marcelo Winch Schmidt[2]

1. INTRODUÇÃO

O crescente desenvolvimento dos mecanismos e ferramentas tecnológicas, bem como a ampliação do acesso da população à internet nas mais diversas plataformas digitais, incluindo sítios eletrônicos, redes sociais e canais de comunicação privada, permitiram que a disseminação de *fakenews* atingisse grande alcance, fazendo do pleito eleitoral mais recente uma verdadeira guerra ética com a circulação de notícias falsas.

Conforme relatório publicado em 2017 pela ONU[3], o Brasil ocupa o 4º lugar no *ranking* mundial do número absoluto de usuários de internet, e, se-

---

1. Ex-Secretário de Reforma do Judiciário do Ministério da Justiça. Juiz Membro do Tribunal Regional Eleitoral de São Paulo (2017-2022). Professor convidado da Escola Judiciária Eleitoral Paulista do TRE/SP. Ouvidor Adjunto do TRE/SP. Advogado.
2. Especialista em Direito Eleitoral pela PUC/MG. Especialista em Ciências Jurídico-Políticas pela Faculdade de Direito da Universidade de Lisboa, Bacharel em Direito pela Universidade Federal de Santa Maria/RS. Ouvidor Adjunto do TRE/SP. Advogado.
3. Disponível em: https://nacoesunidas.org/brasil-e-o-quarto-pais-com-mais-usuarios-de-internet-do-mundo-diz-relatorio-da-onu. Acesso em: 19 maio 2022.

gundo pesquisa realizada pelo Instituto Ipsos[4], é o país que mais acredita em *fakenews*, atingindo 62% dos brasileiros, equivalente a 130 milhões de pessoas.

No âmbito eleitoral, a criação e divulgação de informações falsas a partir de conteúdo extremista, sensacionalista e conspiratório geram efeito instantâneo em escala exponencial, com o fim exclusivo de enganar as pessoas e degradar a imagem dos candidatos, partidos e coligações.

O processo eleitoral tem sido marcado negativamente a partir da reprodução em massa de manifestações que não apresentam críticas ou divergências de posicionamento político – o que seria amplamente desejável ao pleito, mas, sim, mentiras. Essas, além de devastar as reputações dos ofendidos, trazem elevado grau de interferência e influência nos resultados eleitorais, pois viciam a formação do posicionamento político do eleitorado e prejudicam sobremaneira a integridade da disputa eleitoral, a livre manifestação do pensamento, bem como o próprio exercício da cidadania e a concretização da democracia.

O compartilhamento das mentiras apresenta elevada potencialidade lesiva, pois, além de agredir a dignidade, a honra e a reputação dos ofendidos, acaba por tumultuar e influenciar o resultado do processo eleitoral.

Sem querer esgotar o debate sobre o conceito de *fakenews*, e para melhor aclarar a intenção e os limites pretendidos por este artigo, pode-se dizer que *fakenews* são alegações altamente ofensivas, insinuações maliciosas, degradantes, infundadas especulações, ofensas graves e inconsequentes, que imputam conduta delituosa ou ação considerada moralmente reprovável, sem qualquer lastro investigativo ou probatório, e manipulam o imaginário social, gerando desinformação com alto poder de alcance, atingindo número incontável de pessoas.

Tais notícias falsas são repassadas por diversos usuários de redes sociais, o que faz com que mais pessoas vejam o conteúdo inverídico e o encaminhem a diversas outras pessoas. Os prejuízos que tais repasses acarretam são imensos, pois, além das pessoas manifestarem expressamente sua contrariedade a determinado candidato em virtude da informação veiculada, convencem outras pessoas a fazerem o mesmo.

---

4. Disponível em: https://www.ipsos.com/pt-br/global-advisor-fake-news. Acesso em: 19 maio 2022.

O combate às *fakenews*, portanto, não pretende tolher a liberdade de manifestação ou silenciar o discurso dos cidadãos comuns no debate democrático, mas conter aqueles que de maneira irresponsável circulam afirmações infundadas, injuriosas e difamatórias, descontextualizam informações, apresentam absurdas e impossíveis hipóteses, com teor ofensivo ou discriminatório, sem qualquer possibilidade de contraditório, contraponto ou debate, e visam, única e exclusivamente, manipular a opinião pública por meio de mentiras com fins estritamente eleitorais.

A disseminação das *fakenews* sobre questões de interesse público é um fenômeno sério e perverso, que presta um imenso desserviço à população e atinge também a imagem da Justiça Eleitoral.

A afirmação sabidamente inverídica causa temor, atrapalha o debate político e a justiça do pleito eleitoral, alcança diretamente a imagem dos candidatos, partidos e coligações, mas também causa lesão aos interesses difusos de resguardo, proteção e acesso à verdade. Logo, o afastamento das mentiras visa resguardar a lisura do pleito eleitoral e a soberania popular.

Nas últimas eleições, o regramento atinente à propaganda eleitoral foi o previsto na Resolução TSE n. 23.551/2017. O diploma previu, em seu art. 33, § 6º, a possibilidade de remoção das publicações com conteúdo falso, o que evidencia o reconhecimento de que a manipulação de informações e geração de notícias mentirosas provoca danos irreversíveis à imagem de pessoas públicas e ajuda a definir pleitos eleitorais, interferindo e atentando contra a própria democracia.

No entanto, o texto legal dispõe sobre a impossibilidade de atuação da justiça especializada tão logo encerrado o período das eleições, sem considerar que os danos acarretados à imagem e à honra de pessoas públicas e de suas respectivas agremiações políticas, bem como, indiretamente, a grupos de pessoas por vezes atingidos por tais publicações, não se encerram com o final do período eleitoral, pela simples lógica de que as notícias falsas não deixarão de sê-la com o término das eleições. Logo a mentira não perde essa característica assim que se finaliza a votação e é escolhido um dos candidatos.

Em razão dessa dicotomia – o reconhecimento judicial da falsidade de uma publicação e sua posterior reativação apenas em virtude do decurso do tempo –, foi instituído grupo de trabalho no âmbito do TSE para estudar eventuais alterações legais, ou até mesmo a edição de nova resolução para tratar dos efeitos das notícias falsas na propaganda. Além disso, há projetos de lei em tramitação que visam o resguardo da honra e da imagem das pessoas envolvidas em campanha eleitoral.

2. O CONJUNTO NORMATIVO PARA ENFRENTAMENTO DAS *FAKENEWS* NAS ELEIÇÕES

A liberdade de expressão é prevista nos arts. 5º, IV, e 220 da Constituição Federal. Todavia, tal garantia não é absoluta, tanto que a própria Carta Constitucional dispõe sobre a vedação ao abuso no uso de tal liberdade, com a indicação de balizas para assegurar a proteção às garantias individuais, dentre as quais figura o direito de resposta, conforme o art. 5º, V, da Constituição Federal.

No ponto, é relevante registrar que "o direito de resposta não significa punição, não significa uma limitação a liberdade de expressão e por outro lado não significa que não sejam verdadeiras as afirmações que foram feitas é apenas o direito constitucional de contrapor" (Ministro Zavascki, nos autos da RP n. 000131217, Acórdão n. 000131217, publicado em sessão em 25/09/2014).

Uma modalidade de abuso no direito de livre manifestação do pensamento é a disseminação de notícias falsas. As dificuldades para enfrentar as *fakenews* são imensas. A propagação de mentiras através da internet e redes sociais, durante o período das eleições, é objeto de proteção pela Justiça Eleitoral, e não poderia deixar de sê-lo, haja vista o paradigma do Estado Democrático de Direito.

Como forma de coibir e reprimir as condutas que configurem abuso do direito de expressão na seara da propaganda política, a Lei n. 9.504, de 30 de setembro de 1997, que estabelece as normas para as eleições, assegura nos seus arts. 57-D e 58 o exercício do direito de resposta ao candidato, partido ou coligação atingidos, ainda que de forma indireta, por conceito, imagem ou afirmação caluniosa, difamatória, injuriosa ou sabidamente inverídica, difundidos por qualquer veículo de comunicação social.

A atuação da Justiça Eleitoral, como forma de coibir abusos nas propagandas políticas, está prevista no art. 41, §§ 1º e 2º, da Lei n. 9.504/1997, que dispõe sobre o poder de polícia dos Juízes e Tribunais eleitorais em tais situações. De acordo com o dispositivo legal, a medida não configura censura prévia, mas ação a partir de prática ilícita anteriormente realizada e que, por isso mesmo, já acarretou danos à imagem e à honra das pessoas citadas na publicação inverídica.

No mesmo sentido, o Tribunal Superior Eleitoral estabeleceu regras acerca do direito de resposta a partir da Resolução n. 23.547, que dispõe sobre representações, reclamações e pedidos de resposta previstos na Lei n. 9.504/1997 para as eleições, e Resolução n. 23.551, que dispõe sobre propaganda eleitoral, utilização e geração do horário gratuito e condutas ilícitas em campanha eleitoral nas eleições, ambas de 18 de dezembro de 2017.

O normativo eleitoral assegura a livre manifestação de pensamento do eleitor na internet, conforme art. 25 da Resolução n. 23.551/2017, a qual, embora não configure propaganda eleitoral, é passível de limitação quando acarretar ofensa à honra de terceiros ou divulgação de fatos sabidamente inverídicos, de acordo com os arts. 22, § 1º, e 23, § 6º, do referido diploma legal.

O reconhecimento da prática ilícita poderá ensejar o pagamento de multa e a remoção de conteúdo divulgado, sem prejuízo das sanções civis e criminais aplicáveis ao responsável, conforme art. 25, §§ 1º e 2º, da mencionada Resolução.

No entanto, o art. 33 do normativo em comento prevê que a atuação da Justiça especializada, em relação a conteúdos divulgados na internet, deve ser realizada com a menor interferência possível no processo eleitoral.

Assim, sempre que forem constatadas violações às regras eleitorais ou ofensas a direitos de pessoas que participam do processo eleitoral, com a veiculação de afirmações ofensivas na internet, com intenção em agredir, injuriar, difamar e caluniar, mediante afirmações inverídicas, configura-se hipótese que autoriza, além da retirada da publicação do ambiente virtual, a concessão de direito de resposta, aplicação de multa e retirada imediata do conteúdo.

3. A JURISPRUDÊNCIA DO TSE NA ELEIÇÃO PRESIDENCIAL DE 2018

Nas últimas eleições, o Tribunal Superior Eleitoral, em conjunto com as Cortes Eleitorais Estaduais, adotou diversas medidas, inclusive extraprocessuais, com o intuito de combater as *fakenews* durante o período da campanha. Além disso, os casos judicializados foram apreciados com a celeridade necessária, considerando-se o grave perigo de dano e de difícil reparação que envolve a propagação de notícias falsas.

Relativamente às representações levadas a conhecimento da justiça especializada, o exame da matéria perpassa pela verificação da (eventual) veracidade do conteúdo publicado e, quando constatada a mentira, expede-se ordem de remoção imediata de tal conteúdo das redes sociais e demais meios de comunicação em que estão sendo disseminadas.

Passadas as eleições, contudo, o texto normativo em vigor (art. 33, § 6º, da Resolução TSE n. 23.551/2017) prevê a prejudicialidade das representações formuladas, por considerar que, ao final desse período, se esgota a atuação daquela justiça especializada, no que atine à imagem e à honra dos candidatos.

O efeito prático dessa decisão é o retorno, ao mundo virtual, daquelas notícias e publicações que já foram declaradas inverídicas pelo Poder Judiciário, o que obriga àquele que se sentir lesado buscar novamente o Judiciário, dessa vez por meio da Justiça Comum, para pleitear, mais uma vez, a retirada da publicação e eventual reparação do dano sofrido.

Por conseguinte, a situação descrita ocasiona dupla postulação jurídica – pois a disseminação de mentiras sempre acarreta prejuízo ao sujeito das falsidades propagadas, o que vai de encontro aos princípios da instrumentalidade das formas e da economia processual.

De fato, a conclusão das eleições torna vazio de conteúdo eventual pedido de direito de resposta.

Isso porque a finalidade do instituto é garantir a lisura do pleito, assegurando àquele que foi prejudicado pela mentira espaço para esclarecer a falsidade do que foi dito, uma vez que a propagação de mensagens inverídicas acaba por influenciar na escolha do candidato a ser votado.

Portanto, se não há mais cargo político em disputa, também não persistiriam motivos para garantir o contraponto em espaço publicitário.

Todavia, o mesmo não ocorre quanto à retirada dos conteúdos falsos da internet, das redes sociais e dos meios de comunicação, pois, na maioria das vezes, o teor das mensagens não se restringe ao período eleitoral e, por isso mesmo, a sua reativação mantendo a inverdade acarreta, novamente, danos à imagem e à honra daqueles mencionados em tais notícias.

Em consequência, o dispositivo legal em comento enfrentou diversas críticas, tanto da doutrina quanto dos próprios julgadores. No ponto, relevante mencionar as decisões proferidas pelo Tribunal Superior Eleitoral nos Processos n. 0601699-41.2018.6.00.0000 e 0601765-21.2018.6.00.0000).

O primeiro caso (Processo n. 0601699-41.2018.6.00.0000) foi uma representação com pedido de direito de resposta e tutela de urgência. Em 15 de outubro de 2018, o Ministro Carlos Horbach, relator do caso, deferiu a liminar para determinar a remoção de conteúdo ofensivo, sob o fundamento de que a difusão da informação equivocada gera desinformação no período eleitoral e, por consequência, acarreta prejuízo ao debate político.

Ao final das eleições, em 29 de outubro de 2018, o Ministro Carlos Horbach julgou prejudicada a representação pela perda superveniente de objeto, de acordo com o § 6º do art. 33 da Res. TSE n. 23.551/2017, ato que tornou sem efeito a liminar anteriormente concedida.

A parte prejudicada recorreu. Posteriormente, o caso foi atribuído à relatoria do Ministro Edson Fachin. O novo relator, em decisão monocrática publicada no dia 5 de fevereiro de 2019, reconsiderou em parte o ato decisório combatido, a fim de confirmar o teor da medida de urgência anteriormente concedida e, por conseguinte, determinar a remoção definitiva do conteúdo inverídico objeto da representação, uma vez que a medida foi "solicitada e efetuada durante o período eleitoral"[5].

---

5. O Ministro Edson Facchin considerou, na oportunidade: "No mérito, assiste parcial razão aos recorrentes quanto à manutenção da medida liminar. A decisão de ID 539574 determinou a remoção de 5 URLs do *site* Youtube e 1 URL do Facebook, uma vez que seu conteúdo é inverídico por associar o livro 'Aparelho Sexual e Cia.' ao projeto 'Escola sem Homofobia' do Ministério da Educação – informação desmentida por fontes oficiais. Dessa maneira, deve ser mantida, no mérito, a remoção do conteúdo ordenada liminarmente, pois solicitada e efetuada durante o período eleitoral. Quanto às demais URLs que não tiveram sua remoção ordenada, não cabe mais a atuação da Justiça Eleitoral, uma vez que já encerrado o período eleitoral, nos termos do art. 33, § 6º, da Res.-TSE n. 23.551/2017. Ante o exposto, dou parcial provimento ao recurso para julgar parcialmente procedente a representação, apenas para confirmar, no mérito, a decisão liminar".

Solução diversa, entretanto, foi adotada na Representação Eleitoral n. 0601765-21.2018.6.00.0000. No caso, o Ministro Sérgio Silveira Banhos deferiu parcialmente a medida liminar, em 19/10/2018, para determinar a remoção do conteúdo ofensivo por ter ultrapassado os limites legais estabelecidos, com fundamento nos arts. 22, § 1º, 23, § 6º, e 25, § 2º, da Resolução do TSE n. 23.551/2017 e art. 57-D, § 3º, da Lei n. 9.504/97.

Em 26 de novembro de 2018, o mesmo Ministro julgou prejudicada a ação, pela perda superveniente de seu objeto, consoante preconiza o art. 33, § 6º, da Res.-TSE n. 23.551/2017, pois "ultimado o pleito eleitoral de 2018, não perdura interesse processual no julgamento da representação, em relação ao pedido de concessão de direito de resposta, por suposta ofensa veiculada na internet durante a campanha eleitoral".

Em seguida, o representante interpôs recurso e solicitou a manutenção da medida liminar, a fim de garantir a remoção definitiva das postagens impugnadas. A irresignação foi apreciada na sessão do dia 13 de março de 2019. Após o voto do Relator pelo não provimento do recurso, manifestou concordância o Ministro Tarcísio Vieira de Carvalho Neto[6].

Na sequência, o Ministro Alexandre de Moraes antecipou sua manifestação para inaugurar a divergência e votar pela manutenção dos efeitos da liminar anteriormente deferida. Ponderou, inicialmente, que, apesar da previsão legal expressa (art. 33, § 6º, da Res. TSE n. 23.551/2017), "**não há a mínima lógica constitucional na proteção ao direito a honra, na questão da liberdade de expressão**, pois se esse tribunal já considerou em liminar como inverídica, mentirosa, falsa, uma notícia, não só a potencialidade de prejuízo ao candidato, feriu a honra do partido, e acabado o período eleitoral, simplesmente se extingue, podendo voltar a produzir os efeitos".

6. Ponderou, na ocasião, que "não está propugnando a possibilidade de reintrodução dos fatos geradores desses danos ocasionados, não cabendo sugerir que a partir do reconhecimento de que não cabe mais a justiça eleitoral apreciar direitos de resposta, encerrado o período eleitoral, que estão dando a possibilidade novamente para que aqueles que lesaram a ordem jurídica reconhecidamente reincidam nessa conduta, mas sim que, independentemente da manutenção do nosso entendimento, que foi rigoroso no sentido de atestar a ilegalidade, se houver reincidência nessa prática lesiva, isso deverá ser postulado perante a justiça comum. Ou seja, não há um estímulo para que sejam restauradas as ofensas, não parece que o tribunal esteja determinando a reintrodução do conteúdo ofensivo".

Considerou ser ilógico exigir da parte prejudicada que ajuíze "uma nova ação, para conseguir uma nova liminar", em especial porque "a honra das pessoas ou dos partidos não pode ficar restringida por determinações burocráticas de uma resolução, que **aqui vai totalmente de encontro com a proteção constitucional, que é um direito fundamental à honra**"[7].

Reconheceu, ainda, que a cassação dos efeitos de decisão anteriormente proferida pela Justiça Eleitoral **acarreta a sensação, nas pessoas que não possuem formação jurídica, de que foi autorizada a reativação daquelas publicações**, pelo próprio Poder Judiciário[8].

Tal interpretação escancara o prejuízo ocasionado em decorrência da decisão que reconhece a superveniente perda do objeto da representação eleitoral em tais hipóteses.

Na sequência, votou o Ministro Edson Fachin, após pedir vista para melhor análise dos autos, achou por bem, embora tenha decidido, monocraticamente, tornar definitiva a exclusão de conteúdo determinada em decisão liminar proferida durante o período eleitoral, seguir o posicionamento do Ministro relator, pela perda do objeto da representação e pela cessação dos efeitos da liminar anteriormente deferida.

Os demais Ministros também acompanharam o relator, de modo que, por maioria, foi mantida a decisão que julgou prejudicada a representação, com base no decurso do tempo.

---

7. Vejam-se outros argumentos do voto prolatado oralmente pelo Ministro Alexandre de Moraes: "Temos que lembrar que política não se faz só nas eleições, as pessoas políticas estão fazendo política, não podem ter esse desgaste de algo que esse tribunal já reconheceu como inverídico. Se deixou de produzir efeitos, obviamente aqueles que estavam veiculando, podem imediatamente veicular novamente. Para dar efetividade máxima a proteção dos direitos fundamentais, especialmente a honra, findo o período eleitoral, os efeitos da ordem judicial devem permanecer, pois se foram reconhecidas como inverídicas, devem ser confirmadas. Na prática, não necessariamente o mesmo *site* vai veicular, a mesma pessoa cria um novo *site* e veicula".

8. *In verbis*: "Uma coisa é uma liminar concedida com uma possível potencialidade, outra coisa é o já reconhecimento da veiculação falsa. **Agora volta a falsidade, nós sabemos que as repercussões em poucos dias, a honra novamente é jogada as traças, volta ainda outros meios de comunicação informando que 'o TSE cancelou', 'a notícia era verdadeira'**" (grifo nosso).

Como visto, o posicionamento defendido pelo Ministro Edson Fachin nesse julgamento contrariou decisão anteriormente proferida por ele, o que evidencia que o assunto ainda será objeto de reflexão e amadurecimento, pois situações semelhantes receberam soluções distintas por parte do mesmo julgador.

Além disso, vê-se que a Corte eleitoral, ao basear sua conclusão em dispositivo de resolução, acabou por **contrariar as garantias individuais à imagem e à honra, bem como a proteção constitucionalmente assegurada a tais direitos**.

Isso porque o julgamento pela prejudicialidade da representação acaba por cassar os efeitos da tutela de urgência anteriormente concedida, circunstância que pode ensejar a repristinação de publicação – que teve a falsidade de seu conteúdo reconhecida judicialmente – nas redes sociais e nos meios de comunicação.

Sobre o tema, releva destacar a manifestação ofertada pelo representante legal da rede social Facebook, no Processo no 0601762-66.2018.6.00.0000, após a decisão que entendeu pela perda superveniente do objeto da representação e a interposição de recurso pela parte prejudicada, pois **aderiu aos argumentos do recorrente e sinalizou que garantiria a indisponibilidade de todas as publicações consideradas inverídicas, em caso de reconsideração da decisão impugnada**.

Vê-se, portanto, que a própria rede social reconhece o dano acarretado à honra e à imagem das pessoas atingidas por postagens com teor falso, tanto que se prontifica a retirar, definitivamente, tais conteúdos daquele ambiente.

Como bem assinalado pelo Ministro Alexandre de Moraes, durante o julgamento do recurso interposto na Representação n. 0601765-21.2018.6.00.0000, os candidatos de determinado pleito eleitoral **continuam sendo pessoas públicas, mesmo depois de encerrada a votação e escolhido o futuro ocupante do cargo público**.

Logo, ainda que encerrado o período de disputa eletiva, as notícias falsas **ainda apresentam elevada potencialidade lesiva, em especial porque é muito provável que as pessoas atingidas mantenham atuação política, seja em cargos públicos ou em outras atividades relacionadas ao pleno exercício da cidadania**.

Como as ofensas falaciosas são motivadas pelas próprias eleições, é **incongruente se pensar que, apenas porque encerrado o período da campanha e realizado o pleito, se esvaia a competência do órgão jurisdicional para tratar do tema**.

Ora, o que atrai a competência da Justiça especializada não é, a rigor, o fato de a mentira ter sido proferida durante o período das eleições, mas, sim, o conteúdo material da notícia, por trazer, sem seu âmago, desrespeito ao princípio democrático e à lisura do processo eleitoral.

Por esses motivos, a par de elogiar o importante papel desempenhado pela Justiça Eleitoral na garantia de lisura ao pleito, deve-se assegurar sua atuação mesmo com o encerramento do período, pois o respeito à honra e à imagem daqueles que figuraram como candidatos no pleito eleitoral, dos partidos políticos e dos demais grupos de pessoas que foram atingidos pelas mentiras publicadas transcende a eleição em si e, como tal, deve ser protegido a qualquer tempo.

Eis que, para evitar que a situação ora identificada se repita em outros pleitos eleitorais, com o restabelecimento de mentiras já assim consideradas pelo próprio Poder Judiciário, faz-se necessária alteração das disposições que regulamentam a propaganda eleitoral.

4. NECESSIDADE DE EVOLUÇÃO LEGISLATIVA

Iniciativas para prevenir e combater a propagação de informações falsas requerem cooperação entre os atores envolvidos de forma célere e unificada, a fim de levar as notícias verdadeiras ao eleitor para o exercício legítimo do direito de escolha, pilar da nossa democracia.

É necessário enfrentar a desinformação com rigor e seriedade, impedindo que notícias falsas, enganosas ou fraudulentas, continuem perpetuando seus danos, a fim de evitar a replicação e continuidade de práticas similares nas próximas eleições.

O enfrentamento às *fakenews* é essencial para o bem-estar da democracia, diante do seu alcance, risco e dos prejuízos que representam, ao desinformar, manipular e influenciar a sociedade em assuntos de interesse público relevante e tentar macular a higidez do processo eleitoral.

Diante disso, torna-se indispensável o aperfeiçoamento e atualização da legislação eleitoral, que seja capaz de acompanhar a especialização, sofisticação e complexidade dos mecanismos de produção e veiculação das informações falsas.

A normatização visa a realização de eleições íntegras em consonância com as exigências democráticas estipuladas no ordenamento jurídico nacional e internacional, que determinam a proteção da normalidade e legitimidade das eleições, a partir de processos autênticos e justos, tidos como elementos essenciais da democracia representativa.

Não se pode conceber, no entanto, o fomento a um ambiente de censura e restrição, ou de ofensa à garantia da liberdade de expressão e de imprensa, o direito à informação e comunicação. Deve-se, pelo contrário, estabelecer mecanismos para combater as notícias falsas e dar efetividade às decisões que reconheçam a inveracidade das informações e que tenham provocado graves danos à imagem de pessoas, sejam elas públicas ou não.

Importante ressaltar que houve reconhecimento pelo Tribunal Superior Eleitoral da necessidade de debate acerca do tema, indicando que a questão deve ser estudada para uma possível alteração normativa de resolução que irá regulamentar as próximas eleições.

Essa preocupação foi externada pelo Ministro Edson Fachin, ao julgar o recurso do Processo n. 0601765-21.2018.6.00.0000, em sessão realizada no dia 13 de março de 2019, após trazer vista regimental, onde indicou ser favorável à revisão da regra para que seja mantida a liminar, esclarecendo que o debate se tratava de uma matéria relevante, destacando que:

> não deixa de causar um certo paradoxo, porque **a concessão da liminar nesse caso reputou que se tratava de um conteúdo inequivocamente inverídico, e prejudicial a imagem de um dos partidos políticos, produz efeito algum, cessado o período eleitoral, o que faz sentido pela finitude do processo eleitoral, mas quiçá coloca algumas interrogações sobre alguns efeitos de ultratividade que eventualmente podem ser cogitados, eis que a situação contrária significa exatamente recolocar um conteúdo cuja inveracidade, essa justiça especializada já houvera atestado** (grifamos).

Ao retomar o julgamento no processo acima, o Ministro Edson Fachin registrou que

> o § 6º do art. 33 da Resolução 23.551, que impõe essa solução, sua obediência estrita, pode futuramente vir a ser objeto de discussão, tendo em vista que a natureza do direito protegido é um direito inerente a pessoa, e a pró-

> pria esfera da subjetividade **poderia assegurar uma espécie de ultratividade, ou seja, de uma eficácia que se mantém, nada obstante findo o período eleitoral.**

> Considerando, ainda, que:

> esta segmentação que a incidência do § 6º do art. 33 faz entre a pessoa do cidadão e a pessoa do candidato para estabelecer como cessação da eficácia, a proteção da pessoa do candidato a finitude e o próprio término do processo eleitoral, para remeter para a justiça comum a proteção da pessoa do cidadão. Há necessidade de repensar essa matéria, pois a proteção que se dá ao candidato pode, na medida em que também protege o cidadão, projetar seus efeitos mesmo depois de findo o processo eleitoral, tanto que a justiça especializada emanou um comando de interdição, mas poderão ser repostados pela cessão da proteção que foi dada pela justiça especializada.

A importância do tema e seu potencial impacto intensificou o debate acerca da divulgação de notícias falsas no período eleitoral.

Nesse sentido a Justiça Eleitoral, que desempenha, reiteradamente, relevante papel na consolidação da democracia, buscou alternativas (OU providências, mecanismos, meios eficazes) para impedir (OU coibir, combater) a proliferação das *fakenews*, posto que a difusão desses conteúdos interfere diretamente na disputa eleitoral, tem potencial de devastar reputações, prejudicar candidatos e partidos, impacta a decisão dos eleitores, prejudica a formação do voto consciente, tolhe a formação de escolhas conscientes, influencia os resultados e desequilibra o pleito.

Dentre as relevantes iniciativas da Corte Superior Eleitoral está a criação do Conselho Consultivo sobre Internet e Eleições, com o advento da Portaria n. 949, de 7 de dezembro de 2017, com a finalidade de desenvolver pesquisas e estudos sobre as regras eleitorais e a influência da internet nas eleições, em especial o risco das *fakenews*, visando propor ações e metas voltadas ao aperfeiçoamento das normas.

Além disso, firmou acordo de colaboração com os partidos políticos a partir de um termo de compromisso para a manutenção de um ambiente eleitoral imune de disseminação de notícias falsas nas eleições de 2018, no qual “se comprometem a manter o ambiente de higidez informacional, de sorte a reprovar qualquer prática ou expediente referente à utilização de conteúdo falso no próximo pleito", atuando como colaboradores contra a proliferação de notícias falsas.

Dentre outras ações promovidas em 2018, o Tribunal Superior Eleitoral realizou um seminário internacional, criou uma página na internet para auxiliar o esclarecimento dos eleitores acerca das informações disseminadas pelas redes sociais e assinou um memorando de entendimento com o Facebook e o Google para evitar a proliferação de notícias falsas durante o período eleitoral.

No tocante a atos normativos que visam o combate à veiculação e disseminação de notícias falsas, merecem destaque as iniciativas das leis que implementaram as minirreformas em 2013, 2015 e 2017, modificando a Lei n. 9.504/97 – Lei Eleitoral.

Nesse sentido, em 2013 (Lei n. 12.891), criminalizou-se a contratação direta ou indireta de grupo de pessoas com a finalidade específica de emitir mensagens ou comentários na internet com o intuito de ofender a honra ou denegrir a imagem de candidato, partido ou coligação (art. 57-H, § 1º).

Em 2015 (Lei n. 13.165), excluiu-se da definição de propaganda eleitoral a menção à candidatura de determinada pessoa, a exaltação das qualidades pessoais dos pré-candidatos, homenageando a livre manifestação de pensamento e a liberdade de expressão (art. 36-A).

Em 2017 (Lei n. 13.488), uma das grandes novidades, estipulou-se que a propaganda eleitoral pode ser veiculada por meio de *blogs*, redes sociais, sítios de mensagens instantâneas e aplicações de internet assemelhadas, cujo conteúdo seja gerado ou editado por candidatos, partidos, coligações, e qualquer pessoa natural, vedada a estas últimas a contratação de impulsionamento de conteúdos (art. 57-B, IV).

Ainda em 2017 (Lei n. 13.487), delimitou-se que a decisão judicial de suspensão do acesso a conteúdo da internet deve levar em consideração o âmbito e os limites técnicos de cada aplicação de internet; e ainda que a previsão de fixação da suspensão do acesso a todo o sítio de internet será de forma proporcional à gravidade da infração, até o limite máximo de 24 horas (art. 57-I).

No âmbito legislativo, no aspecto eleitoral, merece destaque a iniciativa do Projeto de Lei n. 2.149, de 9 de abril de 2019, que propõe **acrescentar o § 4º ao art. 57-D, da Lei n. 9.504/97, para que, findado o período eleitoral, as**

ordens judiciais de remoção de conteúdo da internet continuem a produzir efeitos, sendo facultado à parte interessada requerer a reparação por dano moral por meio de ação judicial autônoma perante a Justiça Comum.

Dessa maneira, a proposta legislativa busca **preservar e garantir a efetividade das medidas judiciais cautelares da Justiça Eleitoral**, adotadas no sentido de remover definitivamente os conteúdos ofensivos disseminados na internet, uma vez que já declarado inverídico e reconhecido o dano provocado.

O momento atual político institucional, conforme manifestado pelo STF[9], fortalece a jurisdição eleitoral, em vista do bom funcionamento das regras do sistema democrático e a lisura dos pleitos eleitorais.

CONCLUSÕES

Em síntese, pode-se concluir que:

i. A busca de soluções para o combate das *fakenews* reclama uma atuação multidisciplinar, com regulamentação e atualização das normas, com a finalidade de coibir a divulgação de fatos sabidamente inverídicos, observando, todavia, o direito à informação e a livre manifestação do eleitor.

ii. É necessário um esforço dos cidadãos, instituições e plataformas de redes sociais no comprometimento com a verdade dos fatos e a não proliferação de notícias falsas.

---

9. Como um sinal de fortalecimento da jurisdição especializada eleitoral, em situação que sua competência se sobrepõe à da comum, o Plenário do Supremo Tribunal Federal, em 13/03/2019, ao julgar o Inquérito 4435, reafirmou jurisprudência no sentido da competência da Justiça Eleitoral para processar e julgar crimes eleitorais e os comuns que lhe forem conexos.

Nesse sentido, cabe à Justiça especializada analisar individualmente a existência de conexão de delitos comuns aos delitos eleitorais e remeter os casos à Justiça competente, caso não verifique a conexão.

Em seguida, visando imediata implementação da decisão proferida pelo STF, o TSE, a partir da Portaria n. 231, de 22/03/2019, instituiu grupo de trabalho incumbido de apresentar propostas para viabilizar o julgamento de crimes comuns conexos a crimes eleitorais pela Justiça Eleitoral, com vista a manter a efetividade da prestação jurisdicional eleitoral.

iii. Faz-se premente o aperfeiçoamento da legislação eleitoral ser capaz de acompanhar a evolução, sofisticação e complexidade digital no combate às *fakenews*.

iv. Urgente que se promovam as alterações normativas adequadas para que a disseminação de notícias falsas possa ser coibida por mecanismos legais que garantam o máximo de eficácia ao combate à desinformação que coloca em risco os processos e os valores democráticos.

v. Tais práticas devem ser coibidas efetivamente pela jurisdição competente, inclusive após findo o pleito eleitoral, eis que, ainda que se entenda pela perda de objeto de eventual direito de resposta, a remoção de conteúdo sabidamente inverídico não perde seu objeto com o fim do pleito eleitoral.

vi. Há de se considerar, portanto, que, ainda que cessada a disputa eleitoral, os danos gerados pelas inverdades disseminadas se mantêm. Ou seja, sob o ponto de vista eleitoral, os agentes políticos atingidos pelas mentiras divulgadas permanecem sendo prejudicados.

vii. A competência da Justiça Especializada Eleitoral não se esgota com o findar das eleições, devendo ser mantida até o deslinde final das controvérsias.

viii. Permitir que as notícias falsas, meticulosamente analisadas e combatidas no processo eleitoral, retornem ao grande público, constitui afronta aos esforços da Justiça Eleitoral e anuência indireta com os danos causados.

ix. O Tribunal Superior Eleitoral e as Cortes Regionais desempenharam relevante papel no combate às *fakenews* durante as eleições de 2018, eis que demonstraram diligência e primaram pela celeridade na apreciação das representações eleitorais e acuidade na análise de cada uma das URLS constantes de tais representações.

x. Apesar de terminado o pleito eleitoral, a jurisdição eleitoral não deve se esgotar. Eis que os danos reconhecidos durante o processo eleitoral e a falsidade das informações que causaram prejuízo à lisura do pleito ensejaram decisões judiciais pela remoção dos conteúdos inverídicos, que devem ser mantidas mesmo após o término das eleições, na medida em que foram requeridas e concedidas durante o pleito eleitoral, sob a égide da Justiça Eleitoral.

REFERÊNCIAS

BRASIL. *Constituição da República Federativa do Brasil de 1988*.

BRASIL. *Lei n. 9.504, de 30 de setembro de 1997*. Estabelece normas para as eleições.

CÂMARA DOS DEPUTADOS. *Projeto de Lei n. 2149, de 9 de abril de 2019*. Propõe acrescentar o § 4º ao art. 57-D da Lei n. 9.504, de 30 de setembro de 1997. Disponível em: https://www.camara.leg.br/proposicoesWeb/fichadetramitacao?idProposicao=2197247.

CASTRO, Edson de Resende. *Curso de direito eleitoral*. 9. ed. Belo Horizonte: Del Rey, 2018.

COSTA, Daniel Castro Gomes da; MIRANDA, Jorge; FONSECA, Leonardo Campos Soares; CARVALHO NETO; Tarcísio Vieira (coord.). *Direito eleitoral comparado*. Belo Horizonte: Fórum, 2018.

GOMES, José Jairo. *Direito eleitoral*. 14. ed. São Paulo: Atlas, 2018.

MEDEIROS, Marcilio Nunes. *Legislação eleitoral comentada e anotada*. Salvador: JusPodivm, 2017.

NEISSER, Fernando Gaspar. *Crime e mentira na política*. Belo Horizonte: Fórum, 2016.

OSORIO, Aline. *Direito eleitoral e liberdade de expressão*. Belo Horizonte: Fórum, 2017.

RAIS, Diogo; FALCÃO, Daniel; GIACCHETTA, André Zonaro; MENEGUETTI, Pamela. *Direito eleitoral digital*. São Paulo: Thomson Reuters Brasil, 2018.

RAMAYANA, Marcos. *Direito eleitoral*. 15. ed. Niterói: Impetus, 2016.

TRIBUNAL SUPERIOR ELEITORAL. *Portaria n. 949, de 7 de dezembro de 2017*. Institui o Conselho Consultivo sobre Internet e Eleições. Brasília, DF, 7 dez. 2017. Disponível em: http://www.tse.jus.br/legislacao-tse/prt/2017/PRT09492017.html.

TRIBUNAL SUPERIOR ELEITORAL. *Resolução n. 23.547, de 18 de dezembro de 2017*. Dispõe sobre representações, reclamações e pedidos de resposta previstos na Lei n. 9.504/1997 para as eleições.

TRIBUNAL SUPERIOR ELEITORAL. *Resolução n. 23.551, de 18 de dezembro de 2017*. Dispõe sobre propaganda eleitoral, utilização e geração do horário gratuito e condutas ilícitas em campanha eleitoral nas eleições.

Condenação criminal: uma análise da suspensão de direitos políticos e da inelegibilidade

Marcus Vasconcellos[1]

1. INTRODUÇÃO

Em matéria de Direito Eleitoral é muito comum, inclusive entre candidatos a cargos eletivos, a confusão entre suspensão de direitos políticos e inelegibilidades, notadamente diante de condenações criminais transitadas em julgado.

Isso porque, em que pese se tratar de institutos jurídicos distintos, tanto a suspensão de direitos políticos quanto as inelegibilidades acabam por afetar, em determinado momento, o exercício do direito de concorrer a um cargo eletivo.

Além disso, após a entrada em vigor das alterações promovidas pela Lei Complementar n. 135/2010, também conhecida como "Lei da Ficha Limpa", as confusões aumentaram ainda mais, pois a nova Lei aumentou tanto o rol de crimes que acarretam inelegibilidade quanto o prazo da inelegibilidade em si.

Diante dessa realidade, este artigo busca demonstrar que, apesar de afetarem a chamada capacidade eleitoral passiva do cidadão, a suspensão de

---

1. Advogado, Consultor e Professor de Direito Constitucional em cursos de Graduação e Pós-graduação em Direito. Graduado em Direito pela PUC-SP e Mestre em Direito do Estado.

direitos políticos e as inelegibilidades possuem fundamentos e abrangência distintos, além de serem aplicadas em momentos diferentes.

Entretanto, para se chegar a essa conclusão será imprescindível analisar, inicialmente, conceitos elementares de Direito Eleitoral, como sufrágio, capacidade eleitoral, além de perda e suspensão de direitos políticos, para que, ao final, restem configuradas as diferenças entre os institutos.

2. DIREITO DE SUFRÁGIO E CAPACIDADE ELEITORAL

Sufrágio corresponde ao direito de votar e ser votado. Assim, trata-se de um instituto fundamental da democracia representativa, haja vista que seu exercício legitima o mandato dos representantes do povo.

Diante do conceito acima, verifica-se que sufrágio é diferente de voto, uma vez que sufrágio envolve o direito de votar e ser votado, e o voto é o ato pelo qual se exercita esse direito, ou seja, o voto concretiza o sufrágio[2].

O sufrágio pode ser universal ou restrito. Será considerado restrito quando estiver limitado a determinado grupo, em função de questões culturais, econômicas, raciais ou de sexo. Já o sufrágio universal, previsto no art. 14, *caput*, da Constituição da República Federativa do Brasil, é aquele que não possui essas restrições, podendo ser exercido por todos os nacionais, desde que tenham capacidade para tanto.

Desse modo, o exercício desse direito de sufrágio exige que o cidadão possua a chamada "capacidade eleitoral", nos termos exigidos pela Constituição da República Federativa do Brasil.

2.1. Capacidade eleitoral ativa (ou sufrágio ativo)

O termo *capacidade eleitoral* ativa se refere ao *direito de votar*, o qual se formaliza pelo alistamento eleitoral e pelo voto, que podem ser obrigatórios ou facultativos.

---

2. Conforme lição de André Ramos Tavares: "Verifica-se que o sufrágio é um direito presente nas repúblicas democráticas, a ser implementado por meio do voto. Este define-se, pois, como o *exercício efetivo* de um direito, no caso, o de sufrágio". *Curso de direito constitucional*. 14. ed. São Paulo: Saraiva, 2016.

Nos termos do art. 14, § 1º, da Constituição Federal, o alistamento eleitoral e o voto são obrigatórios para os maiores de 18 anos, e facultativos para os maiores de 16 e menores de 18 anos, para os maiores de 70 anos e para os analfabetos.

Conceitua-se o alistamento eleitoral como o procedimento administrativo realizado perante a Justiça Eleitoral, no qual o brasileiro, nato ou naturalizado, requer sua inscrição no Cadastro de Eleitores.

Importante mencionar que, segundo o art. 14, § 2º, da Constituição Federal, não podem se alistar como eleitores os *estrangeiros* e os *conscritos*, estes durante o período de serviço militar obrigatório. A esse rol podemos acrescentar também aqueles que, por alguma razão, estão com os direitos políticos cancelados ou suspensos, nos termos do art. 15 da Constituição Federal, como ocorre, por exemplo, com os absolutamente incapazes. Esse tema perda ou suspensão de direitos políticos, aliás, será mais bem explicitado no Item 2 abaixo.

Formalizado o alistamento eleitoral, mediante obtenção do título de eleitor, o cidadão estará apto a votar em eleições gerais e municipais, plebiscitos, referendos, bem como subscrever projetos de lei de iniciativa popular, mas desde que sua inscrição não esteja cancelada ou suspensa, também nos termos do art. 15 da Constituição Federal.

Cabe mencionar que o voto, enquanto instrumento de exercício do direito de sufrágio, caracteriza-se por ser livre, direto, secreto, periódico e personalíssimo. Livre, pois o cidadão tem liberdade de escolher o candidato que quiser, podendo ainda votar em branco ou anular o voto; direto, pois o eleitor tem o direito de votar diretamente no candidato que escolher, haja vista que, no Brasil, vale a regra das eleições diretas, na qual o candidato é escolhido diretamente pelo povo[3]; secreto, pois a urna de votação deverá ficar isolada, a fim de preservar o sigilo do voto popular; periódico, a fim de que os mandatos eletivos possam ser renovados; e, personalíssimo, pois o cidadão deverá comparecer pessoalmente para votar ou justificar sua ausência, não se admitindo o voto por procuração.

Além disso, imprescindível não esquecer que, nos termos do art. 60, § 4º, da Constituição Federal, é cláusula pétrea o voto direto, secreto, universal

3. Existe, entretanto, um caso excepcional de eleição indireta para Presidente da República, previsto no art. 81, § 1º, da Constituição Federal.

e periódico, o que significa que não poderá ser abolido por meio de emenda à Constituição.

2.2. Capacidade eleitoral passiva

Entende-se por capacidade eleitoral passiva o direito de ser votado, ou seja, de o cidadão se apresentar como candidato a um determinado cargo eletivo. O candidato, todavia, deve observar dois requisitos para exercer a capacidade eleitoral passiva: (i) preencher as condições de elegibilidade, previstas no art. 14, § 3º, da Constituição Federal; e (ii) não incidir nas hipóteses de inelegibilidades, previstas na Constituição Federal e em leis complementares.

2.2.1. Condições de elegibilidade

As chamadas "condições de elegibilidade" são determinadas condições que o cidadão brasileiro deverá preencher, com vistas a disputar determinado cargo eletivo. São, portanto, requisitos positivos, ou seja, que devem ser efetivamente demonstrados, sob pena de impugnação do pedido de registro de candidatura.

Essas condições de elegibilidade estão previstas no art. 14, § 3º, da Constituição Federal, e são as seguintes:

a) nacionalidade brasileira – o cidadão deverá comprovar que é brasileiro nato ou naturalizado[4];

b) pleno exercício dos direitos políticos – nesse caso, o cidadão deverá demonstrar que não está com os direitos políticos cancelados ou suspensos, o que pode ser feito por meio da apresentação de certidão de quitação eleitoral;

c) alistamento eleitoral – o cidadão deverá apresentar cópia de seu título de eleitor;

d) domicílio eleitoral na circunscrição – o cidadão deverá demonstrar que possui domicílio eleitoral na circunscrição onde quer se eleger pelo prazo de seis meses, nos termos do art. 9º, *caput*, da Lei n. 9.504/97[5];

---

4. Apenas lembrando que, nos termos do art. 12, § 3º, I e II, da Constituição Federal, os cargos de Presidente e Vice-Presidente da República são privativos de brasileiros natos.

5. Ac. do TSE n. 16.397/2000 e 18.124/2000: o conceito de domicílio eleitoral não

e) filiação partidária – o cidadão precisará demonstrar que possui filiação deferida por partido político pelo prazo de, pelo menos, seis meses antes do pleito, também nos termos do art. 9º, *caput*, da Lei n. 9.504/97.

f) idades mínimas – essas idades são as seguintes:

(i) trinta e cinco anos para Presidente da República, Vice-Presidente da República e Senador;

(ii) trinta anos para Governador e Vice-Governador de Estados e Distrito Federal;

(iii) vinte e um anos para Prefeito e Vice-Prefeito, Deputado Federal, Deputado Estadual, Deputado Distrital e Juíz de Paz;

(iv) dezoito anos para Vereador.

Importante comentar que as condições de elegibilidade devem ser demonstradas, como regra, no momento do registro da candidatura. Todavia, nos termos do art. 11, § 2º, da Lei n. 9.504/97, a idade mínima é verificada tendo por referência a data da posse, salvo quando fixada em 18 anos, hipótese em que será aferida na data-limite para o pedido de registro.

Também importante registrar que a demonstração dessas condições de elegibilidade estará regulamentada pela Lei n. 9.507/97, chamada de "Lei das Eleições".

2.2.2. Inelegibilidades

Inelegibilidades são circunstâncias que, caso verificadas, impedem o exercício da capacidade eleitoral passiva, ou seja, impedem o indivíduo de se eleger para um determinado cargo. Tratam-se, portanto, de requisitos negativos, ou seja, que não devem restar configurados, sob pena de o cidadão ser considerado inelegível.

A princípio, as causas de inelegibilidades estão previstas de modo expresso na Constituição Federal. Contudo, o próprio Texto Constitucional permite, em seu art. 14, § 9º, que outras causas de inelegibilidade possam ser

---

se confunde, necessariamente, com o de domicílio civil; aquele, mais flexível e elástico, identifica-se com a residência e o lugar onde o interessado tem vínculos (sejam políticos, sociais, patrimoniais ou profissionais).

estabelecidas, mas desde que por meio de lei complementar. Desse modo, as inelegibilidades podem ser constitucionais ou legais.

2.2.2.1. Inelegibilidades constitucionais

As inelegibilidades constitucionais podem ser absolutas ou relativas. Entende-se por inelegibilidade absoluta aquela que torna o cidadão inelegível para qualquer cargo eletivo, tal como ocorre com os analfabetos e os inalistáveis, nos termos do art. 14, § 4º, da Constituição Federal.

Já os casos de inelegibilidades relativas tornam o cidadão inelegível para um ou alguns cargos, o que pode ocorrer nas seguintes situações:

a) em razão da função – nos termos do art. 14, § 5º, da Constituição Federal, o Presidente da República, os Governadores de Estado e do Distrito Federal, os Prefeitos e quem os houver sucedido, ou substituído, no curso dos mandatos poderão ser reeleitos para um único período subsequente, ou seja, a Constituição impediu a reeleição do Presidente da República, dos Governadores de Estado e do Distrito Federal, dos Prefeitos e dos respectivos substitutos, para um terceiro mandato consecutivo[6].

b) em razão do parentesco – nos termos do art. 14, § 7º, da Constituição Federal, são inelegíveis, no território de jurisdição do titular, o cônjuge e os parentes consanguíneos ou afins, até o segundo grau ou por adoção, do Presidente da República, de Governador de Estado ou Território, do Distrito Federal, de Prefeito ou de quem os haja substituído dentro de seis meses anteriores ao pleito[7].

Essa hipótese de inelegibilidade relativa, também chamada de reflexa, alcança tão somente o território de jurisdição do titular, não será aplicando,

---

6. Para concorrer à reeleição, o Chefe do Executivo não precisará renunciar ao cargo até seis meses antes do pleito, ou seja, não se exige sua desincompatibilização do cargo (STF, ADI n. 1.805-MC, Rel. Min. Néri da Silveira, *DJ* de 14/11/2003). A desincompatibilização, nesses casos, somente será exigida se o Presidente da República, os Governadores de Estado e do Distrito Federal e os Prefeitos desejarem concorrer a *outros* cargos.

7. A razão de ser desta hipótese de inelegibilidade foi brilhantemente exposta pelo Supremo Tribunal Federal no julgamento do RE n· 446.999 (Rel. Min. Ellen Gracie, *DJ* de 09/09/2005): "A regra estabelecida no art. 14, § 7º da Constituição Federal, iluminada pelos mais basilares princípios republicanos, visa obstar o monopólio do poder político por grupos hegemônicos ligados por laços familiares".

todavia, ao cônjuge ou parente que já for titular de mandato eletivo e estiver concorrendo à reeleição.

c) **em razão da condição de militar** – nos termos do art. 14, § 8º, da Constituição Federal, o militar alistável é elegível. Entretanto, é preciso verificar se esse militar consta com mais ou menos de dez anos de serviço: se contar com menos de dez anos de serviço, deverá se afastar da atividade; entretanto, se contar com mais de dez anos de serviço, será agregado pela autoridade superior e, se eleito, passará automaticamente, no ato da diplomação, para a inatividade.

Contudo, nos termos do art. 142, § 3º, da Constituição Federal é *vedado* ao militar em serviço ativo filiar-se a partido político. Desse modo, tratando-se de militar da ativa, que seja elegível, o Supremo Tribunal Federal tem o seguinte entendimento:

> Militar da ativa (sargento) com mais de dez anos de serviço. Elegibilidade. Filiação partidária. (...) Se o militar da ativa é alistável, é ele elegível (Constituição Federal, art. 14, § 8º). Porque não pode ele filiar-se a partido político (Constituição Federal, art. 42, § 6º), a filiação partidária **não lhe é exigível como condição de elegibilidade**, certo que somente a partir do registro da candidatura é que será agregado (Constituição Federal, art. 14, § 8º, II; Cód. Eleitoral, art. 5º, parágrafo único; Lei n. 6.880, de 1980, art. 82, XIV, § 4º)[8] (grifo nosso).

2.2.2.2. Inelegibilidades legais

Nos termos do art. 14, § 9º, da Constituição Federal, outros casos de inelegibilidade poderão ser estabelecidos em *lei complementar*. Atualmente, esses casos estão previstos na Lei Complementar n. 64/90, chamada de "Lei das Inelegibilidades".

Nesse momento, importante analisar, para o desenvolvimento do tema aqui proposto, algumas alterações trazidas à Lei das Inelegibilidades pela Lei Complementar n. 135/2010, chamada de "Lei da Ficha Limpa". Dentre as alterações promovidas pela Lei da Ficha Limpa, podem ser destacadas as seguintes:

---

8. AI n. 135.452, Rel. Min. Carlos Velloso, j. 20/09/1990, *DJ* de 14/06/1991.

(i) aumentou o rol de crimes do art. 1º, I, *e*, da Lei das Inelegibilidades, cuja condenação acarreta inelegibilidade;

(ii) estabeleceu inelegibilidade, em relação esses crimes, tanto no caso de condenação transitada em julgado, quanto em relação à condenação por órgão colegiado; e

(iii) aumentou o prazo de inelegibilidade para esses crimes, e outras situações, de 3 (três) para 8 (oito) anos.

Desse modo, e nos termos da Lei da Ficha Limpa, uma vez que o indivíduo tenha sido condenado, por decisão transitada em julgado ou órgão colegiado, a um dos crimes do art. 1º, I, *e*, da Lei das Inelegibilidades, ficará inelegível para qualquer cargo público por um período de 8 (oito) anos após o cumprimento da pena, ou seja, a pena de inelegibilidade somente começará a contar a partir do momento em que o indivíduo efetivamente cumprido a pena imposta, ainda que a pena privativa de liberdade tenha sido convertida em restritiva de direitos.

Uma questão muito discutida por ocasião da entrada em vigor da Lei da Ficha Limpa ocorreu em relação aos crimes que, até aquele momento, não acarretavam inelegibilidades, como é o caso dos crimes contra o patrimônio privado.

A título de exemplo, pensemos no seguinte caso: Tício foi definitivamente condenado por roubo em 2009 (antes da Lei da Ficha Limpa), mas o cumprimento da pena só ocorreu em 2014 (após a Lei da Ficha Limpa). Nesse caso, uma vez efetivamente cumprida a pena por roubo, poderia ser aplicado o prazo de inelegibilidade de 8 (oito) anos, pelo fato de o crime de roubo não acarretar essa consequência antes da Lei da Ficha Limpa?

Essa questão acarretou inúmeros debates na Justiça Eleitoral, especialmente no que se refere à aplicação, ou não, da irretroatividade da lei penal, prevista no art. 5º, XL, da Constituição Federal.

A questão foi definitivamente resolvida pelo Supremo Tribunal Federal, no julgamento conjunto da ADC-29, ADC-30 e ADI-4578 (Rel. Min. Luiz Fux), nos quais firmou entendimento de constitucionalidade da Lei da Ficha Limpa, e de que as modificações por ela trazidas são aplicáveis a fatos ocorridos anteriormente à sua vigência (sejam eles condenações criminais, cíveis ou eleitorais), sem que isso importe ofensa ao direito adquirido, à coisa julgada ou à irretroatividade legal. Nesse sentido:

> Ações Declaratórias de Constitucionalidade e Ação Direta de Inconstitucionalidade em julgamento conjunto. Lei Complementar n. 135/10. Hipóteses de inelegibilidade. Art. 14, § 9º, da Constituição Federal. Moralidade para o exercício de mandatos eletivos. Inexistência de afronta à irretroatividade das leis: agravamento do regime jurídico eleitoral. Ilegitimidade da expectativa do indivíduo enquadrado nas hipóteses legais de inelegibilidade. Presunção de inocência (art. 5º, LVII, da Constituição Federal): exegese análoga à redução teleológica, para limitar sua aplicabilidade aos efeitos da condenação penal. Atendimento dos princípios da razoabilidade e da proporcionalidade. Observância do princípio democrático: fidelidade política aos cidadãos. Vida pregressa: conceito jurídico indeterminado. Prestígio da solução legislativa no preenchimento do conceito. Constitucionalidade da lei. Afastamento de sua incidência para as eleições já ocorridas em 2010 e as anteriores, bem como e para os mandatos em curso.

Destarte, e respondendo à pergunta efetuada, Tício sofreria com a inelegibilidade por 8 (oito) anos, a partir do momento de efetivo cumprimento da pena, ainda que os crimes contra o patrimônio privado não acarretassem essa consequência antes da Lei da Ficha Limpa.

3. PERDA E SUSPENSÃO DOS DIREITOS POLÍTICOS

O art. 15 da Constituição Federal proíbe a cassação dos direitos políticos, por se tratar de uma medida arbitrária, sem qualquer fundamento constitucional ou legal. Estipula, porém, hipóteses de perda e suspensão, desde que a medida encontre amparo em um dos incisos ali previstos.

A Constituição Federal, entretanto, não separou os casos de perda e suspensão, agrupando-os no mesmo artigo, e deixando aos operadores do Direito a tarefa de diferenciar as respectivas hipóteses[9].

Importante mencionar, também, que a perda ou suspensão de direitos políticos afetam tanto a capacidade eleitoral ativa, quanto a passiva.

---

9. Quanto a essa aglutinação de casos de perda e suspensão no mesmo artigo, concordamos com a lição de André Ramos Tavares: "A Constituição de 1988, ao contrário da tradição constitucional anterior, não apartou os casos de perda dos de suspensão, adotando a técnica reprovável de enunciá-los conjuntamente" (*Curso de direito constitucional*. 14. ed. São Paulo: Saraiva, 2016, p. 678).

3.1. Perda de direitos políticos

A perda de direitos políticos será declarada nos seguintes casos:

a) cancelamento da naturalização por sentença judicial transitada em julgado (art. 15, I, da Constituição Federal);

O cancelamento da naturalização implica o retorno do indivíduo à condição de estrangeiro perante a República Federativa do Brasil, daí a razão para estarmos diante de uma causa de perda de direitos políticos.

b) perda da nacionalidade brasileira, em face da aquisição voluntária de outra nacionalidade (art. 12, § 4º, II, da Constituição Federal).

Apesar de esta causa não estar expressa no art. 15 do Texto Constitucional, se houver a perda da nacionalidade brasileira, a consequência terá de ser, invariavelmente, a perda de direitos políticos, haja vista que estrangeiros são inalistáveis e, consequentemente, inelegíveis, nos termos do art. 14, § 2º, da Constituição Federal.

3.2. Suspensão de direitos políticos

A suspensão de direitos políticos, por outro lado, será declarada nos seguintes casos:

a) incapacidade civil *absoluta* (art. 15, II, da Constituição Federal);

b) condenação criminal transitada em julgado, enquanto durarem seus efeitos (art. 15, III, da Constituição Federal);

A suspensão de direitos políticos pela condenação criminal transitada em julgado, enquanto durarem seus efeitos, é considerada uma norma constitucional de eficácia plena e aplicabilidade imediata, ou seja, está apta a produzir todos os seus efeitos de imediato, prescindindo de legislação ordinária para tanto.

Esse entendimento, aliás, encontra respaldo na jurisprudência do Supremo Tribunal Federal[10] e também na jurisprudência do Tribunal Superior Eleitoral, segundo o qual "é autoaplicável o art. 15, III, da Constituição Federal, que impõe a suspensão dos direitos políticos aos condena-

10. AP 470/MG, Rel. Min. Joaquim Barbosa, *DJe* 19/04/2013.

dos em ação criminal transitada em julgado enquanto durarem seus efeitos. Precedentes”[11].

Desse modo, tão logo um indivíduo seja condenado por decisão criminal transitada em julgado, estará com seus direitos políticos suspensos, enquanto durarem os efeitos dessa condenação.

c) recusa de cumprir obrigação a todos imposta ou prestação alternativa, nos termos do art. 5º, VIII, da Constituição Federal (art. 15, IV, da Constituição Federal);

Cabe mencionar que, para alguns doutrinadores, esta seria uma hipótese de perda de direitos políticos[12]. Não concordamos, contudo, com esse entendimento, haja vista que o indivíduo readquire seus direitos políticos tão logo resolva sua situação, o que permite concluir que se trata de uma privação temporária, daí ser hipótese de suspensão de direitos políticos.

Vale registrar, nesse sentido, e para corroborar esse entendimento, dois dispositivos legais que expressamente estabelecem se tratar de uma causa de suspensão de direitos políticos: o art. 4º, § 2º, da Lei n. 8.239/91 e o art. 438 do Código de Processo Penal (com redação alterada pela Lei n. 11.689/2008)[13].

d) improbidade administrativa, nos termos do art. 37, § 4º, da Constituição Federal (art. 15, V, da Constituição Federal).

A condenação por ato de improbidade administrativa sujeita o infrator à suspensão de direitos políticos, sendo que os prazos de suspensão aplicáveis a esses agentes estão regulados pela Lei n. 8.429/92.

---

11. AI n. 70447/MG, Rel. Min. Admar Gonzaga, *DJe* 18/03/2019.
12. Nesse sentido: SILVA, José Afonso da. *Curso de direito constitucional positivo*. 28. ed. São Paulo: Malheiros, 2006, p. 383.
13. Art. 4º, § 2º, da Lei n. 8.239/92: “Findo o prazo previsto no parágrafo anterior, o certificado só será emitido após a decretação, pela autoridade competente, da suspensão dos direitos políticos do inadimplente, que poderá, a qualquer tempo, regularizar sua situação mediante cumprimento das obrigações devidas”.

    Art. 438 do Código de Processo Penal: “A recusa ao serviço do júri fundada em convicção religiosa, filosófica ou política importará no dever de prestar serviço alternativo, sob pena de suspensão dos direitos políticos, enquanto não prestar o serviço imposto”.

4. RESTRIÇÕES A DIREITOS POLÍTICOS E INELEGIBILIDADES: DUAS REALIDADES PARA O EXERCÍCIO DE DIREITOS POLÍTICOS

Após discorrermos sobre capacidade eleitoral e restrições a direitos políticos nos tópicos anteriores, cabe-nos efetuar, neste momento, a pergunta central deste artigo: a suspensão de direitos políticos pela condenação criminal transitada em julgado e as inelegibilidades decorrentes de condenação criminal são, afinal, a mesma coisa?

Podemos afirmar, sem qualquer dúvida, que a resposta é negativa, haja vista que se tratam de institutos diferentes e que podem, inclusive, ser aplicados cumulativamente. Existem, aliás, várias diferenças entre a suspensão de direitos políticos, decorrente de condenação criminal transitada em julgado, e a inelegibilidade decorrente de condenação pelos crimes previstos no art. 1º, I, *e*, da Lei das Inelegibilidades, como será demonstrado a seguir.

A primeira diferença reside no fato de que, enquanto a suspensão de direitos políticos afeta as capacidades eleitorais ativa e passiva, a inelegibilidade afeta apenas a capacidade eleitoral passiva, impedindo o exercício de um cargo eletivo. Ou seja, enquanto na suspensão de direitos políticos o indivíduo é privado do direito de votar e ser votado, a inelegibilidade só afeta o direito de ser votado.

Uma segunda diferença que deve ser apontada se refere ao fato de que, enquanto a suspensão de direitos políticos é efeito que decorre da condenação criminal transitada em julgado, a inelegibilidade se aplica tanto em razão de decisão judicial transitada em julgado, quanto da condenação por órgão colegiado, conforme redação da Lei da Ficha Limpa.

A título de exemplos, pensemos a seguinte situação: Mévio sofreu processo criminal por corrupção passiva e, após ser condenado pelo juiz de primeiro grau, teve sua condenação confirmada pelo Tribunal de Justiça do respectivo Estado, embora tenha ingressado com recurso especial no Superior Tribunal de Justiça contra essa decisão. Diante do fato de ter sido condenado por órgão colegiado (Tribunal de Justiça), mas ter interposto recurso para Tribunal Superior, pode-se afirmar que Mévio está com seus direitos políticos suspensos? Ou apenas inelegível?

Por óbvio, em se tratando de decisão criminal que ainda não transitou em julgado, não se pode afirmar que Mévio esteja com seus direitos políticos suspensos. Entretanto, em razão de ter sido condenado por órgão colegiado em um dos crimes contra a Administração Pública, estará inelegível, por força da disposição do art. 1º, I, *e*, da Lei das Inelegibilidades.

Ainda pensando nesse exemplo, podemos extrair a terceira diferença entre a suspensão de direitos políticos e a inelegibilidade. Isso porque, ao tratar da suspensão de direitos políticos, o art. 15, III, da Constituição Federal falou apenas em condenação criminal transitada em julgado, não importando tratar-se de crime ou contravenção penal, crime doloso ou culposo, apenado com reclusão ou detenção, ou se a condenação foi a pena privativa de liberdade, restritiva de direitos[14] ou mesmo pecuniária[15]. Aliás, existe um entendimento predominante de que a suspensão dos direitos políticos se dá ainda quando esteja em curso o período de suspensão condicional da pena, haja vista que, durante o prazo de *sursis*, persistem os efeitos da condenação[16].

Já os casos de inelegibilidade do art. 1º, I, *e*, da Lei das Inelegibilidades, com redação dada pela Lei da Ficha Limpa, somente serão aplicados para os crimes expressamente previstos nos itens 1 a 10 desse dispositivo. São eles:

- contra a economia popular, a fé pública, a administração pública e o patrimônio público;

---

14. A suspensão de direitos políticos é consequência automática da condenação criminal transitada em julgado, ainda que a pena privativa de liberdade tenha sido substituída por restritiva de direitos. Precedentes: REsp 91-81, Rel. Min. Luciana Lóssio, *DJe* 03/11/2016; REsp 398-22, Rel. Min. Henrique Neves da Silva, *DJe* de 19/06/2013; e REsp 114-50, Rel. Min. Laurita Vaz, *DJe* de 26/08/2013.

15. Conforme já decidiu o Tribunal Superior Eleitoral, mesmo a condenação criminal transitada em julgado com a aplicação exclusiva de pena de multa acarreta a suspensão automática dos direitos políticos, nos termos do art. 15, III, da Constituição Federal (PA n. 93631. Rel. Min. Laurita Vaz, *DJe* 20/05/2015). Entretanto, o mesmo Tribunal Superior Eleitoral já decidiu que, "durante o período em que o condenado permaneceu em dia com o parcelamento da multa que lhe fora imposta, a suspensão de seus direitos políticos não produz efeitos" (Respe n. 060094076, Rel. Min. Luís Roberto Barroso, *DJe* 19/12/2018).

16. TSE – Ac. 060108893, Rel. Min. Tarcisio Vieira de Carvalho Neto, *DJe* 13/11/2018.

- contra o patrimônio privado, o sistema financeiro, o mercado de capitais e os previstos na lei que regula a falência;
- contra o meio ambiente e a saúde pública;
- eleitorais, para os quais a lei comine pena privativa de liberdade;
- de abuso de autoridade, nos casos em que houver condenação à perda do cargo ou à inabilitação para o exercício de função pública;
- de lavagem ou ocultação de bens, direitos e valores;
- de tráfico de entorpecentes e drogas afins, racismo, tortura, terrorismo e hediondos;
- de redução à condição análoga à de escravo;
- contra a vida e a dignidade sexual; e
- praticados por organização criminosa, quadrilha ou bando.

Também é possível apontar como diferença entre os institutos a questão do prazo de aplicação dessas medidas.

Nesse ponto, cumpre mencionar que a suspensão de direitos políticos, nos termos do art. 15, III, da Constituição Federal, tem início com o trânsito em julgado da decisão condenatória e permanece enquanto durarem os efeitos da condenação; ou seja, a suspensão cessa com o cumprimento ou a extinção da pena, independendo de reabilitação ou de prova de reparação dos danos, a teor do que estabelece a Súmula 9 do Tribunal Superior Eleitoral.

Já a inelegibilidade pela prática dos crimes previstos no art. 1º, I, *e*, da Lei das Inelegibilidades, tem início com a condenação e perdura até o transcurso do prazo de 8 (oito) anos após o cumprimento da pena. Na prática, isso significa que, se um indivíduo for definitivamente condenado por crime de roubo em fevereiro de 2012 e cessar o cumprimento da pena em março de 2018, ficará inelegível até março de 2026, uma vez que o prazo de inelegibilidade de 8 (oito) anos só começará a ser contado quando ocorrer o cumprimento da pena.

CONCLUSÃO

Diante do exposto neste trabalho, podemos concluir que os institutos da suspensão de direitos políticos e da inelegibilidade possuem fundamentos constitucionais e legais diferentes, além de acarretarem consequências distintas, haja vista que, conforme afirmado acima, enquanto a suspensão de direitos políticos afeta as capacidades eleitorais ativa e passiva, a inelegibilidade afeta apenas a capacidade eleitoral passiva.

Assim, não existe qualquer inconstitucionalidade na cumulação entre os institutos da suspensão de direitos políticos e da inelegibilidade, admitindo-se, inclusive, sua cumulação, conforme já decidiu o STF no julgamento da ADC-29[17]:

> A inelegibilidade tem as suas causas previstas nos §§ 4º a 9º do art. 14 da Carta Magna de 1988, que se traduzem em condições objetivas cuja verificação impede o indivíduo de concorrer a cargos eletivos ou, acaso eleito, de os exercer, e não se confunde com a suspensão ou perda dos direitos políticos, cujas hipóteses são previstas no art. 15 da Constituição da República, e que importa restrição não apenas ao direito de concorrer a cargos eletivos ("ius honorum"), mas também ao direito de voto ("ius sufragii"). Por essa razão, **não há inconstitucionalidade na cumulação entre a inelegibilidade e a suspensão de direitos políticos** (grifo nosso).

REFERÊNCIAS

SILVA, José Afonso da. *Curso de direito constitucional positivo*. 28. ed. São Paulo: Malheiros, 2006.

TAVARES, André Ramos. *Curso de direito constitucional*. 14. ed. São Paulo: Saraiva, 2016.

17. Rel. Min. Luiz Fux.

Financiamento público aos partidos políticos: uma abordagem pela sua extinção

Maria do Socorro Melão Monteiro Pereira[1]

INTRODUÇÃO

O Fundo Especial de Assistência Financeira aos Partidos Políticos (Fundo Partidário)[2] tem como finalidade manter os partidos políticos e bancar o funcionamento de seus diretórios e de suas atividades, e efetiva-se pelo repasse de recursos públicos aos partidos políticos legalmente constituídos.

O Fundo Partidário compõe-se de recursos provenientes: de dotações orçamentárias[3] da União, de multas e penalidades pecuniárias aplicadas pela Justiça Eleitoral e de doações de pessoas físicas. Mensalmente, o Tribunal Superior Eleitoral transfere os valores às legendas aptas a recebê-los. Em ano de eleição, o partido pode utilizar o dinheiro desse fundo em campanhas

1. Servidora aposentada da Justiça Eleitoral de São Paulo. Graduada em Direito e Pós-Graduação em Direito Administrativo pelas Faculdades Metropolitanas Unidas (FMU).
2. Constituição Federal, art. 17, § 3º; Lei n. 9.096/95, art. 38. Disponível em: http://www.planalto.gov.br/ccivil_03/constituicao/constituicao.htm e http://www.planalto.gov.br/ccivil_03/leis/l9096.htm. Acesso em: 26 maio 2022.
3. Dotação Orçamentária "são valores monetários autorizados, consignados na Lei Orçamentária Anual (LOA) para atender a uma determinada programação orçamentária". Disponível em: http://www.planejamento.gov.br/servicos/faq/orcamento-da-uniao/conceitos-sobre-orcamento/o-que-e-dotacao-orcamentaria.

eleitorais, com a ressalva de que 5% do total recebido seja empregado para promover a participação da mulher na política.

Destarte, com a extinção das doações empresariais às campanhas partidárias nas eleições, o Congresso Nacional elaborou e aprovou, em 2017, o Fundo Especial de Financiamento de Campanha (FEFC)[4], denominado Fundo Eleitoral, com recursos dos cofres públicos, com vistas a promover campanhas eleitorais.

Há duas modalidades de financiamento oriundas do Erário aos partidos políticos; em ano de eleição, ambas servem para atender às demandas de campanha eleitoral. Esse financiamento em duplicidade é originário de dinheiro público.

Para melhor compreender a criação dos financiamentos públicos aos partidos políticos, é necessário abordar a origem deles. O Fundo Partidário advém do regime militar, instaurado depois do Golpe de Estado e do Golpe Parlamentar de 1964; já o Fundo de Campanha surge em 2017, após a proibição de doações empresariais.

Assim, nota-se haver um único objetivo, o de financiar a manutenção do sistema partidário.

O panorama atual é destacado pelos valores exorbitantes nos orçamentos públicos na Lei Orçamentária Anual (LOA), com ênfase à de 2022, aprovada pelos representantes eleitos pelo povo. Manchetes estampam a vergonhosa atuação do Senado Federal, que, em 15 de julho de 2021, aumentou e aprovou o montante do Fundo Eleitoral em um patamar de R$ 5,3 bilhões. Esse generoso aumento para as eleições presidenciais de 2022 ocorreu em detrimento de outras áreas, como saúde, educação, ciência, ambiental, que sofreram cortes orçamentários.

Diante de vultosas quantias, é difícil sustentar campanhas eleitoreiras que não retratam a realidade e os anseios populares, trafegando na contramão das necessidades da população. O financiamento pode ser legal, entretanto é moral ou ético?

Os partidos políticos devem assegurar o regime democrático, o sistema representativo e defender os direitos fundamentais contidos na Constituição

4. BRASIL. *Lei n. 13.487, de 6 de outubro de 2017*. Disponível em: https://www.planalto.gov.br/ccivil_03/_ato2015-2018/2017/lei/l13487.htm. Acesso em: 26 maio 2022.

(art. 1º da Lei dos Partidos Políticos). Porém, o que se vê é uma afronta à dignidade humana e aos direitos à vida, à saúde, à educação, à moradia, ao trabalho, que se encontram em segundo plano, ao mesmo tempo em que se enfrenta uma grave crise sanitária sem respaldo financeiro, por negligência de seus representantes. Diante desse cenário, os representantes eleitos sentem-se à vontade para destinar dinheiro público à campanha eleitoral de 2022. Pasmem!

1. CENÁRIO HISTÓRICO

O financiamento aos partidos políticos advém do período da ditadura militar, com a edição da Lei Orgânica dos Partidos Políticos (n. 4.740, de 15 de julho de 1965), que, em seu art. 60, institui o Fundo Especial de Assistência Financeira aos Partidos Políticos – Fundo Partidário.

A seguir, faremos uma breve análise da história política brasileira, desde o Brasil Colônia até o regime militar, relacionada ao surgimento dos partidos políticos e do financiamento público.

Na era colonial, havia total dependência de Portugal; logo, falar de economia ou de política era falar da história portuguesa. Dados políticos e econômicos brasileiros dessa época existem somente sob a ótica de Portugal, não há registros de atuação do povo brasileiro com representantes junto à Corte[5]. O governo administrava a Colônia por atos provenientes da Corte, período em que predominaram as Ordenações Afonsinas, as Manuelinas e as Filipinas.

Nesse sentido, Manoel Rodrigues Ferreira afirma que, para saber mais sobre a história política do Brasil, é necessário ver os registros em Portugal. No período de 1532 a 1822, o povo exercia política dentro das repúblicas das vilas e cidades com os normativos portugueses.

O Brasil passou por uma série de revoluções, mas a chamada Revolução Liberal, vinda da Cidade de Porto para o Brasil, além da Independência de Portugal, instaurou em 1822 o Império do Brasil. Nasceram os movimen-

---

5. FERREIRA, Manoel Rodrigues. *A evolução do sistema eleitoral brasileiro*. Brasília: Tribunal Superior Eleitoral, Secretaria de Documentação e Informação, 2005. p. 27-46. Disponível em: https://bibliotecadigital.tse.jus.br/xmlui/bitstream/handle/bdtse/769/2005_ferreira_evolucao_sistema_eleitoral.pdf?sequence=1&isAllowed=y. Acesso em: 26 maio 2022.

tos liberais, liberais-radicais, conservadores, republicanos, como agrupamentos políticos sem olvidar o título de partido, apesar de partidos políticos não terem reconhecimento legal na época.

Entretanto, não há falar em partidos políticos após a Independência de Portugal. Do Brasil Imperial até o Brasil República, a política era formada por classes dominantes, as chamadas elites detentoras da força patrimonial, que se mantinham no poder com domínio da máquina pública, inviabilizando organizações partidárias e implantando a cultura de antipartidarismo, o que se solidificou na sociedade[6].

Em 1922, nasceu o Partido Comunista Brasileiro (PCB) como a primeira organização partidária com fundamentos orgânicos de um partido político em nível nacional, com o objetivo de representar socialmente a classe operária.

Contudo, a trajetória do PCB durou pouco. Depois de apenas três meses e meio[7], houve a cassação do registro legal do Partido como resposta das elites, na tentativa de coibir a organização partidária, popular e sindical da classe operária.

Partidos políticos sem reconhecimento constitucional sobreviviam representando interesses regionais, como os agrupamentos ou as agremiações. Nessa época, houve inúmeros atos para calar parlamentares comunistas eleitos pelas agremiações.

Observa-se que, no período, os partidos políticos se organizavam nos moldes do art. 18 do Código Civil de 1916[8], como pessoa jurídica de direito privado. O pensamento antipartidário implantado pelas elites com o apoio da sociedade se confirmou com a Constituição de 1934, que não fez nenhuma menção à instituição de partidos políticos no território nacional.

Com o Código Eleitoral de 1935[9], foi reconhecido o registro nos mol-

---

6. VIEIRA, Reginaldo de Souza. *Partidos políticos brasileiros*: das origens ao princípio da autonomia político-partidária. Dissertação (Mestrado) – Universidade Federal de Santa Catarina, Florianópolis, 2002, p. 66. Disponível em: https://repositorio.ufsc.br/xmlui/bitstream/handle/123456789/84007/188871.pdf?sequence=1&isAllowed=y. Acesso em: 26 maio 2022.
7. *Ibidem*, p. 81.
8. *Ibidem*, p. 82; BRASIL. *Lei n. 3.071, de 1º de janeiro de 1916*. Disponível em: http://www.planalto.gov.br/ccivil_03/leis/l3071.htm. Acesso em: 26 maio 2022.
9. BRASIL. *Lei n. 48, de 4 de maio de 1935*. Disponível em: http://www.planalto.gov.

des do Código Civil e dada legalidade aos partidos em representação regional por intermédio do registro nos Tribunais Regionais Eleitorais (arts. 166 e 167 do Título II – Dos Partidos Políticos).

O regime totalitário foi rompido pelo golpe de 1964, quando surgiu o período ditatorial[10]. Houve uma série de prisões de líderes políticos, sindicais e camponeses, e o Presidente em exercício, João Goulart, refugiou-se no Uruguai. Os militares assumiram o poder e implantaram restrições civis e políticas. Com a ruptura constitucional, passaram a governar por atos institucionais, o que culminou na extinção dos partidos políticos.

Resumidamente, as forças armadas centralizaram-se no poder e obtiveram controle total do País. No período de 1964 a 1969, 17 atos institucionais foram editados e regulamentados por 104 atos complementares[11].

O primeiro ato, o AI-1, de 9 de abril de 1964, permitiu a cassação de mandados dos membros do Poder Legislativo, suspendeu direitos políticos dos cidadãos, decretou punições aos gestores e funcionários públicos e determinou eleições para Presidente da República de forma indireta[12].

No AI-1, foram publicados o novo Código Eleitoral[13] e a Lei Orgânica dos Partidos Políticos[14], ambos de 15 de julho de 1965, no governo do Presi-

---

br/ccivil_03/leis/1930-1949/l0048.htm#:~:text=LEI%20No%2048%2C%20DE%204%20DE%20MAIO%20DE%201935.&text=O%20Presidente%20da%20Republica%20dos%20Estados%20Unidos%20do%20Brasil.&text=Art.,elei%C3%A7%C3%B5es%20federaes%2C%20estaduaes%20e%20municipaes. Acesso em: 26 maio 2022.

10. Período militar de 1964 a 1985. FUNDAÇÃO GETULIO VARGAS. Verbete Atos Institucionais. *FGV CPDOC*. Disponível em: http://www.fgv.br/CPDOC/BUSCA/dicionarios/verbete-tematico/atos-institucionais. Acesso em: 26 maio 2022.

11. Atos Institucionais. FUNDAÇÃO GETULIO VARGAS. Verbete Atos Institucionais. *FGV CPDOC*. Disponível em: http://www.fgv.br/CPDOC/BUSCA/dicionarios/verbete-tematico/atos-institucionais. Acesso em: 26 maio 2022.

12. BRASIL. Câmara dos Deputados. 50 anos do Golpe de 1964. Disponível em: https://www2.camara.leg.br/atividade-legislativa/plenario/discursos/escrevendohistoria/destaque-de-materias/golpe-de-1964. Acesso em: 26 maio 2022.

13. BRASIL. *Lei n. 4.737, de 15 de julho de 1965*. Disponível em: https://www.tse.jus.br/legislacao/codigo-eleitoral/codigo-eleitoral-1/codigo-eleitoral-lei-nb0-4.737-de-15-de-julho-de-1965. Acesso em: 26 maio 2022.

14. BRASIL. *Lei n. 4.740, de 15 de julho de 1965*. Disponível em: https://www2.cama-

dente Humberto de Alencar Castelo Branco[15], o que lhe possibilitou controle sobre o sistema eleitoral.

Logo, é com o primeiro ato da ditadura que nasceu a história do Fundo Partidário.

A Lei dos Partidos Políticos previa, em seu art. 60, o financiamento público aos partidos políticos sob o título de Fundo Partidário. Destarte, em 27 de outubro de 1965, três meses após a criação do Fundo Partidário, foi editado o AI-2[16], que decretou a cassação e extinção dos partidos políticos.

O AI-2, composto de 33 artigos, reafirmou os termos do AI-1 com emendas em dispositivos da Constituição, consagrou eleições indiretas para o Chefe de Estado, além de outras decisões ditatoriais, em um avanço à repressão.

O Ato Complementar n. 4, com regras para reorganização partidária, decretou o fim do pluripartidarismo e deu início à era do bipartidarismo, em que parlamentares se reagrupavam entre duas siglas, a do partido governista, a Aliança Renovadora Nacional (Arena), ou a do partido da oposição, o Movimento Democrático Brasileiro (MDB).

Fato relevante foi o aumento do número de representantes do MDB no Senado, na Câmara de Deputados e nas Assembleias, o que demonstrou a rejeição popular ao regime militar, com a derrota nas urnas.

Diante da situação desfavorável, o governo militar editou a Lei n. 5.681/71, a nova Lei Orgânica dos Partidos Políticos, que revogou a Lei n.

---

ra.leg.br/legin/fed/lei/1960-1969/lei-4740-15-julho-1965-368290-publicacaooriginal-1-pl.html. Acesso em: 26 maio 2022.

15. Humberto de Alencar Castelo Branco foi o 26º Presidente do Brasil e o primeiro da Ditadura Militar, um dos articuladores do Golpe Militar de 1964. No dia 11 de abril de 1964, numa eleição de candidato único, o Congresso Nacional o elege a Presidente da República, que assume em 15 de abril de 1964 e governa o País até 15 de março de 1967 (BRASIL. Câmara dos Deputados. 50 anos do Golpe de 1964. Disponível em: https://www2.camara.leg.br/atividade-legislativa/plenario/discursos/escrevendohistoria/destaque-de-materias/golpe-de-1964. Acesso em: 26 maio 2022).

16. BRASIL. Tribunal Superior Eleitoral. *Eleições no Brasil*: uma história de 500 anos. Ane Ferrari Ramos Cajado, Thiago Dornelles, Amanda Camylla Pereira. Brasília: Tribunal Superior Eleitoral, 2014. Disponível em: http://www.tse.jus.br/hotsites/catalogo-publicacoes/pdf/tse-eleicoes-no-brasil-uma-historia-de-500-anos-2014.pdf. Acesso em: 15 mar. 2019.

4.740/65, e, em 20 de dezembro de 1979, publicou a Lei n. 6.767 e revogou a Lei n. 5.681/71. O novo texto reformou a Lei de Organização dos Partidos Políticos e permitiu a existência de novos partidos.

Pode-se depreender da história política do país que o Fundo Partidário foi criado pela ditadura militar para suprir a necessidade de amparar, manter e perpetuar o regime militar. Durante 21 anos, esse regime governou o País com atos arbitrários e trouxe consequências desastrosas ao povo brasileiro.

Nessa ótica, há que se refletir sobre a existência do Fundo Partidário diante de fatos marcantes e de sequelas inquestionáveis, além de um custo elevadíssimo aos cidadãos em face de inúmeros cortes orçamentários nas pastas detentoras do cumprimento de direitos fundamentais. Será que o cidadão deseja continuar pagando essa conta? Será que ele pode pagar essa conta? O cenário atual diz que não há como o cidadão arcar com tanto descaso com o dinheiro público. Deve-se pensar na função premissa dos partidos políticos, a de assumir o poder com um programa de governo de acordo com a vontade, as necessidades e os anseios da população em defesa dos direitos fundamentais.

2. PARTIDOS POLÍTICOS E SUA NATUREZA JURÍDICA

Como bem preleciona José Afonso da Silva, partido político é

> uma forma de agremiação de um grupo social que se propõe a organizar, coordenar e instrumentar a vontade popular com o fim de assumir o poder para realizar seu programa de governo. No dizer de Pietro Virga: "são associações de pessoas com uma ideologia ou interesses comuns, que, mediante uma organização estável (*Partei-Apparati*), miram exercer influência sobre a determinação da orientação política do país"[17].

Segundo o conceito doutrinário, partido político é uma organização ou associação de pessoas com mesmo ideal político que objetiva formatar a vontade popular e, diante da assunção ao poder, colocar em prática seu programa de governo.

Para que possa ter ação partidária em caráter nacional e adquirir per-

17. SILVA, José Afonso da. *Curso de direito constitucional positivo*. 35. ed. São Paulo: Malheiros, 2012, p. 394.

sonalidade jurídica, o partido político deve observar o Código Civil, além de registrar seu estatuto no Tribunal Superior Eleitoral. Com seu estatuto e seu programa definidos e após atender às exigências legais, é livre para defender as ideias e os anseios populares em nível nacional.

A doutrina majoritária considera ser função partidária organizar a vontade popular e dar voz ao povo e aos seus candidatos, que, se eleitos, passarão a representar e a defender a população e aprovar ou desaprovar leis, respeitando sempre o anseio do cidadão.

Partido político vem definido no art. 1º da Lei n. 9.096/95: "O partido político, pessoa jurídica de direito privado, destina-se a assegurar, no interesse do regime democrático, a autenticidade do sistema representativo e a defender os direitos fundamentais definidos na Constituição Federal". Extrai-se desse dispositivo que partido político é pessoa jurídica de direito privado, e figura como associação civil constituída no interesse da democracia, na segurança da veracidade do sistema de representação e na proteção e defesa dos direitos fundamentais constitucionais.

Na doutrina de José Afonso da Silva[18], a declaração constitucional é clara quanto ao partido político ser pessoa jurídica de direito privado, que só adquire sua personalidade de acordo com o art. 17, § 2º, do Código Civil, associado ao registro do estatuto no Tribunal Superior Eleitoral (Lei n. 9.096/95, art. 7º, *caput*).

Em síntese, em sede de democracia, os partidos políticos têm a função primordial de defender os direitos fundamentais. Por serem entidades detentoras do monopólio do sistema eleitoral, são o meio entre o poder estatal e a representação popular. Declarada em normativo, a natureza jurídica é de direito privado, e sua importância é indiscutível para a sociedade democrática. Partido político é um grupo social que visa pontuar as necessidades coletivas, idealizar esses interesses e encaminhar as propostas aos seus membros legislativos para obter aprovação junto ao poder decisório em lançar projetos de lei.

Os partidos políticos, por serem pessoas jurídicas de direito privado, deveriam manter-se com recursos próprios; contudo, a legislação brasileira

---

18. SILVA, José Afonso da. *Curso de direito constitucional positivo*. 35. ed. São Paulo: Malheiros, 2012, p. 403.

destina recursos públicos aos partidos, verbas que são inclusas na dotação orçamentária.

Eles recebem isenções tributárias, como estabelece o art. 150, VI, *c*, da Constituição, além de acesso gratuito ao rádio e à televisão para propaganda eleitoral, nos termos do art. 17, § 3º, do texto constitucional. Deve-se considerar a isenção tributária outra modalidade indireta de financiamento dos partidos com recursos públicos, por ser sua composição pela não arrecadação de tributos ou pela compensação de tributos à União, os cofres públicos deixam milhões de reais. Em 2020, houve a renúncia fiscal no valor de R$ 538 milhões pela veiculação da propaganda eleitoral em emissoras de rádio e televisão.

Enfim, recursos públicos são destinados a partidos políticos, seja na modalidade direta ou indireta de financiamento. Em contrapartida, há cortes orçamentários em setores essenciais da sociedade, o que traz o risco de paralisação da máquina pública[19]. Por exemplo, foram vetados R$ 19,8 bilhões, entre cortes nas pastas da educação (R$ 2,7 bilhões), da saúde, da infraestrutura, entre outras. Nota-se, portanto, que o montante aprovado pelo Congresso ao Fundo Eleitoral de R$ 5,7 bilhões segue na contramão de sua finalidade precípua.

3. FINANCIAMENTO PARTIDÁRIO NO MUNDO

O Instituto Internacional para Democracia e para Assistência Eleitoral (Idea)[20] realizou pesquisa que demonstra como funciona o financiamento partidário em outros países; vejamos alguns dados importantes:

---

19. BRASIL. Senado Federal. Cortes orçamentários podem comprometer políticas públicas em 2021. *Agência Senado*, 26 abr. 2021. Disponível em: https://www12.senado.leg.br/noticias/materias/2021/04/26/cortes-orcamentarios-podem-comprometer-politicas-publicas-em-2021. Acesso em: 28 maio 2022.
20. FALGUERA, Elin; JONES, Samuel; OHMAN, Magnus (org.); BALLINGTON, Julie *et al*. (colab.). *Financiamento de partidos políticos e campanhas eleitorais*: um manual sobre financiamento político. Rio de Janeiro: FGV Editora (em parceria com International Idea), 2015. Disponível em: https://www.idea.int/sites/default/files/publications/funding-political-parties-and-election-campaigns-handbook-PT.pdf. *E-book* disponível em: https://editora.fgv.br/produto/financiamento-de-partidos-politicos-e-campanhas-eleitorais-um-manual-sobre-financiamento-politico-2836. Acesso em: 3 mar. 2019.

(i) dos 54 países africanos, mais de dois terços utilizam o financiamento público apenas com significado simbólico, pois as campanhas eleitorais são financiadas pelos candidatos e não pelos partidos, em sua grande maioria;

(ii) na Ásia, a comercialização da política gera laços entre interesses comerciais e o setor político, sendo baixa a dependência de financiamento público e essencial o controle por regulamentos no intuito de alcançar a transparência;

(iii) na América Latina, há problemas na aplicação dos regulamentos, com aumento dos gastos em campanhas eleitorais associado ao tráfico de drogas, em alguns países. Em outros países da região, verifica-se um aumento da dependência do financiamento público, combinada com a morosidade fiscal partidária;

(iv) no continente Europeu, formado pela Europa Ocidental, Central, Sudeste da Europa e Ásia Central, na maioria dos países, o financiamento político é regulamentado de forma específica em cada região. As regiões Norte, Oeste e Sul da Europa assistem a um aumento na dependência do financiamento público que ultrapassa o equilíbrio dos atores regionais.

Pela pesquisa do Idea, observa-se que não há consenso sobre o financiamento ser público ou privado.

A partir de pesquisas sobre o tema, do artigo de Ricardo Rodrigues[21], disponível na Biblioteca Digital do Senado, e de reportagens[22], foram obtidos os indicativos a seguir.

A revista *Carta Capital* apresenta uma análise objetiva sobre o financiamento público no mundo com base no material disponibilizado pelo Idea e traz informações sobre a situação de alguns países, comparada ao cenário

21. BRASIL. Senado Federal. *Revista de Informação Legislativa*, v. 49, n. 193, p. 31-47, jan./mar. 2012. Disponível em: http://www2.senado.leg.br/bdsf/handle/id/496556. Acesso em: 9 fev. 2019.

22. STRUCK, Jean-Philip. O financiamento público de campanhas pelo mundo. *Carta Capital*, 11 ago. 2017. Disponível em: https://www.cartacapital.com.br/politica/o-financiamento-publico-de-campanhas-pelo-mundo/. Acesso em: 17 mar. 2019.

brasileiro. Aponta que a Alemanha é um exemplo por não existir distinção entre fundo partidário e financiamento público de campanhas (em que partidos políticos possuem fontes diversas de recursos), o que faz com que esse país tenha um dos índices mais baixos de dependência de recursos públicos da Europa, além de favorecer a aproximação entre eleitores e partidos políticos.

O normativo germânico tem regras de limitação aos recursos provenientes do Estado, uma delas dispõe que os recursos públicos não podem ser superiores aos privados. Quanto à prestação de contas dos partidos, é similar ao normativo brasileiro, sendo devida a divulgação obrigatória e anual de gastos.

No México, existem dois tipos de financiamento: o fundo partidário e o fundo exclusivo de campanhas. Demonstra ser interessante a distribuição entre os partidos de no mínimo 30% iguais aos partidos, sendo o restante distribuído de acordo com os eleitos na Câmara Federal, e os novos partidos, criados após a realização do pleito, têm direito de receber 2% do total do fundo.

Contudo, os partidos mexicanos são dependentes quanto à realização de suas campanhas, havendo distribuição de percentuais distintos de acordo com o pleito. Existe também o direito de acesso gratuito ao rádio e à televisão, que funciona nos mesmos moldes do sistema brasileiro, ou seja, as emissoras recebem isenção ou compensação tributária.

O sistema de financiamento de campanha nos Estados Unidos é singular e se distingue-se dos outros por ter regras claras de financiamento público: quem optar por receber dos cofres públicos, terá seus gastos de campanha limitados a um teto e será proibido de arrecadar recursos privados.

A pesquisa do Idea aponta a existência de tipos parecidos de financiamento aos partidos políticos, que se diferem nas modalidades, nos critérios de distribuição dos recursos aos partidos e nas regras de controle de gastos pelos partidos[23].

Em tese, inexiste um modelo padrão aplicável a todos os países porque há situações políticas díspares e realidades diferentes. A pesquisa do Idea for-

23. BRASIL. Senado Federal. *Revista de Informação Legislativa*, v. 49, n. 193, p. 31-47, jan./mar. 2012. Disponível em: http://www2.senado.leg.br/bdsf/handle/id/496556. Acesso em: 9 fev. 2019.

nece dados para adequar o financiamento público à realidade social existente no Brasil.

Há um crescente movimento de saída do País por parte de brasileiros em razão do descontamento com o cenário político, a corrupção, os altos gastos com os partidos e campanhas eleitorais, a criação de leis em benefício do próprio legislador e a sensação de impunidade, o que evidencia a urgência da adoção de medidas coesas para melhorar a aplicação dos recursos públicos.

4. DISTRIBUIÇÃO DOS VALORES DO FUNDO PARTIDÁRIO

Na gestão de Dilma Rousseff, houve a sanção do orçamento de 2015 I (LOA – Lei n. 13.115/2015) sem veto à emenda adicionada pelo Congresso Nacional que aumentava em mais de 300% o Fundo Partidário. O valor destinado antes da LOA/2015 era de R$ 289 milhões; em 2015, passou para R$ 867,5 milhões.

Os recursos públicos que compõem a receita da União são provenientes dos impostos, das taxas e das contribuições de melhorias pagas pelos contribuintes e são destinados ao pagamento das despesas que devem compor a LOA. Nesse sentido, logo que permitiu o aumento de 300% para o Fundo Partidário, anunciou o corte orçamentário para equilibrar a balança orçamentária.

De acordo com o normativo, o Fundo Partidário se constitui dos recursos provenientes de multas e penalidades eleitorais, dos financeiros que lhe forem destinados por lei (eventual ou permanente), de doações de pessoa física e de dotações orçamentárias da União (LOA).

Destinar recursos públicos a partido político é vincular os representantes do povo ao orçamento, pois, por terem a função de votar ou modificar o orçamento público, podem alteram os valores da dotação orçamentária em benefício dos seus partidos e em detrimento da nação. Por isso, é imprescindível repensar e buscar alternativas de recursos que não sejam públicos para atender à organização partidária no País.

O recebimento pelos partidos políticos de multas e penalidades pecuniárias estabelecidas pelo Código Eleitoral e por leis correlatas é proveniente dos cidadãos em situação irregular com a Justiça Eleitoral e das aplicações de multas sobre propaganda irregular, sobre prestações de contas irregular, entre outras estabelecidas em lei. O valor de multas e penalidades eleitorais repassado em 2020 foi de R$ 117 milhões.

O valor arrecadado pelo Tribunal Superior Eleitoral com multas e penalidades pecuniárias deveriam ficar na própria instituição, que poderia revertê-lo em favor do próprio eleitor e reduzir a dotação orçamentária destinada à Justiça Eleitoral.

CONCLUSÃO

Existe uma preocupação dos países quanto à dependência dos partidos políticos ao financiamento público diante do "impacto negativo do dinheiro na política e na administração"[24]. O movimento crescente de corrupção, as evidências de uso de dinheiro do crime organizado e as doações irregulares são problemas da política democrática apontados como as principais ameaças ao sistema.

No cenário mundial, há descrença na política, nos políticos e no processo democrático. No Brasil, o descrédito na política e nos políticos é grande diante do aumento de denúncias e de situações irregulares contra políticos investigados. A sociedade paga seus tributos e se sente traída já que não tem suas necessidades atendidas, o que pode ser creditado aos cortes nos recursos públicos destinados aos programas sociais. Associam-se a tal descrédito os valores repassados ao Fundo Partidário, combinados com sua origem e finalidade.

O Fundo Partidário surgiu para subsidiar dois partidos políticos criados pelo regime militar. Com o fim da ditadura, deveriam ser extintos os atos militares e o Fundo Partidário.

A dotação orçamentária nas mãos do representante do povo eleva o

---

24. FALGUERA, Elin; JONES, Samuel; OHMAN, Magnus (ed.); BALLINGTON, Julie *et al.* (colab.). *Financiamento de partidos políticos e campanhas eleitorais*: um manual sobre financiamento político. Rio de Janeiro: FGV Editora (em parceria com International Idea), 2015. Disponível em: https://www.idea.int/sites/default/files/publications/funding-political-parties-and-election-campaigns-handbook-PT.pdf. E-book disponível em: https://editora.fgv.br/produto/financiamento-de-partidos-politicos-e-campanhas-eleitorais-um-manual-sobre-financiamento-politico-2836. Acesso em: 3 mar. 2019.

valor destinado ao financiamento dos partidos. Em 2015, houve um aumento na dotação orçamentária ao fundo partidário de 300% em detrimento da destinação dessa verba a outros segmentos primordiais, fato que se repete com a aprovação, pelo Senado, de aumento ao fundo de campanha no orçamento público para 2022.

As multas e penalidades pecuniárias da Justiça Eleitoral podem constituir o orçamento da Justiça Eleitoral, a exemplo dos Poderes que arrecadam e geram os recursos provenientes de suas taxas e multas. Logo, a arrecadação das multas e penalidades eleitorais é um recurso da Justiça Eleitoral.

Outro aspecto importante recai sobre a natureza jurídica dos partidos políticos. Por serem pessoas jurídicas de direito privado, devem gerir-se com recursos próprios, uma vez que os benefícios de isenção tributária aos partidos e o direito de acesso ao rádio e à televisão são suficientes para a manutenção de suas atividades, além de poderem obter financiamento privado. Assim, cessaria o aumento da dotação orçamentária em prol de seus partidos.

REFERÊNCIAS

BOLOGNESI, Bruno. Dentro do Estado, longe da sociedade: a distribuição do fundo partidário em 2016. Newsletter. *Observatório de Elites Políticas e Sociais do Brasil*, NUSP/UFPR, v. 3, n. 11, p. 1-15, jul. 2016.

BRASIL. Câmara dos Deputados. 50 anos do Golpe de 1964. Disponível em: https://www2.camara.leg.br/atividade-legislativa/plenario/discursos/escrevendohistoria/destaque-de-materias/golpe-de-1964. Acesso em: 26 maio 2022.

BRASIL. *Constituição da República Federativa do Brasil de 1988*. Disponível em: http://www.planalto.gov.br/ccivil_03/constituicao/constituicao.htm. Acesso em: 25 jan. 2019.

BRASIL. Senado Federal. Cortes orçamentários podem comprometer políticas públicas em 2021. *Agência Senado*, 26 abr. 2021. Disponível em: https://www12.senado.leg.br/noticias/materias/2021/04/26/cortes-orcamentarios-podem-comprometer-politicas-publicas-em-2021.

BRASIL. Senado Federal. *Revista de Informação Legislativa*, v. 49, n. 193, p. 31-47, jan./mar. 2012. Disponível em: http://www2.senado.leg.br/bdsf/handle/id/496556. Acesso em: 9 fev. 2019.

BRASIL. Tribunal Superior Eleitoral. *Eleições no Brasil*: uma história de 500 anos. Ane Ferrari Ramos Cajado, Thiago Dornelles, Amanda Camylla Pereira. Brasília: Tribunal Superior Eleitoral, 2014. Disponível em: http://www.tse.jus.br/hotsites/catalogo-publicacoes/pdf/tse-eleicoes-no-brasil-uma-historia-de-500-anos-2014.pdf. Acesso em: 15 mar. 2019.

DI CICCO, Cláudio; GONZAGA, Alvaro de Azevedo. *Teoria geral do Estado e ciência política*. 4. ed. São Paulo: Revista dos Tribunais, 2012.

FALGUERA, Elin; JONES, Samuel; OHMAN, Magnus (org.); BALLINGTON, Julie *et al.* (colab.). *Financiamento de partidos políticos e campanhas eleitorais*: um manual sobre financiamento político. Rio de Janeiro: FGV Editora (em parceria com International Idea), 2015. Disponível em: https://www.idea.int/sites/default/files/publications/funding-political-parties-and-election-campaigns-handbook-PT.pdf. E-book disponível em: https://editora.fgv.br/produto/financiamento-de-partidos-politicos-e-campanhas-eleitorais-um-manual-sobre-financiamento-politico-2836. Acesso em: 3 mar. 2019.

FERREIRA, Manoel Rodrigues. *A evolução do sistema eleitoral brasileiro*. Brasília: Senado Federal, Conselho Editorial, 2001. Coleção biblioteca básica brasileira.

FERREIRA, Manoel Rodrigues. *A evolução do sistema eleitoral brasileiro*. Brasília: Tribunal Superior Eleitoral, Secretaria de Documentação e Informação, 2005. p. 27-46. Disponível em: https://bibliotecadigital.tse.jus.br/xmlui/bitstream/handle/bdtse/769/2005_ferreira_evolucao_sistema_eleitoral.pdf?sequence=1&isAllowed=y. Acesso em: 26 maio 2022.

FUNDAÇÃO GETULIO VARGAS. Verbete Atos Institucionais. *FGV CPDOC*. Disponível em: http://www.fgv.br/CPDOC/BUSCA/dicionarios/verbete-tematico/atos-institucionais. Acesso em: 26 maio 2022.

LENZA, Pedro. *Direito constitucional esquematizado*. 11. ed. São Paulo: Método, 2007.

PUCCINELI JÚNIOR, André. *Curso de direito constitucional*. 2. ed. São Paulo: Saraiva, 2013.

SILVA, José Afonso da. *Curso de direito constitucional positivo*. 35. ed. São Paulo: Malheiros, 2012.

STRUCK, Jean-Philip. O financiamento público de campanhas pelo mundo. *Carta Capital*, 11 ago. 2017. Disponível em: https://www.cartacapital.com.br/politica/o-financiamento-publico-de-campanhas-pelo-mundo/. Acesso em: 17 mar. 2019.

VIEIRA, Reginaldo de Souza. *Partidos políticos brasileiros*: das origens ao princípio da autonomia político-partidária. Dissertação (Mestrado) – Universidade Federal de Santa Catarina, Florianópolis, 2002. Disponível em: https://repositorio.ufsc.br/xmlui/bitstream/handle/123456789/84007/188871.pdf?sequence=1&isAllowed=y. Acesso em: 26 maio 2022.

Democracia participativa no Brasil do século XXI

Mônica de Faria Franco[1]

1. CONSIDERAÇÕES INTRODUTÓRIAS

Uma das características da democracia é estar em constante transformação; não há que se falar em democracia pronta e acabada.

Uma das grandes conquistas da humanidade no século passado foi o sufrágio universal (e no Brasil nós temos um dos mais amplos do mundo); porém, para o desenvolvimento crescente da democracia outras conquistas se fazem necessárias. Qual o caminho a seguir? Ampliar ainda mais o rol daqueles que podem votar?

Talvez a resposta esteja na ampliação do rol dos que podem votar, porém partindo para uma perspectiva mais social, mais próxima e concreta dos anseios dos cidadãos, através da democracia participativa.

Democracia participativa entendida como participação direta e pessoal da cidadania (e não através de representantes) na formação dos atos do

1. Formada em Direito pela Pontifícia Universidade Católica de São Paulo. Pós-graduada com especialização em Direito Eleitoral e Processual Eleitoral pela Escola Judiciária Eleitoral Paulista. Formada em Psicologia pela Universidade de São Paulo. Professora universitária. Servidora pública federal do Tribunal Regional Eleitoral de São Paulo.

governo e no controle das atividades daqueles que estão no exercício do poder político.

Nesse sentido, é possível ampliar a participação de qualquer cidadão (no significado amplo do termo e não apenas os eleitores) para exercer a cidadania em diversas situações?

Bobbio assevera que:

> Hoje, se se deseja apontar um indicador do desenvolvimento democrático, este não pode mais ser o número de pessoas que têm o direito de votar, mas o número de locais, diferentes dos locais políticos, nos quais se exerce o direito de voto; sintética, mas eficazmente: para dar um juízo sobre o Estado da democratização num dado país, o critério não deve mais ser o de "quem" vota, mas o de "onde" se vota (e fique claro que aqui entendo o "votar" como o ato típico e mais comum do participar, mas não pretendo de forma alguma limitar a participação ao voto)[2].

Isso significa que, de fato, a tendência mundial é que cada vez mais a democracia siga caminhando para uma democracia participativa, pois, como se sabe, a política influi diretamente na sociedade civil e é diretamente influenciada por ela.

A Constituição brasileira de 1988 é bastante avançada nesse sentido e traz diversos mecanismos de participação direta do povo no processo político decisório e no controle do poder político; porém, os institutos da democracia participativa no Brasil ainda não são muito utilizados pelos cidadãos, como se verá no decorrer deste artigo.

São exemplos de mecanismos de democracia participativa previstos na Constituição federal:

a) Art. 10: prevê que trabalhadores e empregados podem participar nos órgãos colegiados dos órgãos públicos em que seus interesses profissionais ou previdenciários sejam objeto de discussão e deliberação.

b) Art. 14: estipula as formas de exercício direto da soberania popular elencando o plebiscito, o referendo e a iniciativa popular.

---

2. BOBBIO, Norberto. *O futuro da democracia*. 10. ed. São Paulo: Paz e Terra, 2006, p. 68.

c) Art. 18, § 3º: estabelece que os Estados podem incorporar-se entre si, subdividir-se ou desmembrar-se para se anexarem a outros, ou formarem novos Estados ou Territórios Federais, mediante aprovação da população diretamente interessada, através de plebiscito, e do Congresso Nacional, por lei complementar.

d) Art. 29: dispõe sobre a organização e a atuação do Município na ordem política brasileira e arrola alguns preceitos que deveram ser observados e entre os quais consta a cooperação entre as associações representativas no planejamento municipal (inciso XII).

e) Art. 31, § 3º: estipula que as contas dos Municípios ficarão, anualmente, durante 60 dias, à disposição de qualquer contribuinte, para exame e apreciação, o qual poderá questionar-lhes a legitimidade, nos termos da lei.

f) Art. 37, § 3º: prescreve que lei disciplinará as formas de participação do usuário na administração pública direta e indireta, regulando especialmente: as reclamações relativas à prestação dos serviços públicos em geral (inciso I); o acesso dos usuários a registros administrativos e a informações sobre atos de governo (inciso II) e a representação contra o exercício negligente ou abusivo de cargo, emprego ou função na administração pública.

g) Art. 74, § 2º: estabelece que qualquer cidadão, partido político, associação ou sindicato é parte legítima para, na forma da lei, denunciar irregularidades ou ilegalidades perante o Tribunal de Contas da União.

h) Art. 194, VII: dispõe que a Seguridade Social será organizada levando-se em consideração o caráter democrático e descentralizado da administração, mediante gestão quadripartite, com participação dos trabalhadores, dos empregados, dos aposentados e do Governo nos órgãos colegiados.

i) Art. 198: prescreve que as ações e serviços públicos de saúde integram uma rede regionalizada e hierarquizada e constituem um sistema único, organizado de acordo com algumas diretrizes, entre as quais consta a participação da comunidade (inciso III).

j) Art. 204: estipula que as ações governamentais na área da assistência social serão realizadas com recursos do orçamento da seguridade social, além de outras fontes, e organizadas com base em algumas diretrizes, entre as quais a participação da população, por meio de organizações representativas, na formulação das políticas e no controle das ações em todos os níveis (inciso II).

k) Art. 205: estabelece que a educação, que é direito de todos, será promovida e incentivada com a colaboração da sociedade.

l) Art. 216, § 1º: dispõe que o Poder Público, com a colaboração da comunidade, promoverá e protegerá o patrimônio cultural brasileiro.

m) Art. 227, § 1º: assegura que o Estado promoverá programas de assistência integral à saúde da criança e do adolescente e do jovem, admitida a participação de entidades não governamentais.

Vários são os artigos que dispõem sobre mecanismos de participação popular na Constituição brasileira, o que demonstra que o caminho a ser seguido é, de fato, o da democracia participativa. Como ensina Miguel Reale Júnior: "Estado e Comunidade devem ser o binômio básico, pois só pela interação da ambos na formulação e consecução de políticas sociais construir-se-á a cidadania"[3].

2. PARTICIPAÇÃO NO PROCESSO POLÍTICO DECISÓRIO

O processo político decisório é entendido como processo que abrange institutos em que há realização de parte da função estatal, por exemplo: função legiferante e função jurisdicional do Estado. No primeiro caso, o povo participa na elaboração de políticas públicas (optando por determinadas orientações políticas, aprovando leis ou atos normativos ou apresentando projetos de leis para discussão nas Casas Legislativas), e no segundo, julgando determinados crimes (crimes contra a vida, consumados ou tentados, e seus conexos).

A participação popular no processo político decisório se dá, na maioria dos casos, através dos mecanismos de democracia semidireta – plebiscito, referendo e iniciativa popular.

3. REALE JUNIOR, Miguel. Democracia e cidadania no Brasil. *Revista Brasileira de Ciências Criminais*, São Paulo, v. 10, n. 37, p. 137-151, jan./mar. 2002, p. 150.

O plebiscito é um instituto que tem suas raízes na Roma antiga. Trata-se de uma consulta prévia à população sobre determinada questão de interesse coletivo de natureza constitucional, legislativa ou administrativa. No Brasil o plebiscito pode versar sobre atos legislativos e administrativos – é o mecanismo de democracia participativa que é mais criticado pelos doutrinadores, isso em decorrência da sua má utilização no passado.

A Constituição Federal de 1988 contém cinco dispositivos sobre o plebiscito:

a) Art. 14, I, que prevê o plebiscito como instrumento da soberania popular.
b) Art. 18, § 3º, que dispõe sobre a incorporação, a subdivisão e o desmembramento dos Estados para anexação ou formação de novos Estados Membros ou Territórios Federais mediante aprovação da população interessada através de plebiscito e do Congresso Nacional na elaboração de lei complementar.
c) Art. 18, § 4º, que dispõe sobre a criação, a incorporação, a fusão e o desmembramento dos Municípios.
d) Art. 49, XV, que estabelece que é competência do Congresso Nacional convocar plebiscito.
e) Art. 2º das Disposições Constitucionais Transitórias, que previa a realização de plebiscito sobre forma e sistema de governo para o dia 07/09/1993.

Como observam os doutrinadores, para que o plebiscito tenha sucesso em cada caso é imprescindível que exista um amplo processo de informação ao povo.

Como visto, a Constituição brasileira estabelece que é de competência do Congresso Nacional a convocação para plebiscito nacional, e a Lei n. 9.709 de 1998 não prevê a convocação de plebiscito pelo povo; porém, em homenagem ao princípio da soberania popular, seria adequado que o povo também pudesse convocar plebiscito nacional.

Já o referendo é um complemento para o aperfeiçoamento da democracia; está previsto na Lei n. 9.709 de 1998, que versa sobre sua regulamentação nacional; e também no art. 14, II, da Constituição.

Conforme os ensinamentos de José Afonso da Silva: “o referendo se revela como instrumento de participação do povo, no processo de formação de normas jurídicas, tal como a iniciativa popular, com a diferença de que esta dá início ao processo legislativo, enquanto aquele o encerra"[4].

O referendo é convocado por decreto legislativo, pelo Congresso Nacional; o povo é consultado para confirmar ou recusar a formação de ato já praticado pelo legislador; a aprovação se dá por maioria simples de acordo com o resultado homologado pelo Tribunal Superior Eleitoral.

Não há previsão legal de convocação de referendo por parte do povo; portanto, levando-se em conta o princípio da soberania popular, seria importante para aperfeiçoamento da democracia que o povo também pudesse convocar referendos nacionais.

A iniciativa popular é um fenômeno do mundo contemporâneo que confere a certo número de eleitores o direito de participar do processo legislativo. A Constituição Federal brasileira só admite a iniciativa popular para a propositura de projetos de leis ordinária ou complementar, mas em diversas Constituições Estaduais a propositura de emenda à constituição é prevista; são exemplos, entre outras, as Constituições paulista, gaúcha e baiana.

Não existe, atualmente, a possibilidade de recurso ao Legislativo para os casos de rejeição de projeto de iniciativa popular nas Casas Legislativas[5]. Mais uma vez, em homenagem ao princípio da soberania popular, seria importante que houvesse essa possibilidade.

A iniciativa popular foi concebida pela primeira vez em 1898 nos Estados Unidos da América, no Estado de South Dakota; sendo, porém, o Estado de Oregon o primeiro Estado a fazer uso dessa técnica em 1904[6]. No Brasil, a iniciativa popular está prevista na Constituição e regulamentada pela Lei n. 9.709 de 1998.

A Constituição brasileira traz em diversos de seus artigos referência sobre a iniciativa popular:

---

4. SILVA, José Afonso da. O sistema representativo, democracia semidireta e democracia participativa. *Revista do Advogado*, AASP, São Paulo, v. 23, n. 73, p. 94-108, nov. 2003, p. 100.
5. DALLARI, Dalmo de Abreu. *Elementos de teoria geral do Estado*. 30. ed. São Paulo: Saraiva, 2011, p. 155.
6. BONAVIDES, Paulo. *Ciência política*. 21. ed. São Paulo: Malheiros, 2014, p. 313.

a) O art. 14, III, designa a iniciativa popular como um instrumento da soberania popular.

b) O art. 61, § 2º, prescreve que: "A iniciativa popular pode ser exercida pela apresentação à Câmara dos Deputados de projeto de lei subscrito por, no mínimo, um por cento do eleitorado nacional, distribuído pelo menos por cinco Estados, com não menos de três décimos por cento dos eleitores de cada um deles".

c) O art. 27, § 4º, comanda que: "A lei disporá sobre a iniciativa popular no processo legislativo estadual".

A Lei n. 9.709 de 1998 dispõe nos seus arts. 13 e 14 sobre a iniciativa popular:

a) O art. 13, § 1º, prescreve que: " projeto de lei de iniciativa popular deverá circunscrever-se a um só assunto".

b) O art. 13, § 2º, preceitua que: "O projeto de lei de iniciativa popular não poderá ser rejeitado por vício de forma, cabendo à Câmara dos Deputados, por seu órgão competente, providenciar a correção de eventuais impropriedades de técnica legislativa ou de redação".

c) O art. 14 assinala que: "A Câmara dos Deputados, verificando o cumprimento das exigências estabelecidas no art. 13 e respectivos parágrafos, dará seguimento à iniciativa popular, consoante as normas do Regimento Interno".

Segundo assinala José Afonso da Silva: "a iniciativa legislativa popular desempenha papel importante na correção das deficiências da democracia representativa, porque é um mecanismo que constrange as autoridades a levar em conta demandas populares"[7].

Cumpre observar que o número elevado de assinaturas, 1% do eleitorado nacional (portanto: 1% de 142.822.046 eleitores referente ao eleitorado brasileiro de 2014)[8], o que, atualmente, significa mais de um milhão

---

7. SILVA, José Afonso da. O sistema representativo, democracia semidireta e democracia participativa. *Revista do Advogado*, AASP, São Paulo, v. 23, n. 73, p. 94-108, nov. 2003, p. 110.

8. Dados do Tribunal Superior Eleitoral. Disponível em: http://www.tse.jus.br/eleicoes/estatisticas/estatisticas-eleitorais-2014-eleitorado.html. Acesso em: 27 out. 2014.

e quatrocentas assinaturas, diminui consideravelmente as chances de sucesso de apresentação de um projeto de lei através do instrumento da iniciativa popular.

Há os que defendem o número elevado de assinaturas para não torná-la um instrumento de interesses particulares ou então para não gerar uma multiplicação descontrolada de propostas, o que acarretaria gastos inúteis para o erário público.

É certo que a iniciativa popular não pode ser banalizada, mas, para torná-la realizável, também por parte de pequenos grupos, a coleta das assinaturas poderia ser feita com subscrição eletrônica.

Mesmos com todas as dificuldades elencadas, quatro projetos de lei de iniciativa popular já foram aprovados e transformados em lei:

a) Lei n. 8.930 de 1994 – com a classificação dos crimes hediondos (o que motivou essa iniciativa popular foi o assassinato de forma cruel e por motivo banal de uma atriz conhecida do público, houve forte presença da mídia nesse caso).
b) Lei n. 9.840 de 1999 – proíbe a compra de voto e o uso eleitoral da máquina administrativa (foi impulsionada pela Conferência Nacional dos Bispos do Brasil – CNBB, com ajuda da mídia e grande pressão popular).
c) Norma legal – criou o Fundo Nacional de Habitação de Interesse Social em 2005 (foi motivada por pressão de movimentos populares de moradia, sua aprovação demorou quase dez anos).
d) Lei Complementar n. 135 de 2010 – Lei da Ficha Limpa (teve a participação de diversas organizações da sociedade civil e grande mobilização da sociedade).

O processo da iniciativa popular é complexo e demorado: inicia-se com a elaboração de um texto de lei, passa pelas várias fases de campanha, coleta de assinaturas e controle de constitucionalidade.

Para solucionar esse problema, poderia ser dado caráter de urgência aos projetos de lei pela iniciativa popular, uma vez que se trata de manifestação direta da soberania popular implicando relevância e urgência; dessa maneira, os prazos seriam os mesmos do art. 64 da Constituição Federal.

O júri popular pode ser entendido como mecanismo de democracia participativa porque é uma forma de participação direta do povo na função estatal de julgar no primeiro grau de jurisdição no tocante aos crimes contra a vida.

O júri popular no Brasil foi consignado pela primeira vez na Constituição do Império de 1824, e foi instituído, nessa época, com competência civil e criminal. Na Constituição brasileira de 1988, o júri popular se encontra inserido no capítulo dedicado aos direitos e garantias fundamentais, sendo sua competência voltada para os crimes dolosos contra a vida.

Nossa Constituição estabelece a soberania dos veredictos do júri (art. 5º, XXXVIII, *c*), que significa que, se os jurados absolverem o réu, não será possível, por recurso da acusação, condená-lo e vice-versa. Porém, cumpre observar que o veredicto poderá ser anulado nos casos em que for proferido de forma arbitrária, absolutamente distorcida de prova.

O júri popular também está regulamentado pelo Código de Processo Penal nos arts. 406 a 497. Conforme prescreve o art. 447 do Código de Processo Penal: "O Tribunal do Júri é composto por 1 (um) juiz togado, seu presidente e por 25 (vinte e cinco) jurados que serão sorteados dentre os alistados, 7 (sete) dos quais constituirão o Conselho de Sentença de cada sessão de julgamento". Os jurados são escolhidos dentre pessoas comuns do povo[9].

Segundo ensinam Antonio Carlos Da Ponte e Pedro Henrique Demercian: para que os jurados possam julgar de acordo com sua consciência, sem medos ou constrangimentos, a Constituição Federal assegurou-lhes o sigilo nas votações e a lei ordinária impôs a incomunicabilidade[10].

As medidas do sigilo e da incomunicabilidade produzem efeito; mas, talvez, não o quanto esperado. Nos grandes centros, onde as pessoas não se conhecem, essas medidas devem bastar para que, de fato, o jurado atue com tranquilidade e serenidade no seu julgamento; porém, nos locais menores,

---

9. Essa escolha se dá através de nomes enviados ao juiz de direito de primeiro grau de jurisdição em resposta à sua requisição para associações de classes, sindicatos, órgãos públicos; enfim, diversos setores da comunidade local. Os requisitos exigidos para o exercício da função de jurado estão assinalados no art. 436 do Código de Processo Penal; são eles: ser cidadão maior de 18 anos de notória idoneidade.
10. DA PONTE, Antonio Carlos; DEMERCIAN, Pedro Henrique. *Teoria e prática do júri*. São Paulo: CPC, 2005, p. 17.

onde todo mundo conhece todo mundo, talvez não sejam suficientes para proporcionar a completa isenção que o jurado deve ter para a real formação de seu convencimento.

De todo modo, o instituto do júri popular implica sim participação do povo na jurisdição, não se trata de um papel coadjuvante. Prova disso é a soberania dos veredictos, que é uma das características essenciais do Tribunal do Júri.

3. PARTICIPAÇÃO NO CONTROLE DO EXERCÍCIO DO PODER POLÍTICO

O controle do exercício do poder político é entendido como processo em que o povo participa no controle e na fiscalização dos atos dos governantes, das autoridades públicas, dos agentes delegados ou de qualquer pessoa que venha a causar prejuízos aos interesses públicos. Dessa forma, o povo participa através de ação popular; de consultas e de audiências públicas; e de controle dos serviços públicos.

A origem das ações populares desponta na antiguidade do Direito romano; no entanto, houve o seu desaparecimento na Idade Média e o seu ressurgimento no Constitucionalismo, por força das Revoluções Francesa e Americana.

Como a etimologia da expressão indica, ação popular é uma ação que pode ser pleiteada por qualquer do povo. Significa, conforme ensinamento de José Afonso da Silva: "atribuir-se ao povo, ou a parcela dele, legitimidade para pleitear, por qualquer de seus membros, a tutela jurisdicional de interesse que não lhe pertence, *ut singuli*, mas à coletividade"[11].

A ação popular teve sua primeira previsão expressa no direito brasileiro nas Ordenações Manuelinas. As Constituições brasileiras de 1934, 1946 e mesmo a Constituição de 1967 (promulgada durante o governo militar) previram a ação popular. A Constituição do Estado Novo de 1937 foi a única a não fazer menção a esse instituto, pois, devido ao regime ditatorial da época, houve a supressão de direitos políticos.

---

11. SILVA, José Afonso da. *Curso de direito constitucional positivo*. 11. ed. São Paulo: Malheiros, 1996, p. 439.

A ação popular, atualmente, está prevista na legislação infraconstitucional – Lei n. 4.717 de 1965; e também na Constituição Federal na parte dos direitos e garantias fundamentais.

O art. 5º, LXXIII, assim dispõe:

> qualquer cidadão é parte legítima para propor ação popular que vise a anular ato lesivo ao patrimônio público ou de entidade de que o Estado participe, à moralidade administrativa, ao meio ambiente e ao patrimônio histórico e cultural, ficando o autor, salvo comprovada má-fé, isento de custas judiciais e do ônus da sucumbência.

Trata-se, portanto, de importante mecanismo de democracia participativa; em que qualquer cidadão provoca o Judiciário para que seja anulado ou invalidado ato praticado pelo governante que seja contrário aos interesses públicos.

No entanto, duas questões precisam ser respondidas:

1º quem é "qualquer cidadão", que a abrangência quis dar o legislador da Constituição cidadã a essa expressão; ou melhor, que abrangência podemos entender que tem essa expressão dada a época de globalização em que vivemos atualmente?

2º quem são os destinatários do patrimônio público, da moralidade administrativa, do meio ambiente e do patrimônio histórico e cultural?

A resposta à primeira questão, segundo a maioria da doutrina, é que estão impedidos de promover a ação popular os menores de 16 anos, os incapazes, as pessoas jurídicas e os que não estejam em pleno gozo dos direitos políticos, mesmo que temporariamente, ou seja: "qualquer cidadão" é o cidadão eleitor, em pleno gozo dos direitos políticos.

A jurisprudência, no entanto, vem admitindo a ampliação dos legitimados para propor a ação popular, com fundamento no *caput* do próprio art. 5º, que assegura que "não haverá distinção entre brasileiros e estrangeiros residentes no país"; além do mais, é inquestionável que o estrangeiro possa impetrar *habeas corpus*, e o *habeas corpus* não deixa de ser uma espécie de ação popular, é utilizado para conter os atos de autoridade praticados de forma ilegal ou abusiva contra a liberdade de qualquer pessoa[12].

---

12. Conforme recente acórdão da Câmara Reservada ao Meio Ambiente do Tribunal

A resposta à segunda pergunta depende do objeto em questão, por exemplo: o patrimônio histórico e cultural brasileiro a quem pertence? Será que pertence somente aos brasileiros? Há várias cidades brasileiras consideradas patrimônio histórico da humanidade (por exemplo: Parati – RJ); o Cristo Redentor é considerado uma das sete maravilhas modernas; e se pensarmos no sentido oposto: o Coliseu é um patrimônio histórico-cultural só dos romanos, ou só dos italianos?

E quem são os beneficiados por um meio ambiente equilibrado? Só os vizinhos de uma determinada área a ser considerada? Os acidentes em usinas atômicas, de mineração etc. demonstraram que não; aliás, o meio ambiente envolve questões mais amplas, extrapola as questões de espaço físico e atingem o espaço temporal (gerações futuras, gente que ainda não nasceu, são grandes interessadas na preservação do meio ambiente).

Tendo em vista o exposto acima, será viável entender que o legitimado ativo para propositura da ação popular seja apenas o cidadão eleitor, e ainda o cidadão eleitor em pleno gozo de seus direitos políticos?

Talvez, o mais adequado seja interpretar de uma maneira mais extensiva quem são os legitimados para a propositura da ação popular, principalmente no tocante às ações envolvendo o meio ambiente, como têm sido os recentes entendimentos da jurisprudência.

Já as consultas e audiências públicas são muito utilizadas nos Estados Unidos da América, onde os cidadãos comparecem às audiências públicas para discutir as leis orçamentárias.

No Brasil, o art. 58, § 2º, II, da Constituição Federal estabelece o dever das Comissões criadas pelo Congresso Nacional de realizar audiências públicas com a sociedade civil. Assim, conforme observa Daniela Romanelli da Silva: "De posse dessas informações, a comissão poderá legislar de modo mais harmonioso com os interesses dos destinatários das normas que elaboram"[13].

---

de Justiça de São Paulo, a proteção do meio ambiente corresponde à proteção de interesses difusos e coletivos que não se limitam aos brasileiros – TJSP – Ap. 9215624-79.2005.8.26.0000 – Câmara Reservada ao Meio Ambiente – Rel. Des. Antonio Celso Aguilar Cortes – Jaboticabal – j. 25/08/2011.

13. SILVA, Daniela Romanelli da. *Democracia e direitos políticos*. Campinas: Impressão Digital do Brasil, 2005, p. 291.

Há diversas legislações infraconstitucionais que tratam sobre o assunto: Lei n. 9.784, de 1999, que prevê consultas e audiências públicas nos processos administrativos; a Lei n. 8.666, de 1993, estabelece o procedimento de audiências públicas sempre que o valor estipulado para uma licitação, ou conjunto de licitações simultâneas e sucessivas, for superior a cem vezes o limite previsto para a modalidade "concorrência pública".

Como escreve Ávila, na área ambiental há previsões de audiências públicas quando o órgão de meio ambiente julgar necessário, ou quando for solicitado por entidade civil, pelo Ministério Público, ou por 50 ou mais cidadãos, a fim de dirimir dúvidas, recolher críticas e sugestões sobre o relatório de impacto ambiental[14].

As Agências Reguladoras também apresentam diversas previsões de realizações de consultas e audiências públicas.

No entanto, embora exista ampla legislação sobre consultas e audiências públicas, e qualquer um do povo possa participar, não sendo exigida a condição de eleitor, ou de pleno gozo dos direitos políticos, a participação do povo ainda é pequena, talvez porque em muitas dessas audiências seja muito explorado assuntos de natureza exclusivamente técnica.

De qualquer modo, cumpre registrar a participação com sucesso de grupos e associações nas audiências públicas, principalmente naquelas realizadas pelas casas legislativas e pelos diversos órgãos jurisdicionais, incluindo o Supremo Tribunal Federal, para auxiliar no enfrentamento de causas de ampla complexidade, como, por exemplo, a questão do uso das células-tronco embrionárias para fins de pesquisa científica.

Quanto ao controle dos serviços públicos, o art. 37, § 3º, da Constituição brasileira dispõe que lei disciplinará as formas participação do usuário na administração pública direta e indireta, regulando as reclamações relativas à prestação dos serviços públicos em geral, bem como o acesso dos usuários a registros administrativos e a informações sobre os atos do governo, observado o disposto no art. 5º, X e XXXIII.

---

14. ÁVILA, Caio Márcio de Brito. *Mecanismos de democracia participativa no direito brasileiro*. Dissertação de Mestrado. São Paulo: Faculdade de Direito da Universidade de São Paulo, 2002, p. 139.

Como se vê, a regra constitucional fala em "usuário", portanto implica aquele que usa, que consome os serviços públicos, e não apenas o cidadão eleitor.

Diversas normas infraconstitucionais tratam do assunto; por exemplo: a Lei Federal de Concessões – Lei n. 8.987, de 1995, que traz diversos dispositivos a respeito: o art. 22 assegura a qualquer pessoa a obtenção de certidão sobre atos, contratos, decisões ou pareceres relativos à licitação ou às próprias concessões, e o art. 29, XII, incumbe ao poder concedente estimular a formação de associações de usuários para a defesa de interesses relativos ao serviço.

Várias Agências Reguladoras criaram ouvidorias e com a Lei de Acesso às Informações Públicas – Lei n. 12.527, de 2011, asseguraram-se maior transparência e visibilidade à atuação dos órgãos públicos.

As leis que regulam o tema são importantes, as tecnologias de acesso à informação como a internet também facilitam a vida do cidadão, mas essa prática de controle dos serviços públicos não é muito utilizada pelas pessoas em geral; o que implica que se faz necessário maior investimento em educação para o povo começar a se envolver mais com esse mecanismo de democracia participativa.

4. MECANISMOS MISTOS

Os mecanismos mistos tratam de institutos que apresentam as duas características de participação popular: processo político decisório e controle do exercício do poder político. São exemplos o orçamento participativo e os conselhos de participação popular.

As primeiras experiências de orçamento participativo no Brasil ocorreram na década de 80 nos Municípios de Lajes – SC e Piracicaba – SP. Posteriormente foi implementado em Porto Alegre, que se tornou referência nacional e internacional na prática de orçamento participativo.

O orçamento participativo está intrinsecamente ligado à ideia de participação do povo tanto na elaboração quanto no cumprimento do orçamento público.

Esse mecanismo de democracia participativa tende a funcionar melhor nos governos locais. A ideia é que a população local possa decidir onde serão aplicados os investimentos, com a definição das prioridades e com o acompanhamento da execução das decisões tomadas.

O orçamento participativo é um mecanismo complexo envolvendo a participação da população, do Executivo local e até do Legislativo local.

Como se vê, é um mecanismo de decisão e gestão da coisa pública e também de controle de poder. Conforme destaca Ávila, para que o instrumento de participação orçamentária seja bem-sucedido, é necessário que não seja somente consultivo; precisa ser discutido em sua totalidade, abrangendo todos os seus aspectos, projetos, investimentos e gastos[15].

Por se tratar de um mecanismo complexo, há necessidade de envolvimento da população (tanto na participação da elaboração do orçamento, quanto no acompanhamento e fiscalização da execução do que ficou decidido) e também de vontade política para que todos possam obter bons resultados com o instrumento do orçamento participativo.

Já os conselhos de participação popular são órgãos representativos de interesses de determinados setores da sociedade. A participação nesses conselhos não é ampla e irrestrita, é necessário que os seus integrantes desempenhem algum papel proeminente na sociedade civil que os qualifique a integrar o conselho.

A Constituição brasileira contém diversos dispositivos acerca da participação da comunidade, tais como:

a) Art. 194, VII, que dispõe que o Poder Público organizará a Seguridade Social com base no caráter democrático e descentralizado da administração, mediante gestão quadripartite, com participação dos trabalhadores, dos empregados, dos aposentados e do governo nos órgãos colegiados.
b) Art. 198, III, que estabelece que as ações e serviços públicos de saúde integram uma rede regionalizada e hierarquizada, constituindo um sistema único de saúde, organizado de acordo com a participação da comunidade.
c) Art. 204, II, que prevê que as ações governamentais na área de assistência social serão realizadas com recursos da Seguridade Social

15. ÁVILA, Caio Márcio de Brito. *Mecanismos de democracia participativa no direito brasileiro*. Dissertação de Mestrado. São Paulo: Faculdade de Direito da Universidade de São Paulo, 2002, p. 151.

e organizadas com a organização da população, por meio de organizações participativas, na formulação de políticas públicas e no controle das ações em todos os níveis.

d) Art. 206, VI, que prescreve que o ensino será ministrado com base na gestão democrática.

Tomando como ícone o âmbito da saúde, as Leis n. 8.080 e 8.142, ambas de 1990, estabelecem que a participação da comunidade ocorrerá em todos os níveis da Federação e que os conselhos serão compostos por representantes do governo, representantes dos prestadores dos serviços, por profissionais da saúde e usuários.

Esses conselhos devem atuar na formação de estratégias e no controle da execução da política de saúde.

As decisões desses conselhos precisam ser homologadas pelo chefe do poder executivo de cada esfera do governo; portanto, há casos de decisões não homologadas, mas sempre será necessário motivo fundado para as não homologações.

Os conselhos conferem maior força à democracia, mas uma crítica que pode ser feita é a de que não se destinam a uma participação igual a todos aqueles que, eventualmente, poderiam querer participar das deliberações dos conselhos.

5. CRIAÇÃO E AMPLIAÇÃO DE MECANISMOS DE DEMOCRACIA PARTICIPATIVA

É evidente que, com a evolução dos tempos, novas necessidades políticas, socioeconômicas e culturais surgirão, e a humanidade pensará novas formas criativas, racionais, econômicas e mais eficazes de melhorar as condições do povo.

Nesse sentido, representados e representantes deverão estar em maior sintonia possível para essas realizações. Assim sendo, a participação de todos os interessados é condição *sine qua non* para que isso aconteça.

Isso significa que todos terão que se mobilizar: os representantes deverão fazer seu papel de reivindicar, participar cada vez mais do processo político decisório e dos mecanismos de controles, e os representados deverão cada vez mais ouvir os anseios da população e demonstrar cada vez mais transparência nos seus atos para se chegar o mais próximo possível de um real denominador comum entre recursos e necessidades para serem atendidas.

Uma forte questão a ser considerada são os avanços científico-tecnológicos, principalmente na área da comunicação eletrônica. Atualmente, diversos meios eletrônicos de comunicação são utilizados para aumentar a participação e as consultas feitas pelos cidadãos. Um exemplo são os celulares, que têm uma grande abrangência entre os diversos níveis socioeconômicos dos brasileiros; através deles é possível aprimorar cada vez mais diversas formas de comunicação horizontal entre os cidadãos.

A internet, que já não é tão restrita quanto no passado[16], permite o acesso *on-line* de informações, ocorrendo assim grande difusão das informações em tempo real, e mais: permitem a recuperação dessas informações a qualquer tempo. Manuel Castells chama essa situação atual de democracia informacional.

Manuel Castells vê três tendências para o futuro da política informacional:

A primeira diz respeito à atuação dos cidadãos na política local. Para Castells, a tendência é que cada vez mais ocorra a participação da cidadania na esfera local, mais próxima dos cidadãos.

Para ele, isso gera a reconstrução de vínculos de representação política para compartilhar os desafios impostos pela globalização econômica e pela imprevisibilidade política, e cita o exemplo da experiência de autogestão local de Cuiabá, Mato Grosso.

Castells adverte que o cuidado a ser tomado é para não chegar ao extremo, gerando uma fragmentação do Estado-Nação.

A segunda é a popularização da democracia via eletrônica; o cuidado a ser tomado é para que esse processo não fique restrito a uma elite tecnologicamente capacitada.

---

16. Como se sabe, hoje, há diversas comunidades carentes que, através de projetos sociais, disponibilizam computadores com acesso à internet para uso dos moradores e propiciam aulas de informática aos interessados.

Além disso, há a possibilidade de internet gratuita em lugares públicos e de atendimento ao público para aqueles que têm celulares com tecnologia de acesso à internet, *tablets*, *notebooks* etc.

A terceira é o desenvolvimento do que ele chama de política simbólica e mobilização política em torno de causas "não políticas", na democracia da sociedade em rede; são exemplos as causas humanitárias.

Segundo Castells, essas mobilizações têm o objetivo de influenciar a gestão da sociedade pelos representantes dessa sociedade, porém inevitavelmente utilizam canais de representação política, como a votação em seus candidatos para algum cargo no governo[17].

Pelo que se pode entender do acima exposto é que, realmente, a grande tendência, pelo que conhecemos hoje, em termos de democracia, é a democracia participativa com maior inclinação para os problemas locais. Quanto maior a informação, maiores chances de formação do indivíduo enquanto cidadão.

O que Castells chama de democracia informacional não deixa de ser, na verdade, mais um instrumento para o desenvolvimento da democracia. O maior acesso à informação, a maior liberdade de manifestação do pensamento, a maior liberdade de expressão reforçam ainda mais os princípios da democracia e da soberania popular.

CONCLUSÃO

A democracia participativa traz como diferencial uma postura proativa do cidadão, envolve a participação dos indivíduos ou grupos na gestão estatal, preocupando-se com os problemas vivenciados pela sociedade, com a administração dos representantes, das autoridades públicas e com todo aquele que possa vir a prejudicar os interesses públicos.

Essa postura depende de amadurecimento da cidadania que, como já foi discutido nos capítulos anteriores, implica: em primeiro lugar, o atendimento às necessidades básicas do indivíduo (não se pode pensar no coletivo se o básico para a própria sobrevivência não está contemplado); em segundo lugar, a educação formal e a educação para democracia participativa.

A postura proativa que requer a democracia participativa é diametralmente oposta à ditadura da participação; ela exige maior grau de conscienti-

---

17. CASTELLS, Manuel. A *era da informação:* economia, sociedade e cultura. Volume II: o poder da identidade. 8. ed. São Paulo: Paz e Terra, 2013, p. 409-412.

zação das pessoas, e essa conscientização é adquirida com informação, que gera reflexão e depois ação.

Por isso, a Constituição brasileira, sabiamente, com base no princípio da soberania popular, não limitou os mecanismos da democracia participativa àqueles já elencados na própria Constituição, nem àqueles elencados na legislação infraconstitucional.

Assim, a criação de novos instrumentos ainda não previstos no ordenamento jurídico brasileiro pode ser demandada tanto por parte do povo, quanto por parte das autoridades públicas.

Cumpre observar que a Constituição brasileira atual é conhecida como "constituição cidadã"; e, em homenagem ao princípio da soberania popular, não limitou os mecanismos de participação popular que aprofundam a experiência democrática mobilizando tanto os representantes quanto os representados para o alcance de soluções para os problemas da sociedade complexa em que vivemos.

Pelo exposto acima; é inevitável que novos mecanismos de participação popular continuem a ser criados no ordenamento jurídico brasileiro e que os já criados sejam aperfeiçoados e tenham um alcance mais amplo na efetividade da contribuição para uma melhor gestão pública e que também tenham um alcance mais amplo no tocante ao número de participantes na democracia participativa.

Algumas possibilidades de inovação seriam bem-vindas para facilitar e ampliar o acesso do povo nos mecanismos da democracia participativa, como por exemplo:

1) Quanto à iniciativa popular:

a) Subscrição eletrônica para os projetos de iniciativa popular[18].

b) Propositura de emendas constitucionais de iniciativa popular[19].

---

18. Já há um projeto de lei no Senado Federal a esse respeito, o projeto de lei é o de n. 129 de 2010, que visa a alterar a Lei n· 9.709/98. Esse projeto ainda propõe que, se o número de subscrições superar o dobro do mínimo exigido pela Constituição, o projeto de iniciativa popular tramite em regime de urgência nas duas Casas do Congresso Nacional.

19. Está em curso no Senado Federal o Projeto de Emenda Constitucional n. 3, de 2011, que acrescenta o inciso IV ao *caput* do art. 60 e o § 3º ao art. 61 da Consti-

c) Possibilidade de apresentação de recurso ao Legislativo no caso de rejeição do projeto de iniciativa popular.

2) Quanto ao plebiscito e ao referendo:

a) Convocação de plebiscito e referendo também pelo povo e não exclusivamente pelo Congresso Nacional.

3) Quanto à legitimidade ativa para propositura de ações na justiça:

a) Legitimidade ativa para qualquer do povo propor ação popular (e não apenas aos titulares de direitos políticos que estejam na plenitude de seu gozo); isso, com certeza, aperfeiçoaria a ação popular como um instrumento da democracia participativa.

b) Legitimidade ativa para o estrangeiro propor ação popular ambiental[20].

c) Legitimidade ativa para o eleitor propor Ação de Impugnação de Mandato Eletivo. A AIME é uma ação que tramita em segredo de justiça, deve ser proposta no prazo de 15 dias após a diplomação perante a Justiça Eleitoral e tem por objetivo a desconstituição de mandato eletivo nos casos de desequilíbrio no pleito por abuso do poder econômico, corrupção ou fraude. Como bem observa José Jairo Gomes: "não deixa de ser inusitado o fato de se negar legitimidade ativa justamente àquele que é o maior interessado na lisura e na sinceridade das eleições: o cidadão!"[21] É certo que tal medida, provavelmente, acarretaria maior número de demandas perante a Justiça Eleitoral, que necessita ser célere; no entanto, é inegável o interesse de todos para que haja lisura no pleito eleitoral e o cidadão é parte interessada; pois a soberania popular também é exercida através dos representantes eleitos.

---

tuição, bem como modifica o § 2º do mesmo art. 61 para possibilitar a apresentação de emendas constitucionais através da iniciativa popular e facilitar a apresentação e a apreciação de projetos de iniciativa popular.

20. Conforme recente acórdão da Câmara Reservada ao Meio Ambiente do Tribunal de Justiça de São Paulo, a proteção do meio ambiente corresponde à proteção de interesses difusos e coletivos que não se limitam aos brasileiros – TJSP – Ap. 9215624-79.2005.8.26.0000 – Câmara Reservada ao Meio Ambiente – Rel. Des. Antonio Celso Aguiar Cortes – Jaboticabal – j. 25/08/2011.

21. GOMES, José Jairo. *Direito eleitoral*. Belo Horizonte: Del Rey, 2012, p. 572.

4) Quanto à celeridade na tramitação dos projetos de lei pela iniciativa popular e pelo legislativo que tenham tido o aval do povo no plebiscito:

a) Poderia ser dado caráter de urgência aos projetos de lei pela iniciativa popular e pelo legislativo que tenham tido o aval do povo no plebiscito, uma vez que ambos tratam da manifestação direta da soberania popular implicando relevância e urgência; dessa maneira, os prazos seriam os mesmos do art. 64 da Constituição Federal[22].

Mesmo que essas inovações propostas não sejam implementadas a curto prazo, o mais importante é que muitas delas já estão sendo debatidas no Legislativo.

Esses debates acabam mobilizando tantos os governantes quanto os governados, trazendo ganhos para o fortalecimento da democracia participativa.

REFERÊNCIAS

AHEDO GURRUTXAGA, Igor; IBARRA GÜELL, Pedro (Coord.). *Democracia participativa y desarrollo humano.* Madri: Dykinson, 2007.

ÁVILA, Caio Márcio de Brito. *Mecanismos de democracia participativa no direito brasileiro.* Dissertação (Mestrado) – São Paulo: Faculdade de Direito da Universidade de São Paulo, 2002.

BOBBIO, Norberto. *O futuro da democracia.* 10. ed. São Paulo: Paz e Terra, 2006.

BOBBIO, Norberto; PONTARA, Giuliano; SALVATORE, Veca. *Crísis de la democracia.* Barcelona: Ariel, 1985.

BONAVIDES, Paulo. *Ciência política.* 21. ed. São Paulo: Malheiros, 2014.

BRASIL. *Constituição da República Federativa do Brasil.* 37. ed. São Paulo: Atlas, 2013.

CÂNDIDO, Joel José. *Direito eleitoral brasileiro.* 14. ed. São Paulo: EDIPRO, 2010.

CANOTILHO, José Joaquim Gomes. *Direito constitucional e teoria da constituição.* 7. ed. Coimbra: Almedina, 2003.

22. Já tramita no Senado Federal Projeto de Emenda Constitucional n. 95, de 2011, que altera a Constituição para que os projetos de lei do legislativo que tenham tido o aval do povo em plebiscitos sejam considerados de relevância e urgência indiscutíveis.

CASTELLS, Manuel. A *era da informação:* economia, sociedade e cultura. Volume II: o poder da identidade. 8.ed. São Paulo: Paz e Terra, 2013.

DA PONTE, Antonio Carlos; DEMERCIAN, Pedro Henrique. *Teoria e prática do júri.* São Paulo: CPC, 2005.

DALLARI, Dalmo de Abreu. *Elementos de teoria geral do Estado.* 30. ed. São Paulo: Saraiva, 2011.

DALLARI, Dalmo de Abreu. *Conselhos populares e democracia participativa.* Disponível em: http://www.migalhas.com.br/dePeso/16,MI203171,101048-Conselhos+populares+e+democracia+participativa.html. Acesso em: 27 out. 2014.

GOMES, José Jairo. *Direito eleitoral*. Belo Horizonte: Del Rey, 2012.

GUILHERME, Walter de Almeida; KIM, Richard Pae; VLADMIR Oliveira da Silveira (Coord.). *Direito eleitoral e processual eleitoral.* São Paulo: Revista dos Tribunais, 2013.

KELSEN, Hans. A *democracia.* 2. ed. São Paulo: Martins Fontes, 2000.

KIM, Richard Pae; MORAES, Alexandre de (Coord.). *Cidadania:* o novo conceito jurídico e a sua relação com os direitos fundamentais individuais e coletivos. São Paulo: Atlas, 2013.

MELÃO, George. *O voto obrigatório no Estado Democrático de Direito.* São Paulo: Letras Jurídicas, 2017.

RAMAYANA, Marcos. *Direito eleitoral.* 10. ed. Niterói: Impetus, 2010.

REALE JUNIOR, Miguel. Democracia e cidadania no Brasil. *Revista Brasileira de Ciências Criminais,* São Paulo, v. 10, n. 37, p. 137-151, jan./mar. 2002.

RIBEIRO, Fávila. *Direito eleitoral.* 2. ed. Rio de Janeiro: Forense, 1986.

SILVA, José Afonso da. *Curso de direito constitucional positivo.* 11. ed. São Paulo: Malheiros, 1996.

SILVA, José Afonso da. O sistema representativo, democracia semidireta e democracia participativa. *Revista do Advogado,* AASP, São Paulo, v. 23, n.73, p. 94-108, nov. 2003.

SILVA, Daniela Romanelli da. *Democracia e direitos políticos.* Campinas: Impressão Digital do Brasil, 2005.

TELLES Junior, Goffredo. A democracia participativa. *Revista da Faculdade de Direito da Universidade de São Paulo,* São Paulo, v. 100, p. 171-188, 2005.

TITO, Costa. *Recursos em matéria eleitoral.* 10. ed. São Paulo: Letras Jurídicas, 2015.

Função do marketing político no atual cenário eleitoral – Aspectos e tendências

Paulo Fernando dos Santos[1]

Ao longo dos anos, o fenômeno jurídico-eleitoral denominado campanha política tem sofrido modificações muito singulares e cada vez mais desafiadoras para aqueles que se arvorem à condição de candidato a um cargo eletivo. Diríamos, pois, que a primeira tarefa dada ao que decide explorar este campo inóspito é conhecer, e muito bem, antes de qualquer providência, o ambiente político no qual pretende militar, seja no campo da vida hodierna, seja no campo virtual, *on-line*, das redes sociais. Tudo, a partir de então, deverá girar em torno de formas e estratégias que permitam ao candidato galgar obstáculos de toda sorte e atingir assim o seu desiderato final, que é a vitória nas urnas. Veremos, ao longo da exposição, que do candidato de hoje – ao contrário do candidato do passado – se exige o conhecimento de técnicas e roteiros que lhe permitam chegar a termos positivos em seu objetivo, sem maiores traumas ou deslizes. Não há mais lugar para amadorismo nesse campo. Nesse particular, ganha foros de importância fundamental o domínio de fenômeno praticamente empresarial denominado *marketing político*. Nele encontraremos tudo aquilo que em nada se diferencia de uma

1. Bacharel em Direito pela Universidade Presbiteriana Mackenzie – SP. Advogado. Analista judiciário do Tribunal Regional Eleitoral de São Paulo, Chefe de Cartório Eleitoral da 403ª Zona Eleitoral – Jaraguá, São Paulo, Capital. Pós-graduado em Direito Eleitoral e Processo Eleitoral pela Escola Paulista da Magistratura (EPM) e pela Escola Judiciária (EJEP). Autor de obras e artigos jurídicos.

empresa convencional, em seus vários aspectos, em setores departamentalizados. Um exemplo? Comitê de campanha eleitoral. Nele encontramos: departamento financeiro que cuide das contas de campanha, o setor de coordenadoria da campanha, o setor administrativo enquanto *controller* dos materiais e da equipe, o setor de comunicação, o de marketing e assim por diante. Ou seja, uma verdadeira empresa...

Toda essa estrutura deverá ser montada muito antes do início da corrida eleitoral, o que dará inegavelmente uma ampla vantagem ao candidato, a compor um diferencial que o levará ao sucesso comparativamente aos seus adversários. O tempo passa a ser contado a seu favor.

Percebe-se, e isso tem se tornado muito claro a cada eleição realizada, que o eleitor passou a ter um perfil muito diferenciado de antanho: tornou-se mais exigente, mais politizado, muito mais atento e observador de tudo quanto lhe é dito ou prometido; seus anseios tornaram-se maiores, não apenas os básicos, como saúde, educação e segurança; seguem agora nutridos por um importante componente ideológico, onde este ou aquele discurso do pretenso candidato poderá não encontrar fácil guarida. Por isso as vozes das ruas não podem, nunca, ser desprezadas. Conhecer esses anseios é o primeiro passo, fundamental, inafastável, para o candidato que procura sagrar-se vitorioso nas eleições. Além disso, saber muito bem como interagir com o seu público nas redes sociais, fazer-se autoridade naquilo que fala, atentar-se para os detalhes no conteúdo proposto aos seus interlocutores (inclusive ortografia nos textos, aspecto por vezes esquecido!), e muito mais.

Define-se o marketing político como sendo o conjunto de atividades, técnicas e estratégias desenvolvidas nas áreas de comunicação e de publicidade, com vistas a convencer o eleitor, por meio da construção de um modelo ideal de candidato, seja na área de imagem pessoal, seja no propósito de apresentar-se como uma solução adequada aos anseios da sua comunidade. Posto isso, o objetivo claro dessa atividade é o de ganhar o eleitor por meio de diversos recursos, ajustados de maneira quase sempre profissional, desde o teor do discurso até atitudes aparentemente prosaicas como comer pastel na feira ou uma coxinha em um bar, passando a imagem de alguém 'do povo'. O candidato despreparado por vezes desconhece que os eleitores hodiernos estão cada vez mais bem preparados, que a antiga ideia de que algumas propostas genéricas em rádio ou televisão ou mesmo o antigo hábito de distribuir santinhos nas ruas seriam por si suficientes para angariar votos é algo que cada vez mais faz parte do passado. Neste novo cenário, uma tática verdadeiramente de guerra que deixe de lado improvisos será essencial para alinhavar as propostas do pretendente ao cargo, que sejam ao mesmo tempo convincentes a esse público-alvo. Ademais, ao lado disso, o fato de alguns desconhecerem os pontos fortes e fracos de seus adversários é um erro absurdamente comum.

Dentro desse contexto, quando falamos em eleições, um primeiro ponto que nos chama a atenção de imediato, um fenômeno sociológico que se faz presente em praticamente todo final de campanha eleitoral, diz respeito à memória do eleitor: raramente, ou quase nunca, ele se lembra ao final do processo em quem votou. Uma primeira impressão sobre isso seria: não se interessa por política. Porém, arriscamo-nos a dizer que, muito provavelmente, o candidato escolhido (e, no mais das vezes, não eleito) por esse eleitor desmemoriado não soube utilizar adequadamente as ferramentas do chamado "marketing político".

Um primeiro ponto que o candidato deverá ter muito presente na sua campanha é a definição muito clara acerca da sua *causa*, dos seus motivos para adentrar no cenário político, a partir do seu histórico de vida, construindo, a partir daí, perante o seu eleitorado, uma imagem de alguém que esteja comprometido com aquela determinada bandeira; do contrário, não sabendo firmar esse convencimento na sua comunidade, engajando as massas e sobretudo interagindo com os seus eleitores, ficará relegado a um segundo plano. Tudo começa a partir de um trabalho de base, que faça sentido ao eleitor o projeto proposto e *quem* o apresenta. A história de vida do pretendente ao cargo deverá ser coerente com a proposta lançada aos eleitores. Um delegado que se lance ao cargo de vereador muito razoavelmente terá por bandeira de campanha, por exemplo, um projeto de melhoria da segurança pública; será fadado ao fracasso caso se apresente como solução dos problemas de saúde ou educação, até porque são áreas não relacionadas às suas atividades cotidianas. O eleitor, via de regra, não é bobo.

As experiências profissionais do candidato, portanto, além do seu relacionamento com as pessoas, com a comunidade onde está inserido, compõem o seu chamado marketing pessoal, um dos elementos do marketing político. Portanto, esse componente chamado de marketing pessoal ou de relacionamento, para o candidato, que o saiba manejar com excelência, trará para ele um diferencial em relação aos demais. Um dos erros mais comezinhos do candidato é não saber por vezes colocar de forma clara e objetiva as suas opiniões em determinadas situações; outro erro é ser dogmático, achar-se dono da verdade sobre tudo, posto que a dinamicidade da vida e dos assuntos que ela traz à tona não permite mais esse tipo de conduta; é preciso que o candidato coloque-se sempre de forma comedida em face de determinados temas polêmicos, não firmando opiniões preconceituosas ou fazendo julgamentos ou juízos de valor sobre certas pessoas, sobretudo se elas estiverem ausentes do debate. São pequenos cuidados como estes que comporão a sua imagem a partir de então, como já dissemos, perante a sua comunidade num primeiro momento, e permitirão a adesão de novos simpatizantes, tarefa essa que, convenhamos, não é das mais fáceis na atual conjuntura política em que vivemos. Isso porque um dos grandes percalços que os políticos encontram hoje é justamente a situação de desalento que a população tem para com os seus representantes. A imagem dos políticos, em geral, anda por demais desgastada; existe uma verdadeira crise de representação, que fatalmente contaminará o candidato caso ele não se diferencie da massa. Portanto, é preciso que o candidato tenha opiniões muito bem definidas e organizadas, e isso seja passado para o seu eleitorado. O marketing político e o marketing pessoal, muito especialmente, farão esses ajustes no tocante ao comportamento, à imagem, gestos etc. Com isso, tal qual uma bússola que o levará a um porto seguro, o candidato terá um desempenho satisfatório em sua campanha política.

Algo que também não pode ser deixado de lado é a escolha adequada do partido político ao qual se filiar. As incertezas e injunções políticas fazem com que essa decisão seja retardada, até porque não existem mais as coligações, e isso influenciará a decisão dos partidos quando da formação do seu plantel de candidatos. Portanto, nada de precipitações. Sem dizer que existe uma necessidade premente dos partidos de se posicionarem de maneira forte no cenário, então tudo se apresenta muito indefinido e assim permanecerá até a proximidade das eleições. O candidato deverá escolher o partido político no melhor momento para a sua candidatura, para chegar à disputa com a maior força possível.

Existem, além desses fatores, outros tantos que podem trazer problemas ao candidato: tempo exíguo de campanha, falta de recursos, fiscalização mais acirrada dos órgãos competentes e assim por diante.

Uma das barreiras que o candidato deverá enfrentar – o novo ou o já veterano – diz respeito ao grau de depreciação da classe política nos dias atuais, por conta dos acontecimentos noticiados pela mídia. Como a sua imagem vai ao encontro das necessidades da população e se ele é de fato visto como um seu representante. Mesmo que o eleitor não goste de eleição, indiscutivelmente ele sempre estará envolvido em política, às vezes até sem perceber. São dois cenários diversos, embora muitas vezes se confundam. A eleição é um espetáculo, um evento; já a política é algo mais profundo. O marketing político trará ao candidato capacitação e o conhecimento do que seja o candidato ideal, colocando-o aos olhos de seus eleitores como uma alternativa de melhor valor em face dos demais.

Para complicar um pouco mais esse cenário, o nível de qualificação dos eleitores vem subindo consideravelmente. Não é algo tão simples. O acesso das pessoas às fontes de informação, da mesma forma, sofreu incrementos ao longo dos últimos anos. Dificilmente hoje uma pessoa não possui um aparelho celular, com acesso ao Facebook. As demandas são diferentes, a depender da região onde a campanha se realiza. Portanto, estratégias devem ser montadas para, a partir de informações advindas do próprio candidato sobre a sua vida, sobre a sua reputação no meio social onde vive, levá-lo ao sucesso. Tarefa do marketing político.

Analisemos, por exemplo, como o eleitorado se encontra hoje dividido ideologicamente. Trata-se de um componente complicador para o candidato, que deverá ajustar as suas propostas a determinado nicho. Para tanto, como já afirmamos, uma opinião bem embasada, e bem clara, sobre certos assuntos, sempre será bem-vinda. Não cabe mais a antiga interação com o eleitor através do prosaico tapinha nas costas; o candidato deverá estar muito bem preparado para enfrentar o pior dos mundos, e isso deverá fazê-lo de forma planejada e profissional. As suas colocações serão destaque na imprensa e com os chamados formadores de opinião (blogueiros, comentaristas políticos, operadores das redes sociais etc.). Deverá estar antenado com os temas candentes da atualidade, pois fatalmente em algum momento da campanha será indagado a respeito. A depender do tema, não lhe caberá, como popularmente se diz, ficar "em cima do muro", pois trará a ideia de que é um candidato fraco ou inconsistente. Ademais, a sua base de conhecimento sobre este ou aquele assunto deverá ser sempre muito sólida, para que não opine sobre algo ou divulgue informações que muitas vezes não tem a correspondente realidade fática, o que não lhe trará nenhum índice de conversão de votos. Portanto, a comunicação do candidato – em suas várias vertentes –

há que ser feita de forma correta e ordenada, para que tudo isso mobilize a opinião pública sempre de forma positiva, sob pena de ver naufragar em seus propósitos. Já se percebe, de tudo quanto foi dito, que a campanha eleitoral é sempre envolta de um componente essencial, que é o emocional; a emoção terá um papel essencial na decisão do eleitor, e trabalhar com estratégias e gatilhos mentais que ajudem a direcioná-lo para o lado do eleitor são como ouro nas mãos do candidato.

Muitos incidem em erros cometidos com base na análise do comportamento do eleitor, pois, conforme o ambiente político em curso, a política de governo e tudo o mais, as pessoas agem de uma ou outra forma ao longo da campanha, e se o candidato não tiver uma sensibilidade para conhecer essas reações imaginará que está aumentando a sua base de eleitores, quando na verdade estará perdendo votos, acarretando surpresas desagradáveis ao final da campanha. Nem sempre a mera experiência do candidato, a sua participação em eleições e campanhas anteriores e outras mais, levará a um desempenho perante o eleitorado caso não esteja bem alinhado com as demandas do povo.

Um dos cuidados iniciais que o pretenso candidato deverá tomar, por óbvio, é não se declarar como tal em período muito distante do início da campanha eleitoral. Isso porque se trata de uma informação que a ninguém interessa, a não ser aos seus próprios adversários, que passarão a fazer um trabalho de oposição muito forte, trazendo-lhe um desgaste desnecessário. Posto isso, dentro de tudo o que já dissemos, a construção da *imagem* do candidato, antes de mais nada, é algo muito mais importante a ser trabalhado, iniciando o alicerce que sustentará todo o seu trabalho vindouro. A escolha do partido político que abrigará a sua candidatura – já que, no Brasil, não existem candidaturas avulsas – é também algo de fundamental importância. Como fazê-lo? Nas eleições proporcionais não existem mais as coligações. Escolher um partido pequeno para ter mais chances? Existem algumas peculiaridades (sobretudo na contagem das cadeiras, em alguns Municípios) que o candidato deverá conhecer a fundo, e nem sempre a opção por um partido minúsculo trará bons resultados.

Técnicas para ampliar os relacionamentos do candidato também existem e quais as melhores formas de se promover o consenso entre os eleitores. Observe-se, à guisa de exemplo, que se o candidato lançar-se a campo falando mal da atual administração, fazendo vídeos mostrando as mazelas da sua comunidade, as ruas esburacadas, os postos de saúde que não funcionam, ou seja, opondo-se pura e simplesmente, esse tipo de discurso em nada contribuirá ou reverterá para ele em número de votos. Estará fora do jogo. Até porque o eleitorado hoje não se contenta com isso apenas. Antes de tudo, todos buscam as *soluções* para tais problemas. Tudo quanto fuja desse desiderato não despertará, nem de longe, o interesse de eleitores muitas vezes (quase sempre!) irritados, desmotivados e empobrecidos, financeiramente e/ou em nível de perspectivas de vida...

E se a cidade do candidato é pequena? Ainda assim é necessário o marketing político?

Inegavelmente. Da mesma forma que as cidades consideradas pequenas já detêm todas as comodidades e tecnologias dos grandes centros urbanos, as novas estratégias de campanha lá estarão, pois os adversários políticos certamente estarão cercados de profissionais habilitados que os levem aos melhores resultados. Por isso, um levantamento cuidadoso de todos os aspectos, positivos e negativos, não pode ser desprezado. Ainda que o candidato conheça todas as pessoas da sua localidade, isso é completamente diferente de *mobilizá-las*, o que, ao fim e ao cabo, é o que conta em uma eleição. Portanto, o candidato não deve ter esse tipo de raciocínio, desconsiderando melhores estratégias apenas porque está radicado em localidade pequena. Lembrando sempre que a oposição também se capacita...

A comunicação do candidato deverá operar-se de forma estratégica e integrada, ou seja, à luz do marketing político, os meios tradicionais como jornais, rádio, televisão e revistas também são usados ao lado das plataformas digitais, como veremos adiante. Esse trabalho deverá ser feito com muita antecedência ao início da campanha, quando então toda a equipe já deverá estar engajada e a parte de mobilização já realizada. A publicidade, sim, ganhará peso maior a partir de então, mas toda a estrutura em si deverá estar muito bem definida. Talvez um dos grandes erros que os candidatos menos experientes cometem é apresentar-se como solução para um determinado grupo e achar que isso apenas irá alavancar a sua candidatura. Assim, por exemplo, intitular-se candidato "dos aposentados" ou candidato "dos motoristas de Uber", certamente atrairá a atenção desse público, porém, em termos de votos, a depender da localidade onde esteja ou se a eleição é majoritária, não alcançará a quantidade necessária para eleger-se. Portanto, é de fundamental importância que se apresente como candidato de uma categoria, sem descurar das demais pessoas ou públicos, de forma a agregar mais votos além dos seus eleitores específicos.

Podemos fazer uma análise breve sobre as fontes através das quais as pessoas buscam informações acerca de seus candidatos e os fatores levados em consideração na hora da escolha do voto. Pela ordem, Internet, noticiários na televisão, jornais, amigos, rádio, revistas e horário político já foram assim definidos como os canais procurados. Outro detalhe: todos eles interligados, vale dizer, não apenas uma única fonte, mas em geral algumas delas. Ademais, a trajetória política do candidato, as propostas apresentadas, as notícias na mídia são computadas como fatores influentes. Outros itens podem ser lembrados, como o relacionamento pessoal e/ou virtual com o candidato, afinidade partidária ou indicação de amigos. Daí se percebe quão equivocado é contar apenas com o relacionamento direto com os eleitores, algo do tipo "bom dia", "conto com o seu voto" e coisas do tipo, que têm a sua eficácia muito próxima do zero...

Outro destaque fundamental:

Saber ouvir também é uma arte. As pessoas possuem uma carência muito grande de serem ouvidas. Para tanto, o candidato deverá ter certa habilidade para buscar descobrir as necessidades de seus prospectos, mantendo com eles uma sinergia que fará muito sentido para o seu desempenho nas urnas. Fazer-se compreensivo em face desses problemas apresentados é, sem dúvida, uma maneira de persuasão que o candidato não pode desprezar. A partir daí, a equipe de apoio ao candidato entrará em campo para prestar ao eleitor queixoso alguma forma de retorno, de atenção, de consideração. Os dividendos políticos serão certos. Isso, no entanto, por vezes é esquecido por alguns candidatos, que deixam de ouvir a voz das ruas, ainda mais em tempos de maior politização da população, o que em termos de política é um desastre. Quanto mais o candidato ouvir (e não falar), mais subsídios terá para montar a sua estratégia de marketing, seja de modo presencial, seja de modo *on-line*. A forma de ouvir o eleitorado deve ser aplicada, igualmente, nos campos presencial e digital, e a partir daí ir para a ação. Tais pessoas farão o papel de difusores, multiplicadores, diante de outros que ainda não o conhecem, passando a fazer uma propaganda positiva acerca de tudo quanto tenham recebido de atenção, o que, no campo do marketing político, chama-se consenso. Isso, com certeza, contará muito e fará a diferença entre o candidato preparado e o candidato bisonho.

As pessoas devem estar interessadas em ouvir o que o candidato tem a dizer. Nesse aspecto, poderes de atração devem entrar em campo, porém sempre de forma sucinta e elegante, sabendo desde então que tudo o que for dito em caráter de mensagem deverá envolver uma conexão, um comprometimento, com a plateia. Assim, a primeira motivação a ser promovida no eleitor é que ele encontre uma justificativa que o leve a votar no seu interlocutor. Um por quê. A partir da definição desse motivo, tudo fica mais claro para o eleitor.

Outra ferramenta muito utilizada, dentro do chamado poder de persuasão que o candidato deverá manejar, é o chamado sentido de reciprocidade. Já tratamos dele acima. Em outras palavras, quando o eleitor percebe que o candidato está dando a ele alguma vantagem, alguma forma especial de atenção ou mesmo um tratamento diferenciado (um abraço, um sorriso) fará com que uma conexão seja criada de tal maneira entre os indivíduos que fará com que este sinta na obrigação de retribuir a gentileza de alguma forma, fenômeno este que os psicólogos explicam com muita facilidade.

Podemos acrescentar a esses elementos mais um, que igualmente não poderá ser descurado por qualquer candidato que pretenda sagrar-se eleito: chama-se prova social. Indiscutivelmente, a prova social funciona para o eleitor como um importante componente para a tomada de uma decisão. Isso não apenas com ele, na medida em que o ser humano, de modo geral, vale-se da prova social como um dos fatores para se decidir sobre algo, até para evitar equívocos. No que consiste a prova social? Consiste em agir de modo igual ao que outras pessoas agem, indo pelo mesmo caminho. Um bom exemplo é o das pesquisas eleitorais: quem nunca ouviu de alguém que votará em um determinado candidato simplesmente porque ele "está na frente" nas pesquisas? Há como que um induzimento nessa escolha, quase que automático.

Existem três grupos de candidatos que fatalmente comporão o plantel de concorrentes numa eleição: o político veterano, que perdeu eleições anteriores e quer voltar ao cenário eleitoral; políticos que buscam a reeleição, é dizer, já ocupam um cargo público; e os candidatos novos, sem vícios, que buscam ingressar nesse novo universo. Nos três casos, o marketing de relacionamento se faz presente. Evidentemente, com aplicação diferenciada. De todo modo, a fala, o comportamento, as atitudes, a maneira de persuadir, devem ser apreciadas pelo candidato. O vocabulário deve ser amplo e adequado, o comportamento há de ser equilibrado – tanto presencialmente quanto *on-line* – nem tanto descomprometido, nem tanto sério demais, será o ideal.

O trabalho dos assessores que compõem a equipe do candidato é um capítulo à parte no tocante ao adequado preparo do mesmo numa disputa eleitoral. Daí por que a escolha das pessoas que integrarão esse time deve ser muito bem feita, buscando os melhores profissionais. Nenhum detalhe haverá de ser esquecido nesse mister, o que torna, para quem ainda não se convenceu disso, a missão de eleger-se muito mais complexa do que se imagina. Vamos aos exemplos: filtrar logo cedo todas as informações necessárias e importantes ao candidato, preparar a agenda fugindo de eventuais percalços e situações desconfortáveis como manifestações, buscar colocar o candidato em locais de alta visibilidade, conhecer bem o local visitado e as suas carências etc. O planejamento da campanha em si igualmente requer muitos cuidados, como pesquisas de intenção de voto, controle de gastos, construção de imagem positiva, blindar fatos negativos para que não venham a ser explorados no futuro, correção de rumos em caso de eventuais notícias impactantes e focar nos pontos negativos dos adversários.

E, ao mencionar pontos negativos, todos deverão ser cuidadosamente analisados pelo candidato e, logicamente, combatidos, já que geram rejeição e podem ser fatais para quem busca a vitória. Assim, estamos falando em características nefastas como: vaidade, orgulho, arrogância, autoritarismo, oportunismo, falsidade, ausência de boas propostas, insensibilidade, envolvimento em escândalos, entre outras. Tudo isso desconstrói qualquer imagem, a pública e muitas vezes a privada também.

Falamos até aqui de fatores intrínsecos, que atingem internamente o candidato. Existem outros, em nível externo, que igualmente dificultam a vida de qualquer um. Por exemplo, podem influenciar negativamente na campanha a própria imprensa, a violência social, as próprias redes sociais, a impunidade, a individualidade e as chamadas "*fake news*". Como solucionar isso?

Construindo credibilidade, sendo autêntico, ter sempre bons argumentos fundados em bases concretas, fugir de discursos que se amoldem apenas ao *establishment*, costumeiramente desinteressantes, evitar o distanciamento da base através da promoção de eventos, reuniões e encontros que levem a discussões proveitosas, seriam alguns exemplos.

Acontece que muitas vezes instala-se no decorrer da campanha o que chamamos de crise de imagem. Isso normalmente ocorre por conta de alguns percalços, tropeços ou ataques vindos dos adversários, desestabilizando toda a campanha, momento em que a assessoria do candidato deverá entrar em campo com energia para solucionar o problema. Uma notícia desairosa precisa ser tratada da seguinte maneira: qual a sua origem, qual a sua frequência, quais os seus desdobramentos e quais estratégias serão tomadas para administrá-la. Administra-se essa crise de que forma? Na exata proporção do veículo que deu início ao ataque: se veio pelo jornal, que se responda pelo jornal; se pelo Twitter, da mesma forma deverá se dar o contra-ataque. Mais difícil quando essas notícias são lançadas aos poucos, em etapas. Daí um bom planejamento para dar as respostas com conteúdo, afrontando o problema de acordo com as suas razões e não se furtar a prestar esclarecimentos. A técnica mais adequada, no caso, é nunca negar de pronto o que foi alegado, recuando um pouco até formar os argumentos de convencimento no contrário e a partir daí prosseguir em sua rota.

Resumindo: O candidato precisa evitar ser taxado como um político igual aos outros. Tomar cuidado para não fazer parte da já consagrada máxima de que "todos os políticos são iguais" ou "políticos só aparecem a cada quatro anos para pedir voto". Ou mesmo achar que se não se manifestar a respeito de determinado tema, fugir do assunto, aparentando-se "neutro", estará ganhando pontos juntos ao eleitorado. Muito pelo contrário. É preciso saber posicionar-se em visitas, saber opinar sobre questões nacionais e, fundamentalmente, nunca furtar-se a responder a pretexto de uma suposta isenção. Isso não funciona mais. Assim, mais importante é firmar uma posição e suportar as consequências, mas se essa posição for firmada em estudos, em preparo, com embasamento em dados tirados de fontes fidedignas, com certeza a conversão em votos será muito maior do que simplesmente querer sair pela tangente quando for indagado.

Enfim, podemos dizer que a decisão do voto opera-se em três momentos: criada a expectativa em relação ao candidato, o eleitor – já analisado o conteúdo do programa desse candidato e de seus adversários – fará a sua decisão tomando em conta alguns fatores como o tipo de discurso, a forma de discordar, de olhar, de cumprimentar, o modo como a sua equipe trabalha etc. e sendo finalmente arrebanhado a partir de um trabalho *emocional* que a campanha do candidato realizará para concluir essa decisão.

E o fato de atacar sistematicamente os outros candidatos, de maneira ostensiva, é válido?

Não vemos com bons olhos. Esse tipo de atitude, ao contrário de mobilizar a opinião pública em desfavor do opositor, poderá contribuir para a desconstrução da imagem de quem faz o ataque. Além disso, despertará a ira dos adversários, o que em nada contribuirá para o seu crescimento. Mais importante do que isso é acenar para o seu eleitorado com propostas concretas para a solução dos problemas que o afligem, não somente apontar as falhas de caráter ou os desmandos da administração, pura e simplesmente. Isso nada acrescentará, porque o eleitor quer soluções. E imediatas. Portanto, o que alavancará a campanha é demonstrar conhecimento do problema e como solucioná-lo da forma mais rápida. O que passar disso em nada contribuirá para agregar valor à campanha, sobretudo naqueles casos nefastos em que o candidato entra na frequência mental do "já ganhou".

Sempre que um político vai a um debate no rádio ou na televisão e ali busca desconstruir a imagem do seu oponente, suscitando dúvidas acerca da sua reputação, colocando em xeque as suas propostas ou intimando-o, no fundo, está também, implicitamente no subconsciente do eleitor, depreciando-se enquanto integrante que é *daquela* classe. Tudo só vem a contribuir ainda mais para o descrédito da classe política, uma conformidade social que infelizmente a cada dia ganha corpo, por conta das notícias negativas de corrupção, desvios de verba, obras inacabadas e promessas não cumpridas, neutralizando por vezes o trabalho de um bom candidato. E veja-se que boa parte dos políticos age com correção, mas acaba sendo atingida por esses fatos, já que a população costuma nivelar a todos por baixo.

Por que razão as pessoas clamam por novos na política e sempre elegem os mesmos? Como os antigos políticos já detêm as técnicas e ferramentas de mobilização do eleitorado, é bem difícil romper essa barreira. Por isso os novos candidatos deverão sempre iniciar o mais cedo possível esse trabalho de preparação da imagem que já analisamos até aqui, para chegar ao período eleitoral em condições de disputar de igual para igual.

Outro aspecto fundamental a ser considerado pelo candidato – independentemente do cargo almejado – é ter um amplo e sedimentado conhecimento no campo digital, que lhe permita uma desenvoltura na tarefa de fazer-se conhecido nas redes sociais. A isso chamamos de *identidade digital*. A identidade digital se caracteriza pela série de ações que o político promove nas redes sociais e possibilita a ele identificar com grau considerável de certeza acerca de como e de que forma a sua mensagem atingiu determinado público e forjou para si alta relevância; de fato, não é área para jejunos: o Facebook, por exemplo, em sua *timeline*, o tempo para que determinado conteúdo chame a atenção de alguém é de aproximadamente 2,5 segundos (ou menos); 1.640 postagens ocorrem periodicamente na atualização da linha do tempo dos dispositivos móveis dos pretensos eleitores: o *post* do candidato é minimamente interessante para se destacar nesse oceano vermelho? Vídeos, fotos, são meios de comunicação com o eleitor que podem determinar o seu sucesso ou fracasso; técnicas de redação nos textos publicados, que não sejam demasiadamente longos ou, ao contrário, inconvenientemente curtos; palavras-chave que chamem a atenção, já que o tempo e a paciência das pessoas hoje em dia são ativos escassos; por vezes um *site* bem estruturado na Internet, *links* no YouTube, no Instagram e no Twitter, buscar um bom *ranking* no Google; e não para por aí. Na Rede Mundial de Computadores, por exemplo, não basta apenas *postar* alguma coisa, pura e simplesmente; é preciso *interagir* com os eleitores. Qual o conteúdo a ser divulgado? Com que frequência? Traz relevância para o seu eleitorado? Qual é o aspecto visual da página?

Os desafios nesse campo, como se percebe, são sem-conta.

A Internet hoje, como esclarece muito bem o consultor político Gilberto Musto em suas preleções, possui dois caminhos únicos e exclusivos para alcançar os internautas. O primeiro é aquele em que se entrega conteúdo ao internauta sem que ele esteja esperando ou tenha pedido. Digamos, uma foto, um vídeo ou algum texto. O segundo ocorre quando o próprio internauta eleitor procura algo a respeito do candidato ou de sua cidade ou mesmo de seu trabalho, numa pesquisa que poderá ser genérica ou altamente refinada. Nesse caso, a depender da URL que o candidato entender mais adequada – Facebook, YouTube, Twitter – deverá ter condições de oferecer material relevante para captar a atenção do prospecto. Para isso, três segundos (!) é o tempo disponível para tal façanha. Se ele passou pelo *post* e não clicou, isso significa um provável eleitor a menos. O *post* deverá ser muito atrativo, com fotos bem feitas ou mesmo vídeos bem elaborados – se gravados no celular, fazendo-o na horizontal – e, sobretudo, impactante. Ademais, é possível realizar a partir desses *posts* um tráfego para uma eventual *fanpage*, criando-se textos curtos que tragam o *link* para o *site*.

Estima-se que a conversão de votos na Internet é bem alta, em torno de 20% (vinte por cento), pelo que todo o cuidado é pouco para o candidato, sobretudo quando falamos em *imagem*. Claro, na medida em que praticamente todas as pessoas possuem um aparelho celular que permite fazer fotos ou vídeos, torna-se praticamente inviável gerenciar o uso desse material, para o bem ou para o mal. Dessa feita, se o candidato é surpreendido em mangas de camisa ou com o cabelo desalinhado, ou mesmo em ambientes não propícios, tudo isso pode chegar a um ponto ingovernável, nem sempre por má-fé de quem as produz, mas os adversários também podem se valer desse expediente no período eleitoral. Um cuidado especial se requer, a partir disso. Por conta disso, antes de ingressar nas plataformas *on-line*, o ideal é encontrar profissionais que façam esse gerenciamento de conteúdos e relacionamentos, monitorando-o e também os seus adversários. Outras formas de se minimizar esses incidentes é procurar melhorar ao máximo o seu *ranking* no Google, pois assim será facilmente encontrado por aqueles que querem mais informações a seu respeito. Esse procedimento deverá ser antecipado ao início da campanha, compondo a página pessoal com fotos, entrevistas, *podcasts*, opiniões, artigos, vídeos, contato e assim por diante. A importância de tudo isso: passará a ser o seu canal *oficial*, blindando-se de fofocas, boatos e especulações, dando-lhe respaldo a respeito de qualquer informação que esteja incerta, gerando-lhe maior credibilidade. Será um ancoradouro de informações precisas a respeito do candidato. O presidente eleito Jair Bolsonaro, por exemplo, mesmo no exercício do cargo, utiliza constantemente o seu canal no Twitter para divulgar informações em caráter oficial, sem entrar no mérito da utilização dessa plataforma – se correta ou não – para emitir suas declarações, mas fica claro que ali é o seu canal oficial para qualquer pessoa esclarecer alguma dúvida sobre este ou aquele assunto.

Por fim, convém lembrar que cada plataforma possui um âmbito de alcance de pessoas, umas com maior e outras com menor abrangência: uma irá atingir 60% do eleitorado, outra 15%, outra 1% etc. Na somatória, a grande parcela do eleitorado tomará conhecimento das propostas mercê da integração de todos os sistemas.

Especificamente falando do WhatsApp, o candidato terá em mãos uma fantástica ferramenta para obter votos, sobretudo para conversão de eleitores indecisos. Porém, como trabalhar com ele? Antes de mais nada, as ações praticadas por meio dessa plataforma deverão ocorrer, no mais das vezes, por meio de listas de transmissão montadas a partir dos contatos obtidos, em qualquer circunstância (em bancos de dados, *e-mails*, compartilhamento dos amigos, formulários preenchidos no *site* etc.). Essa lista, no entanto, somente será eficaz quando o número do aparelho celular do candidato estiver inserido nos contatos na pessoa que está na lista; caso contrário, ela não receberá as mensagens. Tais dados serão valiosos, como se percebe, e deverão ser tratados com todo o cuidado e organização. Desnecessário dizer que o envio de *spams* deve ser evitado.

Parece óbvio, mas existem muitos candidatos que, ao possuir um canal de comunicação via WhatsApp, deixam de colocar o nome, optando por apelidos ou frases motivacionais, ou ainda símbolos que não têm a menor conexão com a sua identificação. Nada menos profissional. É preciso que o candidato seja muito bem identificado, com uma foto atraente, preferencialmente sorrindo, transmitindo confiança para quem vê. E o telefone para contato direcionando para uma central ou assessoria que possua condições mínimas de recepção de todas as demandas e capacidade de retorno. Um trabalho de qualidade nesse sentido fará com o que o candidato esteja a anos-luz de seus adversários. Isso vale para a montagem de *fanpages*, propagandas, anúncios no Instagram, panfletos e demais canais promocionais.

Voltando à Internet, o perfil do público que costuma navegar nessa plataforma, como já falamos, é rigorosamente o mesmo, e em face de suas características nos atrevemos a dizer que não deixa de ser um ambiente hostil para o candidato, isso porque as pessoas normalmente não são pacientes, são hiperativas, detestam ler e via de regra agem passivamente. O fluxo de informações é violento. Dessa feita, as interações são feitas praticamente no "piloto automático", onde a maioria do que é ofertado é descartada de pronto caso não gere no seu destinatário uma atenção mínima que seja. Textos sem fotos, então, têm chances mínimas de atração. Portanto, os eleitores internautas de modo geral agem dessa forma e o candidato precisa saber disso, que existe uma lógica a ser aplicada para um engajamento ótimo na campanha. Fora isso, conhecer como o Facebook funciona em termos de impulsionamentos de conteúdo, através de serviços remunerados, e suas políticas de divulgação com definição de perfis de idade, grau de escolaridade, localidade e nível de interesse em face do histórico de navegação, como funcionam os algoritmos de entrega para o seu público, entre outros, é uma estratégia a mais que fará total diferença.

Algo sobre as conhecidas "*fake news*", que lamentavelmente a cada eleição vêm ganhando destaque por conta dos problemas e das modificações que elas podem operar numa corrida eleitoral:

Em primeiro lugar, embora esse termo seja comumente empregado, é de bom alvitre alertar que, numa tradução livre, não existe em termos lógicos o que seria uma "notícia falsa". Se é notícia, notícia é. Posto isso, o correto seria dizer que se trata de uma *desinformação*. Ou seja, uma versão acerca de determinado fato e que não se coaduna com a realidade – ou não existiu ou existiu de maneira diferente da retratada para a opinião pública. O TSE, de modo geral, tem se atentado para isso, pois um determinado candidato ou a eleição em si podem sofrer prejuízos irreparáveis a partir dessa conduta dolosa de pessoas mal intencionadas. Desnecessário dizer que, conforme o meio em que foi empregada essa desinformação, tomando-se em consideração a quantidade de pessoas que a receberam, o dano será, em maior ou menor medida, irreparável.

Tal cenário, por vezes, trará ao público certa desconfiança dos órgãos de imprensa a depender da quantidade de informações falsas, sobretudo porque existem muitas fontes de informação, incluindo as redes sociais. Infelizmente, a desinformação chega muito mais rápido aos seus destinatários do que uma notícia verdadeira, justamente pelo seu viés da normalidade. Noutras palavras: saindo a notícia da normalidade, daquilo que se espera via de regra, ela ganha muito mais potencialidade, muito mais notoriedade. O abalo na opinião pública ocorre, sem dúvida, mas não necessariamente *forma* opiniões dentro do grupo. Mas a própria difusão dessa informação inidônea indiscutivelmente gera um desconforto no meio social, algo que não pode ser ignorado.

O WhatsApp, por exemplo, enquanto plataforma de comunicação de pessoa para pessoa, traz mensagem criptografadas, ou seja, blindadas da intromissão alheia, e exatamente pela falta de censura prévia do canal sobre o conteúdo das conversas recentemente teve reduzido o âmbito de compartilhamento entre as pessoas que poderiam receber a mensagem. Em termos de divulgação de mensagens, portanto, hoje o trabalho é muito maior. O YouTube, por sua vez, também tomou providências para ao menos reduzir o impacto dessas desinformações (no âmbito eleitoral, que nos interessa, principalmente): ao acessar a plataforma, ela já abre um carrossel de vídeos mais confiáveis a pretexto do tema buscado, trabalho este que tenta combater as "*fake news*".

Nesse campo, um fenômeno recorrente é aquele que se dá quando uma determinada informação, sendo do agrado de uma pessoa, é rápida e negligentemente compartilhada, sem o devido cuidado de, antes disso, checar a fonte, promovendo a divulgação rápida de algo que nem sempre é verdade. Tudo isso requer a atenção do candidato.

Sendo, pois, a comunicação tanto das suas propostas quanto dos dados a seu respeito, existem ainda técnicas outras que não podem ser desprezadas, como as que ensinam o candidato a falar em público, a direcionar o seu olhar para as câmeras, a manejar o microfone, a utilizar uma oratória de convencimento, a valer-se de trejeitos que modelem ares de credibilidade, enfim, detalhes de composição de imagem que falam mais alto que palavras.

Vejamos:

A habilidade de falar (*como* e *o quê* falar) é uma técnica que não pode ser desprezada, sobretudo nos dias que correm, nos quais a velocidade da informação e a interação das pessoas caminham em ritmo galopante. Técnicas de persuasão e de convencimento devem ser apreciadas pelo candidato, seguidas de gestos planejados, pausas, tom de voz – mais alta, mais baixa – que serão igualmente empregados nos discursos. Atenção para o corpo: curvatura de ombros, posicionamento de braços, vestimenta, conexão a partir do olhar etc. E não raro os candidatos preocupam-se com o teor de seu discurso, mas esquecem de um fator primordial da comunicação, que é a postura, alinhada com o conteúdo do que está dizendo. Assim, se determinado candidato discursa fazendo alusão ao desleixo dos vereadores de determinada localidade e estiver, digamos, de camiseta regata ou de chinelos, estará pecando em termos de credibilidade do seu discurso. Por vezes, até mesmo o silêncio bem empregado em um debate determinará uma boa comunicação com os eleitores. Ou seja, com tudo isso, fica fácil perceber por que, na maior parte das vezes, pessoas consideradas "populares" em seu círculo de relacionamentos ou em sua cidade, amigos de todos, inexplicavelmente não se elegem. Se elas não conhecerem essas técnicas de nada adiantará a sua popularidade para vencer uma eleição.

Aqui, propriamente, existe na ciência do relacionamento algo que se chama "*rapport*", que o candidato deverá dominar. Em que consiste? Consiste em técnicas que permitem maior interação entre as pessoas, criando uma sinergia entre os interlocutores, como, por exemplo, falar no mesmo ritmo da outra pessoa, utilizar o mesmo linguajar, saber ouvir, chamá-la pelo nome, destacar pontos comuns entre si, utilizar mais a palavra "sim" do que a palavra "não", ou seja, criar de imediato uma conexão forte que leve a pessoa a ver naquele candidato algo a mais, que o diferencia e facilita um posterior convencimento. As pessoas deverão acreditar no candidato pelo que ele fala e por suas atitudes, naturalmente.

Compete ao candidato tratar de organizar um planejamento de assuntos enquanto conteúdo de seus discursos. Nesse contexto, vale sempre destacar que o candidato não se atreve a falar de temas a respeito dos quais não tem o conhecimento necessário, o domínio adequado, e, ainda assim, procurar ampliar a cada dia esse cabedal, para não vir a ter surpresas desagradáveis. Além disso, de nada adianta ficar colocando opiniões que instiguem a discussões estéreis, pois existem embates a partir de temas polêmicos, que podem e devem ser evitados, sem que se caracterize – com isso – tibieza ou covardia em enfrentar os assuntos. Uma posição a respeito do tema é necessária, devendo ser expressa com firmeza e conteúdo, além do devido embasamento ou justificativa do porquê ele abraça aquela posição. Com isso, estará gerando autoridade perante o público e fortalecendo, dando musculatura, à sua candidatura. Sem o devido conhecimento – que deverá ser granjeado desde logo, muito antes do início da campanha – ele poderá enfrentar situações embaraçosas ao ser questionado e querer desviar-se do tema, algo que soará muito mal.

O novo processo eleitoral exigirá do candidato, ademais, habilidade para trafegar entre as vertentes ideológicas – direita e esquerda – e necessário será que ele tome algumas providências. Após as eleições de 2018 viu-se que houve um deslocamento ideológico para a direita, sobretudo na composição das Casas Legislativas. Nesse ambiente, ocorreu um encolhimento da esquerda e o candidato deverá fazer a seguinte leitura: seu discurso não deverá alinhar-se a um ou outro lado, mas ter em mente a demanda da sua comunidade num primeiro momento, sem preocupar-se com o viés ideológico envolvido. Dito isso, convém que se preocupe com a solução dos problemas, equacionando-os da melhor maneira, pois é disso que os eleitores precisam.

Uma questão: por que algumas campanhas são até bem-sucedidas, mas o candidato não vence a eleição?

Isso acontece por conta de ter negligenciado em algum destes pontos: o primeiro deles é o fato de não segmentar o seu público, é dizer, não buscar conhecer qual o grupo ideal para apresentar as suas ideias, já que, como dissemos, o tempo é escasso para todos e normalmente as pessoas não têm interesse ou disposição em ouvir as propostas de um candidato se elas não se ajustam às suas necessidades mais prementes. Portanto, é imprescindível que o candidato faça uma pesquisa de campo com o intuito de descobrir o seu nicho e, uma vez achado, direcionar as suas propostas, produzir conteúdo específico, participar de grupos e comunidades nas redes sociais onde essas pessoas estão. A partir daí, criar um relacionamento mais estreito com esses futuros eleitores, em diversos meios de comunicação: cartas personalizadas e não padronizadas, SMS, telefonemas, reuniões organizadas nos bairros, *e-mails*, WhatsApp etc. E, finalmente, o famoso pedido de voto. Para quem? Para o segmento determinado ao longo da campanha.

O material de campanha é outro ponto fundamental, diria até determinante, para a ascensão ou ocaso de um candidato: foto de peças publicitárias com um mínimo de atrativo para a população, um *slogan* com apelo sugestivo e letras adequadas, *jingles*, vídeos, além de todo o elenco de mídias eletrônicas disponíveis. Tudo deve ser feito dentro de um processo muito bem definido e profissional, se possível com o auxílio de agentes especialistas nas respectivas áreas de apoio: consultores de marketing, consultores políticos e agências de publicidade. Estará estabelecida a "cara" da campanha.

Finalizando, ao vermos que o ponto fulcral para o bom desempenho de um candidato é a construção prévia de uma boa imagem, entre outros cuidados, nunca é demais dizer que a comunicação interpessoal é a que mais dará valor e qualidade à imagem pública do postulante. Que ele saiba ouvir com atenção o seu interlocutor, olhando sempre nos olhos e demonstrando interesse legítimo; conectar-se com as necessidades dos outros, o que só se obtém a partir de uma prévia oitiva das dores do seu eleitor; ademais, algo simples mas muito eficiente é sempre tratar o seu prospecto pelo *nome*: estudiosos concluíram que as pessoas amam ouvir o próprio nome, de sorte que a atenção torna-se diferenciada nesses momentos.

Essa responsividade é igualmente apreciada nas redes sociais. De que modo? Sobretudo respondendo indistintamente às pessoas, que, como já dissemos, demandam tempo e atenção nos tempos modernos. Agora, cuidado sempre na hora de redigir o texto, pois qualquer deslize poderá ter efeitos contrários. Por isso é interessante padronizar as respostas, sempre de modo simples e objetivo, com cortesia e praticidade, deixando que as pessoas encarreguem-se de dar créditos ao candidato, proclamando-se com qualidades que não soem naturais aos outros. Um jargão perigoso é aquele que diz que "o cliente sempre tem razão". Será? O candidato que pensar dessa maneira – que no campo do marketing é chamada de moral líquida – não terá bons resultados no dia de hoje. Com efeito, deverá assumir-se em todas as circunstâncias, fugindo de incoerências e demonstrando firmeza de caráter.

No Facebook, compartilhar tudo quanto seja interessante, demonstrando identidade de ideias conforme o conteúdo. Isso demonstra humildade e atenção aos temas interessantes.

Otimizar os encontros públicos, cumprimentando a todos sem acepção, causará um impacto na vida e nos sentimentos de quem recebe o afago, que muito provavelmente renderá uma somatória de votos. Fez-se a diferença.

A democracia por intermédio dos partidos políticos

Paulo Hamilton Siqueira Jr.[1]

1. INTRODUÇÃO

O convite para participar da obra em homenagem ao Dr. Tito Costa foi recebido com alegria e entusiasmo. Primeiro pela amizade que preservo com o homenageado, fruto da nossa convivência no Tribunal Regional Eleitoral de São Paulo, momento em que tive a oportunidade de partilhar de sua excelente e combativa autuação profissional. Segundo pelo fato de que seu nome está aliado à defesa dos direitos constitucionais em especial no âmbito eleitoral. Dessa feita, nada mais oportuno do que dissertar acerca dos Partidos Políticos que guarda relação com a atividade exercida por Tito Costa como advogado e político.

Partido político é instituição indispensável para o exercício, desenvolvimento e aperfeiçoamento da democracia. O liame entre o povo e o parlamento são as agremiações políticas. Cidadania designa a participação do indivíduo nos negócios do Estado. Na democracia a representação é exercida pela atuação dos partidos políticos e se configura como instrumento de ação política. O regime jurídico dos partidos políticos guarda relação com a própria estrutura do Estado Democrático e Social de Direito.

1. Advogado em São Paulo e Brasília. Pós-Doutor pela Universidade de São Paulo (USP). Mestre e Doutor em Direito pela Pontifícia Universidade Católica de São Paulo (PUC/SP).

2. PODER POLÍTICO

A Constituição Federal de 1988, no art. 1º, parágrafo único, estabelece que: "Todo poder emana do povo, que o exerce por meio de seus representantes eleitos ou diretamente, nos termos desta Constituição". Os governados estabelecendo normas para os governantes é um princípio da democracia. "Não há poder legítimo além daquele que é instituído pela coletividade que ele rege".[2]

No Estado Democrático a fundamentação do poder encontra-se no povo. Goffredo Telles Junior destaca que:

> Na vida das Nações, o poder político ora é o poder que os próprios governantes se atribuem, ora é o poder emanado dos governados. No primeiro caso, o poder político é o poder da pura força, da força armada, com que os governantes impõem, discricionariamente, sua vontade aos governados; e o regime é autoritário e se chama ditadura. No segundo caso, o poder político é o poder do Governo haurido da vontade dos governados – da vontade do povo. E, neste caso, o regime é uma democracia[3].

O poder quando não emana do povo é força e não poder político. No mesmo sentido, o partido político quando não está amparado na égide da democracia não é partido.

Nos termos da norma constitucional o povo participa do poder, e em especial, do Poder Legislativo, por intermédio de seus representantes. O Parlamento no Estado Democrático é o órgão responsável pela produção legislativa se configurando como importante instrumento da representação política. Pois bem, o fio condutor entre o povo e o parlamento são os partidos políticos. Nesse prisma, o Parlamento deve refletir os fatores e valores sociais.

O Parlamento é o instrumento dos anseios sociais.

> O Congresso Nacional sempre foi reconhecido como o órgão por excelência de representação política. Tribuna livre, poder crítico da política nacio-

---

2. BURDEAU, Georges. *Droit constutionnel et institutions politiques*. 7. ed. Paris: Librairie Générale, 1957, p. 93.
3. TELLES JUNIOR, Goffredo. O poder do povo. *Revista do Instituto dos Advogados de São Paulo*, 9:40-66. São Paulo: Revista dos Tribunais, jan./jun. 2006, p. 40-41.

> nal, guarita da eterna vigilância, caixa de ressonância de anseios e indignações, o Congresso Nacional se consagrou como a instituição mais característica da democracia[4].

A posição institucional dos partidos políticos no sistema consagrado pela Constituição Federal de 1988 confere o poder-dever de zelar pela supremacia constitucional quanto pela defesa da unidade do sistema jurídico inaugurado pelo texto constitucional[5]. A primeira atribuição é realizada mediante a instauração do controle abstrato da constitucionalidade. Além desse instrumento com o intuito de preservar a unidade do sistema jurídico, as citadas agremiações têm legitimidade para ingressar com ação civil pública e mandado de segurança coletivo.

A existência dos partidos políticos configura-se como elemento essencial para a preservação do Estado Democrático instaurado pelo novo sistema jurídico. A importância dos partidos políticos, no Estado Democrático e Social de Direito, se verifica no fato de que tais agremiações configuram-se como um instrumento decisivo na concretização dos preceitos constitucionais. Outrossim, a sua formação e institucionalização é um dos fundamentos da legitimação do poder estatal que se calca no povo.

A expressão "partido" traz a ideia de facção. Em toda a sociedade se verifica a existência de grupos que se organizam para atingir os anseios de seus membros. O partido político é uma espécie de comunidade, que inicialmente defende os interesses de uma classe de pessoas. Com o surgimento dos Parlamentos, seus membros se organizaram buscando a realização de seus ideais.

Os partidos políticos são indispensáveis para a democracia. Dessa forma, sua organização e funcionamento são regidos pelo Estado, se constituindo parte integrante de sua estrutura. O trinômio Estado-Democracia-Partidos Políticos é indissociável.

O partido político é a via natural da ação política, ou seja, o partido político compõe-se de um grupo de pessoas que luta pelo poder. No Esta-

---

4. TELLES JUNIOR, Goffredo. O poder do povo. *Revista do Instituto dos Advogados de São Paulo*, 9:40-66. São Paulo: Revista dos Tribunais, jan./jun. 2006, p. 46.
5. Nesse sentido, STF, ADIn 1.096-4 – RS, Rel. Min. Celso de Mello, j. 16/03/1995, *DJ* 22/09/1995.

do Democrático a busca pelo poder é legítima, desde que realizada segundo os ditames do processo institucionalizado. Nesse prisma, a existência de partidos políticos é indispensável para a busca formal de acesso ao poder.

> Dá-se no partido político a associação de várias pessoas que têm as mesmas concepções ideológicas e doutrinárias sobre a forma ideal de sociedade e do Estado. Essas pessoas se unem e se organizam para a luta pelo poder. Elaboram um programa, no qual anunciam publicamente seus propósitos, e se institucionalizam visando a conquista do Estado[6].

Nesse sentido, Umberto Cerroni, vislumbra o partido político como "agrupamiento humano unido por una identidad de opiniones acerca de la vida política y consagrado a conquistar el poder con técnicas más o menos semejantes"[7].

3. PARTIDOS POLÍTICOS

3.1. Conceito e características

O partido político é um instrumento de manifestação das ideias que devem circular para a realização da democracia. O partido é um dos veículos transmissores dos fatores, valores e anseios da sociedade.

> "Chamo de partido político a organização regular, composta por eleitores, unidos pelo objetivo de conquistar pelo voto e exercer o poder da Nação"[8].
>
> [O] "partido político é uma associação de pessoas, instituída para a conquista do Governo por meio do voto popular, ou para participar do Governo e nele influir; ou, ainda, para dele discordar, fazendo-lhe oposição, sempre com o anseio de realizar ideais de bem comum que motivam sua existência[9].

---

6. ROSA, Antonio José Miguel Feu. *Direito constitucional*. São Paulo: Saraiva, 1998, p. 468.
7. CERRONI, Umberto. Para una teoría del partido político. *Teoría marxista del partido político*, v. 1, 4. ed. Córdoba: Cuadernos de Pasado y Presente, 1975, p. 1.
8. CENEVIVA, Walter. *Direito constitucional brasileiro*. 3 ed. atual. São Paulo: Saraiva, 2003, p. 123.
9. TELLES JUNIOR, Goffredo. O poder do povo. *Revista do Instituto dos Advogados de São Paulo* 9:40-66. São Paulo: Revista dos Tribunais, jan./jun. 2006, p. 46.

Paulo Bonavides ensina que "o partido político, a nosso ver, é uma organização de pessoas que, inspiradas por ideias ou movidas por interesses, buscam tomar o poder, normalmente pelo emprego de meios legais, e nele conservar-se para realização dos fins propugnados. Das definições expostas, deduz-se sumariamente que vários dados entram de maneira indispensável na composição dos ordenamentos partidários: a) um grupo social; b) um princípio de organização; c) um acervo de ideias e princípios, que inspiram a ação do partido; d) um interesse básico em vista: a tomada do poder; e e) um sentimento de conservação desse mesmo poder ou de domínio do aparelho governativo quando este lhes chega às mãos"[10].

Fávila Ribeiro destaca a influência nas decisões governamentais:

> um grupo social de relevante amplitude destinado à arregimentação coletiva, em torno de ideias e de interesses, para levar seus membros a compartilharem do poder decisório nas instâncias governamentais[11].

Partidos são associações que exercem atividade política com a finalidade de implementar seu programa partidário.

> Partidos políticos são associações civis que têm por objetivo assegurar, no interesse do regime democrático, a autenticidade do sistema representativo e a defender os direitos fundamentais definidos na Constituição Federal (art. 17 da CF, c/c a Lei n. 9.096/95). O partido político é o veículo do povo[12].

O conceito verdadeiro de partido político alia-se à democracia. Não podemos denominar de verdadeiros partidos aqueles que serviram ou servem aos regimes totalitários.

> Durante o regime militar, posterior a 1964, ficou claro que nem os partidos, nem os representantes eleitos, consoante ocorrera em 1937, tinham condição de transmitir aos detentores do poder os anseios e as ansiedades da população[13].

10. BONAVIDES, Paulo. *Ciência política*. 11. ed. São Paulo: Malheiros, 2005, p. 346.
11. RIBEIRO, Fávila. *Direito eleitoral*. Rio de Janeiro: Forense, 1976, p. 203.
12. SIQUEIRA JR., Paulo Hamilton. *Direito processual constitucional*. São Paulo: Saraiva, 2006, p. 163.
13. CENEVIVA, Walter. *Direito constitucional brasileiro*. 3. ed. atual. São Paulo: Saraiva, 2003, p. 123.

O partido é um agrupamento de pessoas ligadas entre si por uma ideologia comum. Daí surge o termo *ideologia partidária*.

> Instrumento insubstituível na organização jurídica e política do poder, a sua atuação instrumental e técnica não se acha, como, aliás, nenhuma outra técnica, condicionada a qualquer ideologia ou sistema. Estados democráticos ou totalitários, economias públicas liberais, capitalistas, socialistas ou comunistas, vivem hoje organizadas sob o signo partidário, seja no regime da pluralidade, da virtual dualidade ou no da unidade[14].

O partido político é muito mais do que uma simples associação, configurando-se como verdadeira instituição, vez que participa da própria estrutura do Estado Democrático de Direito[15].

> Organizações destinadas a congregar eleitores que participam dos mesmos interesses ou das mesmas ideologias ou da mesma orientação política, em relação aos problemas fundamentais do país, os partidos políticos são definidos como associações de cidadãos, homens e mulheres, maiores ou não, unidos por um *idem sentire et velle* político geral, associações estavelmente organizadas, que desenvolvem atividades continuadas, externas e públicas, dirigidas ao escopo de exercer influência sobre decisões políticas, ou, mais brevemente, como acordos entre certo número de cidadãos, para procederem em comum, eleições dos governantes, e na fiscalização do poder que estes exercem[16].

O partido político é o garante do Estado Democrático e Social de Direito. Da leitura da Constituição Federal e da legislação ordinária verifica-

---

14. CRETELLA JÚNIOR, José. Os *writs* na constituição de 1988. 2. ed. Rio de Janeiro: Forense Universitária, 1996, p. 81.
15. CRETELLA JÚNIOR, José. *Os* writs *na constituição de 1988*. 2. ed. Rio de Janeiro: Forense Universitária, 1996, p. 81: "o partido é uma instituição, ou seja, representa no conjunto da estrutura do Estado uma unidade, sob o ponto de vista dos elementos que a compõem e da sua personalidade jurídica". TELLES JUNIOR, Goffredo. O poder do povo. *Revista do Instituto dos Advogados de São Paulo*, 9:40-66. São Paulo: Revista dos Tribunais, jan./jun. 2006, p. 46: "Os partidos políticos são instituições. Apresentam as três notas comuns de todas as instituições: um ideal (ou ideais) a atingir e realizar; a comunhão humana de seus integrantes; e órgãos diretores ou governo da associação".
16. CRETELLA JÚNIOR, José. *Os* writs *na constituição de 1988*. 2. ed. Rio de Janeiro: Forense Universitária, 1996, p. 81.

-se a amplitude da atuação dos partidos políticos, sendo certo que deve interferir vigilantemente nos assuntos que interessam a nação[17].

3.2. Origem

O partido político é fruto da sociabilidade humana e da impossibilidade do povo exercer em todos os casos diretamente a atividade política, necessitando dessas agremiações para participar ativamente da vida do Estado. É uma instituição de suma importância para a manutenção do regime democrático, com profunda atuação na área do direito.

A instituição "partido político" é um fenômeno do século XIX. No Brasil os primeiros blocos políticos surgiram em 1834, com o surgimento do partido liberal (agremiação republicana) e o partido conservador. Em 1879 surge o partido republicano. Contudo, Ivan Lira de Carvalho resgata a origem histórica dos partidos políticos afirmando que

> a disputa do *forum* romano, entre o povo e os aristocratas, à época em que retumbava a oratória jovial de Cícero, atesta o delineamento dos blocos antagônicos que bem podem ser apontados como sementes do atual modelo partidário. Ainda na península que alberga a atual Itália, é conhecida a peleja travada anos a fio pelas famílias Capulleto e Montecchio em torno do poder local, bem assim os conflitos entre Guelfos e Gibelinos, defensores, respectivamente, do Papado e do Império Germânico, do século XII ao século XV. A Revolução Francesa foi fomentada por entidades informais, agregadoras de parcelas da população e de deputados em clubes e cafés, verdadeiros embriões partidários. Eram estes a Gironda (albergava os federalistas e os constitucionalistas, denominados por isso girondinos), a Montanha (reunia os exaltados jacobinos) e o Marais (reduto dos moderados). A partir desse quase involuntário modelo francês de organização partidária, contemporâneo da Constituinte daquele País (1789), veem-se formando os partidos políticos – quase sempre – a partir de blocos parlamentares, caldeados pela ação exógena das entidades classistas e de outros influenciadores de opinião, a máxime a imprensa[18].

---

17. FIGUEIREDO, Lúcia Valle. Partidos políticos e mandado de segurança coletivo, *RDP* 95:39.

18. CARVALHO, Ivan Lira de. O mandado de segurança coletivo e os partidos políticos. *Revista de Processo* 72:75-95. São Paulo: Revista dos Tribunais, out./dez. 1993, p. 77.

O partido político na concepção que conhecemos é um instituto recente. Entretanto, a história sempre identificou grupos de pressão que buscavam defender seus interesses perante o Estado.

Os partidos políticos são instituições que surgiram na Idade Moderna, como o advento do Estado Democrático, ou seja, sob a influência da participação do povo nos negócios do Estado. Nesse sentido, Cerroni afirma que

> en rigor, se ha querido ver el origen de los partidos en la Revolución Francesa y en el nacimiento de los clubes. Naturalmente, en ello hay algo de verdad: por otra parte en el curso de la Revolución Francesa se registra una gran irrupción popular en la vida política y una primera coloración social intensa de la lucha política. Sin embargo, es innegable que sólo con la formación de los grandes partidos socialistas europeos los nuevos organismos asumen (en la teoría y en la práctica) las tres características fundamentales que serían rasgos institucionales de todos los partidos: un programa homogéne, una organización extendida y estable[19].

Na convocação dos Estados Gerais por Luiz XVI, na França, verifica-se a existência dos grupos conservadores e reformistas, surgindo daí a nomenclatura *direita* e *esquerda*. O partido político na estrutura que conhecemos nasceu na Inglaterra e se consolidou nos Estados Unidos.

> Historicamente, a origem do partido pode remontar à primeira metade do século XIX, na Europa e nos Estados Unidos. É o momento da afirmação do poder da classe burguesa e, de um ponto de vista político, é o momento da difusão das instituições parlamentares ou da batalha política pela sua constituição[20].

Walber de Moura Agra ensina que

> os partidos políticos surgiram recentemente na história do direito político-constitucional, no final do século XIX e início do século XX. Sua finalidade seria servir como elo entre o exercício de poder e a população, aumentando a participação dos cidadãos nas decisões políticas. Pode-se dizer que quem

19. CERRONI, Umberto. Para una teoría del partido político. *Teoría marxista del partido político*, v. 1, 4. ed. Córdoba: Cuadernos de Pasado y Presente, 1975, p. 8.
20. BOBBIO, Norberto; MATTEUCCI, Nicola; PASQUINO, Gianfranco. *Dicionário de política*. 5. ed. Brasília: Universidade de Brasília: São Paulo: Imprensa Oficial do Estado, 2000, p. 899.

mais contribuiu para o seu aparecimento foram Lênin e Max Weber. O primeiro via o partido como uma forma de a classe trabalhadora se organizar e tomar o poder, e, depois, seria o partido político o instrumento fundamental para que se chegasse a uma sociedade sem classes sociais. O segundo dividiu os partidos e dois tipos: os de patronagem, compostos de elementos que tinham como única finalidade chegar ao poder e usufruir suas benesses; e os ideológicos, que têm uma determinada acepção de mundo, com toda uma carga valorativa, e tentavam implementá-la[21].

Benjamin Alves Rabello Filho escreve que

> a ideia de partido político remonta à Idade Média. É mais antigo o vocábulo partido na terminologia política que classe nas denominações sociais. Denominavam-se partido às facções que outrora dividiam as Repúblicas, os clãs italianos no período renascentista, os clubes onde se realizavam as reuniões dos deputados das Assembleias Revolucionárias, bem como os comitês que lhes preparavam as eleições censitárias e as organizações populares de democracia moderna. A justificativa para esta diversidade de interpretações num mesmo vocábulo está em que todas estas instituições tinham por objetivo a conquista e o exercício do poder. Na verdade, os verdadeiros partidos surgiram há pouco mais de um século. No seu perfil moderno, os partidos ganharam consistência, embora lenta, a partir da adoção do princípio da representatividade popular, com o surgimento em 1215, na Inglaterra, do incipiente poder legislativo decorrente da Carta Magna Baronorum, vindo a se consolidar, porém, efetivamente, em meados do século XIX. Até aquela época, embora já encontrássemos tendências de opiniões, clubes populares, associações de pensamento e até mesmo grupos parlamentares, não se conhecia partido político no sentido moderno do termo. É verdade que, gramaticalmente, a palavra partido designa parte de conjunto social e, por isso, já servia antes para designar grupos que, por qualquer razão, defendiam ideias sem aceitação universal[22].

3.3. Criação

O art. 17 da Constituição Federal traz o direito fundamental da livre criação partidária. Os partidos políticos, após adquirirem personalidade jurí-

21. AGRA, Walber de Moura. *Manual de direito constitucional*. São Paulo: Revista dos Tribunais, 2002, p. 275.
22. RABELLO FILHO, Benjamin Alves. *Partidos políticos no Brasil*: doutrina e legislação. Belo Horizonte: Del Rey, 2001, p. 20-21.

dica, na forma da lei civil, registrarão seus estatutos no Tribunal Superior Eleitoral (art. 17, § 2º, da Constituição Federal c/c art. 7º da Lei n. 9.096/95). O partido político adquire personalidade jurídica com o registro no cartório do registro civil das pessoas jurídicas de Brasília.

> O requerimento de registro de partido político, dirigido ao cartório competente do Registro Civil das Pessoas Jurídicas, da Capital Federal, deve ser subscrito pelos seus fundadores, em número nunca inferior a cento e um, com domicílio eleitoral em, no mínimo, um terço, dos Estados, e será acompanhado de: cópia autêntica da ata da reunião de fundação do partido; exemplares do Diário Oficial que publicou, no seu inteiro teor, o programa e o estatuto; relação de todos os fundadores com o nome completo, naturalidade, número do título eleitoral com a Zona, Seção, Município e Estado, profissão e endereço da residência (art. 8º, da Lei n. 9.096/95).

Após, o partido registra seu estatuto no Tribunal Superior Eleitoral. O registro definitivo dá-se quando o partido atingir caráter nacional.

A maturidade do partido político é alcançada por uma série de etapas. Roberto Amaral e Sérgio Sérvulo da Cunha explicam o nascimento dos partidos políticos:

> "Não podemos esquecer, também, que no sistema partidário brasileiro – reposto nos trilhos de sua evolução democrática pela Constituição de 1988 – temos o duplo registro partidário. O primeiro, realizado na forma da lei civil, que confere ao partido político uma existência embrionária, podendo exercitar pregação, movimentação política e arrebanhar prosélitos; e o segundo registro, realizado no judiciário eleitoral, com que adquire capacidade jurídica específica, isto é, a de participar de eleições, inscrevendo candidatos. No sistema constitucional-partidário brasileiro, são três os estágios em que se pode situar o partido-político: a infância (partido com registro na forma da lei civil), a maioridade (partido com registro no judiciário eleitoral) e a maturidade (partido com representantes eleitos e funcionamento parlamentar). Esses o degraus que, face à Constituição, estabelecem diferenças legítimas entre os partidos políticos existentes, situando-os em classes ou categorias distintas"[23].

---

23. AMARAL, Roberto; CUNHA, Sérgio Sérvulo da. *Manual das eleições*. 2. ed. São Paulo: Saraiva, 2002, p. 609.

Podemos verificar que a criação do partido político é de natureza complexa. O primeiro passo é o registro civil na Capital Federal. O segundo momento é o registro no Tribunal Superior Eleitoral. Importante frisar que para o registro no Tribunal Superior Eleitoral deve ser observado o art. 8º, § 3º, da Lei n. 9.096/95. O partido deverá proceder a constituição dos órgãos diretivos regionais e municipais com registro nos Tribunais Regionais Eleitorais. Após esse procedimento em pelo menos um terço dos Estados surge a possibilidade do registro do estatuto e do órgão diretivo nacional no Tribunal Superior Eleitoral.

3.4. Finalidade

O partido político possui a importante função de contribuir para a manutenção e o aprimoramento da democracia que passa necessariamente pela garantia e pelo implemento dos direitos humanos. Nessa esteira, o art. 1º da Lei n. 9.096/95 dita que "o partido político, pessoa jurídica de direito privado, destina-se a assegurar, no interesse do regime democrático, a autenticidade do sistema representativo e a defender os direitos fundamentais definidos na Constituição Federal".

O partido político tem por finalidade: 1. contribuir para a realização e preservação da Constituição; 2. formar líderes políticos e indicar candidatos a postos políticos; 3. realizar programa, com formulação de uma política nacional para o exercício do poder; 4. configurar-se como um meio de manifestação de toda a sociedade e não só de seus filiados; e 5. fiscalizar a realização das políticas públicas.

O partido político cumpre as aludidas finalidades institucionais por intermédio de ações políticas e jurídicas. No prisma jurídico, o partido político pode utilizar-se dos seguintes instrumentos: 1. ação direta de inconstitucionalidade (art. 103); 2. mandado de segurança coletivo (art. 5º, LXX); 3. ação civil pública (art. 129, III); 4. denunciar irregularidades ou ilegalidade perante os Tribunais de Contas (art. 74, § 2º).

O partido possui um programa com aspirações sociais. O partido político é o garante do Estado Democrático e Social de Direito, na medida que é um instrumento legítimo de participação política.

Da leitura da Constituição Federal e da legislação ordinária verifica-se a amplitude da atuação dos partidos políticos, sendo certo que deve interferir vigilantemente nos assuntos que interessam a nação. Paulo Bonavides indica os partidos políticos como "escola da cidadania":

> Ponto este de extraordinária relevância mostrar a valoração política, ética e social do partido político; que não há de considerar-se apenas a máquina eletiva do governo, mas a escola da cidadania, onde se preparam, se adestram e se aperfeiçoam as lideranças do presente e do futuro[24].
>
> Os partidos políticos são instrumentos de relevante importância na dinâmica do poder político, contribuindo para a interação entre governantes e governados nos sistemas de regimes representativos. São eles componentes de uma força coletiva de acionamento do processo político, necessários à luta em termos políticos pela conquista ou manutenção do poder[25].
>
> Os partidos políticos são grupos sociais de considerável amplitude, com o objetivo de disputar, conquistar e exercer o poder, nas diversas instâncias governamentais, colocando em prática suas teses e ideologias"[26].

4. CIDADANIA E PARTIDOS POLÍTICOS

O partido político é um instrumento da cidadania. "A razão de ser dos partidos é tornar viável a participação da sociedade no poder, para que este cumpra sua função de ser um serviço aos cidadãos, utilizando a autoridade de que se reveste e que deve ter seu alicerce na lei"[27].

A representação política torna-se elemento indispensável para o desenvolvimento da democracia. Não há dúvida que se verifica uma crise nesse importante aspecto da democracia contemporânea. Os partidos políticos não conseguem se inserir como instrumentos legítimos de representação dos anseios do povo no Congresso Nacional. Com o intuito de buscar a

---

24. BONAVIDES, Paulo. Prefácio. In: KLEIN, Antonio Carlos. *A importância dos partidos políticos no funcionamento do Estado*. Brasília: Brasília Jurídica, 2002.
25. RABELLO FILHO, Benjamin Alves. *Partidos políticos no Brasil*: doutrina e legislação. Belo Horizonte: Del Rey, 2001, p. 35.
26. RABELLO FILHO, Benjamin Alves. *Partidos políticos no Brasil*: doutrina e legislação. Belo Horizonte: Del Rey, 2001, p. 41.
27. RABELLO FILHO, Benjamin Alves. *Partidos políticos no Brasil*: doutrina e legislação. Belo Horizonte: Del Rey, 2001, p. 19.

efetiva representação política, exercida pelos partidos, surge na agenda o tema "reforma política".

A Constituição de 1988 ampliou o conceito de representação política evoluindo para cidadania, que é o conceito de democracia participativa. A crise na representação política se agrava pela massificação da sociedade. No aspecto puramente político verifica-se o enfraquecimento da ideologia partidária, que dilui o vínculo entre o parlamentar e o partido e em consequência provoca a distorção na proporcionalidade parlamentar.

Primeiro precisamos estabelecer ou verificar o conceito de representação. O parlamentar representa a vontade geral ou interesse geral e não interesses particulares desta ou daquela categoria. Nesse sentido, Rousseau escreve que

> a soberania não pode ser representada, pela mesma razão por que não pode ser alienada; ela consiste, essencialmente, na vontade geral, e a vontade não se representa; ela é a mesma ou é outra; não há meio-termo. Os deputados do povo não são, pois, nem podem ser, seus representantes, já que não possam de comissários; nada podem concluir definitivamente. Toda lei que o povo não ratificou em pessoa é nula; não é uma lei. O povo inglês pensa ser livre; ele se engana muito, pois só o é durante a eleição dos membros do Parlamento; assim que são eleitos, o povo torna-se escravo, não é nada. No curto momento de sua liberdade, o uso que dela faz bem merece que a perca. A ideia dos representantes é moderna: ela nos vem do governo feudal, daquele iníquo e absurdo governo, no qual a espécie humana é degradada, e onde o nome do homem está desonrado. Nas antigas repúblicas e mesmo nas monarquias, jamais o povo teve representantes; não se conhecia essa palavra. É muito estranho que, em Roma, onde os tribunos eram tão sagrados, não se tenha nem imaginado que pudessem usurpar as funções do povo, e que no meio de uma tão grande multidão jamais tivessem tentado passar seu chefe num só plebiscito. Entretanto, julgue-se o embaraço que às vezes causava a multidão, pelo que acontecia ao tempo dos Gracos, onde uma parte dos cidadãos dava seu sufrágio em cima dos telhados[28].

No contexto social verificamos o descrédito na classe política, o desinteresse pelos assuntos político e coletivos, fruto do individualismo e hedonis-

---

28. ROUSSEAU, Jean-Jacques. *Do contrato social*: princípios do direito político. Trad. J. Cretella Jr.; Agnes Cretella. São Paulo: Revista dos Tribunais, 2002, p. 125.

mo reinante na pós-modernidade, e esses fatores causam uma verdadeira crise nos partidos políticos. A crise se verifica pelo fato de que partido político se afastou da função de representar os anseios do povo por meio da cidadania.

CONCLUSÃO

A democracia se desenvolve por meio dos partidos políticos e, não obstante a crise dos partidos e da própria representatividade, deve-se buscar meios de fortalecimento da estrutura partidária, pois a centralidade da representação por meio dos partidos políticos é inerente à democracia. "Na democracia moderna não há poder estatal se não há partido político"[29].

Os partidos políticos ocupam um relevante papel na vida democrática, vez que é o instrumento de exercício da cidadania. A cidadania não é exercida apenas por intermédio dos partidos políticos, mas indubitavelmente é uma das organizações mais bem estruturadas para esse fim.

A sociedade civil organizada tem buscado esse espaço de exercício da cidadania, com reconhecimento pelo próprio sistema jurídico. Essas instituições que têm finalidade política e por isso exercem pressão nos órgãos governamentais carecem de regulação jurídica.

A proliferação de partidos fragiliza a democracia. Não é bom um número ilimitado de partidos com ideologias similares, o que gera dois partidos fracos sem possibilidade de interferir nos destinos da nação.

Partido político num primeiro momento possui a finalidade de representar a ideologia de determinada parcela da sociedade. Ocorre que há uma grave distorção em relação aos Estados. A regra básica da democracia "igualdade de voto – *one man one vote*" é fragilizada em relação ao número de deputados por Estado, na medida em que nenhum Estado da Federação deve ter menos de oito e mais de setenta deputados.

A vida política é condição para o fortalecimento dos partidos e da democracia. Cabe anotar que essa fidelidade não pode ser absoluta, pois o parlamentar não pode ser escravo do partido a ponto de ofender a sua consciência.

---

29. AMARAL, Roberto; CUNHA, Sérgio Sérvulo da. *Manual das eleições*. 3. ed. rev. e atual. São Paulo: Saraiva, 2006, p. 676.

O advento do Estado Democrático e Social de Direito ampliou a interferência do Estado na vida cotidiana, o que gera como consequência natural o surgimento de grupos de pressão que procuram defender seus interesses frente à estrutura estatal, que deve ser exercida primordialmente pelos partidos políticos.

REFERÊNCIAS

AGRA, Walber de Moura. *Manual de direito constitucional.* São Paulo: Revista dos Tribunais, 2002, p. 275.

AMARAL, Roberto; CUNHA, Sérgio Sérvulo da. *Manual das eleições.* 2. ed. São Paulo: Saraiva, 2002, p. 609.

BOBBIO, Norberto; MATTEUCCI, Nicola; PASQUINO, Gianfranco. *Dicionário de política.* 5. ed. Brasília: Universidade de Brasília: São Paulo: Imprensa Oficial do Estado, 2000, p. 899.

BONAVIDES, Paulo. *Ciência política.* 11. ed. São Paulo: Malheiros, 2005. p. 346.

BONAVIDES, Paulo. *Curso de direito constitucional.* 24. ed. São Paulo: Malheiros, 2009.

BONAVIDES, Paulo. Prefácio. In: KLEIN, Antonio Carlos. *A importância dos partidos políticos no funcionamento do Estado.* Brasília: Brasília Jurídica, 2002.

BURDEAU, Georges. *Droit constutionnel et institutions politiques.* 7. ed. Paris: Librairie Générale, 1957.

CANOTILHO, J. J. Gomes. *Direito constitucional e teoria da constituição.* 5. ed. Coimbra: Coimbra, 1991.

CARVALHO, Ivan Lira de. O mandado de segurança coletivo e os partidos políticos. *Revista de Processo* 72:75-95. São Paulo: Revista dos Tribunais, out./dez. 1993.

CENEVIVA, Walter. *Direito constitucional brasileiro.* 3. ed. atual. São Paulo: Saraiva, 2003.

CERRONI, Umberto. Para una teoría del partido político. *Teoría marxista del partido político,* v. 1, 4. ed. Córdoba: Cuadernos de Pasado y Presente, 1975.

CRETELLA JÚNIOR, José. *Os* writs *na Constituição de 1988.* 2. ed. Rio de Janeiro: Forense Universitária, 1996.

FIGUEIREDO, Lúcia Valle. Partidos políticos e mandado de segurança coletivo. *RDP* 95:37-41. São Paulo: Revista dos Tribunais, 1990.

LENZA, Pedro. *Direito constitucional esquematizado.* 13. ed. São Paulo: Saraiva, 2009.

MAGRI, Wallace Ricardo. *Hermenêutica jurídica:* proposta semiótica. Tese (Doutorado) – Universidade de São Paulo: São Paulo, 2012.

MEDEIROS, Fabrício Juliano Mendes. *Eleições de 2014 restringem a substituição de candidatos.* Disponível em: http://www.conjur.com.br/2014-mar-15/fabricio--medeiros-eleicoes-2014-restringem-substituicao-candidatos. Acesso em: 8 jun. 2014.

MENDES, Gilmar Ferreira. *Controle abstrato de constitucionalidade.* ADI, ADC e ADO: comentários à Lei n. 9.868/99. São Paulo: Saraiva, 2012.

MIRANDA, Jorge. *Manual de direito constitucional.* 4. ed. rev. e atual. Coimbra: Coimbra, 2013. t. IV.

RABELLO FILHO, Benjamin Alves. *Partidos políticos no Brasil:* doutrina e legislação. Belo Horizonte: Del Rey, 2001, p. 20-21.

RABELLO FILHO, Benjamin Alves. *Partidos políticos no Brasil*: doutrina e legislação. Belo Horizonte: Del Rey, 2001, p. 35.

RIBEIRO, Fávila. *Direito eleitoral.* Rio de Janeiro: Forense, 1976, p. 203.

ROSA, Antonio José Miguel Feu. *Direito constitucional.* São Paulo: Saraiva, 1998, p. 468.

ROUSSEAU, Jean-Jacques. *Do contrato social*: princípios do direito político. Trad. J. Cretella Jr.; Agnes Cretella. São Paulo: Revista dos Tribunais, 2002, p. 125.

SIQUEIRA JR., Paulo Hamilton. *Direito processual constitucional*. São Paulo: Saraiva, 2006, p. 163.

TELLES JUNIOR, Goffredo. O poder do povo. *Revista do Instituto dos Advogados de São Paulo* 9:40-66. São Paulo: Revista dos Tribunais, jan./jun. 2006.

VEGA, Augusto Martín de La. *La sentencia constitucional en Italia*. Madrid: Centro de Estudios Políticos y Constitucionales, 2003.

A manipulação das redes sociais: a construção da desinformação como arma de propaganda eleitoral

Vânia Siciliano Aieta[1]

O fenômeno da desinformação no universo das redes sociais nos impõe preliminarmente a observância do binômio ***fake news*** e **democracia**. Devemos fazer a distinção entre a **criação de informações falsas**, que ocorre nos casos em que a informação nasce intencionalmente falsa, do fenômeno denominado ***misinformation***, que é a veiculação inadvertida de informações falsas ou imprecisas.

A criação de informações falsas tem o objetivo explícito de enganar. No caso da *misinformation*, estaremos diante de conteúdos que podem ou não ser falsos, mas que são utilizados de modo a transformar a informação veiculada em um produto enganoso ou ilusório. Desse modo, o enfrentamento das *fake news* se distingue em distintos vetores, que são a verdade, a verdade mal contada e a mentira.

Fazer a distinção dessas realidades é relevante para a tarefa de se pensar formas de contra-atacar as *fake news*, seja pela **via regulatória** ou por **meio de decisões judiciais que determinem a retirada de conteúdo** da rede.

---

1. Professora do Programa de Pós-Graduação em Direito da Faculdade de Direito da UERJ, Pós-Doutora em Direito Constitucional pela Universidade de Santiago de Compostela, Espanha, e pela PUC-Rio, Brasil. Doutora em Direito Constitucional pela PUC-SP, Mestre em Teoria Geral do Estado e Direito Constitucional pela PUC-Rio. *Visiting Researcher* na Universidade de Santiago de Compostela, Espanha, e *Visiting Scholar* na Universitá Unitelma Sapienza, Roma, Itália.

A tarefa de construção de uma definição conceitual do que seja ou não *fake news* é desafiadora e complexa. A First Draft, organização sem fins lucrativos que dissemina boas práticas no compartilhamento de conteúdo na Internet, propõe sete situações diferenciadas, a saber: a **falsa conexão**, quando manchetes, ilustrações ou legendas não confirmam o conteúdo veiculado; o **falso contexto**, quando o conteúdo é compartilhado com outras informações falsas; a **manipulação do contexto**, quando a informação é manipulada para enganar; o **conteúdo enganoso**; que é o uso de informações falaciosas para enquadrar uma questão ou indivíduo; o **conteúdo impostor**, quando fontes genuínas são imitadas ou transcritas; o **conteúdo fabricado**, que é um conteúdo novo, mas inteiramente falso, criado para ludibriar e prejudicar; a **sátira ou paródia**; para os casos onde não há intenção de prejudicar, mas tem potencial para enganar.

Nas últimas eleições brasileiras, a mídia tradicional teve muita dificuldade em lidar com a profusão de notícias falsas, fato constantemente abordado nos noticiários. Na realidade, o modo como tais notícias são veiculadas nos dias atuais tem como esteio principal a manipulação dos processos cognitivos dos consumidores de informação. Essas características sistêmicas funcionam como estrutura de controle das redes sociais.

A expressão *fake news* é utilizada, por vezes, de forma inapropriada e conflitante. Faz-se necessário asseverar que notícias falsas não podem ser confundidas com outras formas de desinformação pública, pois o que ocorre, hoje, no mundo da política, é que tudo o que desagrada como "crítica" mais contundente é falaciosamente denominado *fake news*. Sem ser *fake news*, pois há uma diferença crucial entre mentira objetiva e manipulação da informação através de uma "perspectiva jornalística" manipuladora, malgrado não revele essencialmente uma inverdade, mas tão somente uma leitura interpretativa por um viés ideologizado, o que não se deflagra como propriamente o malefício causado pela incidência de *fake news*.

A veiculação de informações falsas pode gerar má alocação de recursos, desalinhamento de investimentos empresariais, eleições mal informadas e uma série de outros danos que vêm sendo notados ao redor do mundo. O atual sistema informacional opera de maneira disfuncional para a esfera pública democrática, culminando na incapacidade dos indivíduos em conviver com discursos racionais e bem informados sobre a sociedade. Ao revés, observa-se tão somente polarização e extremismo ideológico.

Os primeiros desafios a serem enfrentados estão ligados a uma maior colaboração científica a partir das perspectivas das empresas de tecnologia e da academia, havendo inclusive quem argumente uma responsabilidade ética e social, transcendendo as forças do mercado, para que as plataformas contribuam com os dados (que possam contribuir e não estejam totalmente protegidos por leis de propriedade industrial) para pesquisas sobre a veiculação de informações falsas, especialmente sobre comportamento e psicologia humana. Entender como as notícias falsas se espalham é o primeiro passo para contê-las.

Sociedade algorítmica é a primeira conceituação que se deve enfrentar no caminho para a compreensão da problemática. Significa uma sociedade organizada em torno da tomada de decisão social e econômica por algoritmos, robôs e agentes de inteligência artificial, que não só tomam as decisões, mas também, em alguns casos, as realizam. Os algoritmos de busca são fundamentais para nossa experiência na Internet, pois, sem eles, teríamos que escolher dentre os milhões de comentários e notícias postadas diariamente, o que seria hercúleo e praticamente inviabilizaria o consumo.

Contudo, em uma sociedade livre, as pessoas possuem maiores condições para filtrar materiais indesejados. Por sua vez, ambientes políticos pouco democráticos forçam as pessoas a ler ou assistir conteúdo específico. Nas nações livres, quem lê jornais pode não ler o mesmo jornal; outras pessoas não irão ler nenhum jornal. Todos os dias, as pessoas fazem escolhas pelos seus gostos e ponto de vista.

O simples fato de o cérebro humano tomar essa ou aquela decisão, seja sobre o tipo de comida que escolhemos ingerir, ou o veículo de notícias que escolhemos dar atenção, faz com que estejamos realizando algum tipo de filtragem. É bom ter em mente que os **algoritmos**, no sentido literal da palavra, nada mais são do que sequências finitas de ações executáveis que visam a obter uma solução para determinado tipo de problema, ou seja, seu uso pode ser entendido como a **aplicação de uma fórmula matemática a um determinado contexto, para solucionar um problema**.

Porém, em se tratando dos algoritmos que nos interessam para estudar o sistema informacional, ocorre a aplicação de sequências de ações executáveis com a **finalidade de filtrar e direcionar conteúdo informacional**. As redes sociais, bem como a maioria dos serviços de comunicação *on-line*, contam com algoritmos para determinar como as notícias, na verdade, qualquer conteúdo, serão disseminadas e consumidas. Isso quer dizer que, além da filtragem automaticamente feita pelo nosso cérebro, que precisa escolher qual conteúdo deverá prestar atenção, soma-se a essa filtragem preliminar cerebral a filtragem algorítmica das novas tecnologias. Portanto, as informações fornecidas no *feed* de notícias do Facebook, na pesquisa do Google e nos tópicos do Twitter são selecionadas e priorizadas por algoritmos altamente complexos, os quais constituem propriedade industrial dessas empresas, e que foram codificados para classificar, filtrar e fornecer conteúdo de modo a maximizar o engajamento dos usuários com o conteúdo e tempo gasto na plataforma.

Assim, os algoritmos organizam o grande volume de informações produzidas e compartilhadas nas plataformas, personalizando o conteúdo em torno dos interesses dos usuários e em torno dos interesses de pessoas que têm hábitos e perfis *on-line* semelhantes. O que acontece de diferente, no entanto, é que já há algum tempo indivíduos e empresas tentam aplicar esses sistemas de filtragem para fins de marketing e consumo.

Em um contexto de disputa pela atenção, a desinformação se perfaz como arma de controle político e social. Ao enfrentar o assunto, Tim Wu, professor de Direito da Universidade de Columbia, explica que vários desenvolvimentos tecnológicos e econômicos importantes nas últimas duas décadas transformaram a relativa escassez de atenção da fala e do ouvinte. O primeiro desenvolvimento está associado à popularização da Internet: a queda maciça desde os anos 90 nos custos de ser um comunicador *on-line*. Esse fato ficou conhecido como “discurso barato” ou “inundação de informação”, pois com as ferramentas oferecidas pelas redes sociais qualquer pessoa pode disseminar ideias na esfera pública digital.

Desse modo, ao contrário do século XX, vivemos em uma época em que os cidadãos, usuários das redes sociais, recebem ou não essa ou aquela informação porque seus algoritmos de pesquisa decidiram que elas eram ou não eram relevantes para esse indivíduo, ou simplesmente porque sua atenção já foi capturada por outros serviços *on-line*.

A informação é abundante e qualquer pessoa se manifesta, malgrado ser ouvido seja difícil. Como consequência disso, o tempo e a atenção dos indivíduos se tornaram *commodities* altamente valorizadas. O segundo desenvolvimento apontado por Tim Wu, em mais longo prazo, tem sido justamente o surgimento de uma "indústria da atenção", ou seja, um conjunto de atores cujo modelo de negócio é a revenda da atenção humana.

A conclusão é que a ascensão e centralidade da publicidade e propaganda nesses modelos de negócios da indústria da atenção têm o amplo efeito de tornar a atenção do ouvinte cada vez mais valiosa.

O terceiro desenvolvimento apontado pelo pesquisador é o surgimento dos "filtros-bolha", os quais, considerando a importância dada às "cascatas cibernéticas", podem ser definidos como um conjunto de dados gerado por todos os mecanismos algorítmicos utilizados para se fazer uma edição invisível voltada à customização da navegação *on-line*. Em outras palavras, é uma espécie de personificação dos conteúdos da rede, feita por determinadas empresas como o Google, através de seus mecanismos de busca, e redes sociais como o Facebook, entre diversas outras plataformas e provedores de conteúdo.

Forma-se, a partir das características de navegação de cada pessoa, um universo particular *on-line*, tanto acessível, quanto (e principalmente) imposto, condicionando sua navegação. Isso se dá a partir do rastreamento de diversos elementos, dentre eles, a localização do usuário e o registro dos *cookies*, assim como os dados de acesso.

Portanto, o resultado de cada um de nós estarmos, involuntariamente, inseridos em um **filtro-bolha** é meticulosamente definido a partir de nossas preferências e costumes de navegação, fazendo com que, ao buscarmos por uma informação na rede, sejamos direcionados a um tipo de conteúdo específico, enquanto outra pessoa qualquer, cujos diferentes hábitos foram igualmente filtrados por seus próprios algoritmos, se depare com um conteúdo bastante diverso.

Como resultado disso, os usuários se distanciam de informações que discordam de seus pontos de vista, isolando-se efetivamente em suas próprias bolhas culturais ou ideológicas, de maneira que os filtros-bolha podem ser, definitivamente, considerados como isoladores intelectuais.

A questão dos filtros-bolha ganha ainda mais importância quando analisada sob a ótica das **cascatas de informação**, extremamente comuns no sistema informacional *on-line*. Ora, se os algoritmos de controle são capazes de dividir as pessoas em nichos fragmentados e polarizados.

Nessa perspectiva, as redes sociais tornam mais fácil ouvir opiniões de outros que pensam da mesma maneira e isolar-se das visões concorrentes, o que é ainda mais intensificado no caso de usuários que simplesmente excluem os vínculos *on-line* com "opositores políticos". Só por essa razão as plataformas interativas já se mostram um terreno fértil para a polarização e potencialmente perigoso para a democracia e a paz social. Há dois principais motivos para a polarização de grupos. O primeiro deles tem a ver com a persuasão, e por isso está mais relacionado às cascatas informativas. Já o segundo está conectado ao que se convencionou chamar de "cascatas reputacionais", e leva em conta o fato de que as pessoas querem ser percebidas favoravelmente por outros membros do grupo do qual se sentem partícipes.

Em uma cascata informacional, as pessoas deixam de confiar em determinado ponto em suas informações ou opiniões privadas. Elas decidem, em vez disso, com base nos sinais transmitidos por outros. Segue-se que o comportamento das primeiras poucas pessoas, ou mesmo uma, pode, em teoria, produzir um comportamento similar de inúmeros seguidores.

Em uma cascata de reputação, as pessoas pensam que sabem o que é certo ou o que é provável que seja certo, mas, não obstante, acompanham a multidão para manter a boa opinião de outros. Mesmo as pessoas mais confiantes às vezes são vítimas dessa pressão, silenciando-se no processo. Temendo a ira dos outros, as pessoas não contestam publicamente práticas e valores que privadamente abominam.

A preocupação aqui é de que, para uma democracia funcionar bem, as pessoas não podem viver em casulos de informação. Elas devem estar em contato com outros pontos de vista e ideias. Na verdade, elas deveriam fazer isso mesmo sem querer ver ou ouvir sobre determinados tópicos, pois é isso que faz com que os cidadãos estejam em contato com a pluralidade e as muitas outras visões de mundo. Considerando que boa parte da informação que consumimos nos é trazida por meio das redes sociais, e que esses novos transmissores de informação estão personalizando o conteúdo que recebemos. A personalização do conteúdo é possível a partir da coleta de dados e outras informações que deixamos espalhadas pela rede.

Com o surgimento da inteligência artificial, os algoritmos tendem a melhorar imensamente. Eles aprenderão muito sobre você e saberão o que você quer ou prefere, conhecendo emoções, sendo capazes de imitar emoções por conta própria. E se o algoritmo conhece suas predileções de toda ordem saberá também quais os candidatos políticos que serão atraentes para você. E, se souber quais *sites* você visita, pode saber quais produtos você provavelmente comprará e o que você pensa sobre os assuntos que estão em pauta na contemporaneidade.

O Facebook, por exemplo, provavelmente conhece suas convicções políticas. Ele categoriza seus usuários como muito conservadores, conservadores, moderados, liberais e muito liberais. Ele faz isso observando as páginas que você gosta.

Outro aspecto importante a ser observado é que as mídias sociais vieram ao mundo não como órgãos da imprensa livre ou serviços de notícias e informações, não como mediadoras entre cidadão e Estado e nem sequer como mediadoras entre cidadãos e cidadãos, mas como formas de socializar. A função das mídias sociais como canais de transmissão de informações, incluindo-se aqui o noticiário político, simplesmente aconteceu natural e paulatinamente.

Mas, certamente, não foi com essa finalidade que as plataformas interativas foram concebidas ou aparentemente planejadas; inclusive porque essas plataformas estão em constante mutação, uma regra fundamental do ambiente tecnológico. Contudo, preparadas ou não para isso, a realidade é que essas plataformas são novas instituições do atual fluxo informacional.

No entanto, pode-se considerar que as missões do jornalismo e das plataformas estão, de certa forma, em desacordo, pois enquanto o jornalismo tenta fornecer os fatos necessários, mas às vezes desconfortáveis, bem como o contexto pertinente para dar sentido a eles e manter o cidadão bem informado, as redes sociais visam fornecer informações desejadas e divertidas para manter seus usuários felizes e interessados, captando o máximo de atenção, pelo maior tempo possível. Assim, estamos diante de "zumbis" teleguiados pelo hedonismo ofertado.

A deliberação pública aperfeiçoa a qualidade das decisões na democracia, permitindo aos indivíduos compreenderem melhor os interesses existentes na sociedade, e mesmo quando a deliberação pública produz mais desacordos do que acordos, do ponto de vista democrático-institucional isso também pode ser positivo. O grande desafio, contudo, é o enfrentamento da mentira, sobretudo na política.

O problema é intensificado pela dificuldade de compatibilização da existência dos filtros-bolha e das cascatas cibernéticas que nos deixam reféns dos algoritmos desenvolvidos pelas mídias sociais, criando obstáculos sérios ao acesso à informação. Nessa perspectiva, ainda há a problemática da filtragem algorítmica e o alto grau de personalização de conteúdo, cabendo reportar como o recente caso Cambridge Analytica transportou a discussão para a **ótica eleitoral**.

É sob o enfoque da personalização da rede e do direcionamento de informação para nichos políticos que o caso Cambridge Analytica chocou o mundo, pois por meio do tratamento dos dados pessoais de usuários coletados no Facebook a empresa conseguiu desenvolver perfis "psicográficos" para cada indivíduo, permitindo um direcionamento de discurso ainda mais subjetivo.

O mapeamento de preferências e costumes na rede é uma estratégia que já vinha sendo utilizada em larga escala pelo marketing digital e pelo comércio *on-line*. Individualizando-se ao máximo os consumidores, as plataformas são capazes de definir nossas preferências de consumo, impondo psicologicamente produtos e serviços, tudo isso através de um lucrativo mercado de comércio de dados.

Com a utilização dos perfis psicográficos, é possível não apenas identificar **quais eleitores são mais propensos a serem cooptados por certas causas**, candidatos, assuntos e até frases de efeito, mas também **manipular a informação para prever e alterar o comportamento futuro desses potenciais eleitores**, por meio de propaganda personalizada, adaptativa e viciante.

O objetivo não é apenas avaliar corretamente o provável comportamento do eleitor, mas, quando necessário, mudá-lo, explorando suas emoções. Sobre o aproveitamento das emoções, é importante ressaltar que uma das facetas da desinformação é justamente a manipulação das emoções e dos instintos humanos via conteúdo com pretenso verniz jornalístico, ou seja, através de frases apelativas, cores e *designs* sedutores. A partir daí, os estágios emocionais podem ser transferidos para outros, provocando contágio emocional pelas redes sociais. Assim, é possível levar um indivíduo a experimentar as mesmas emoções sentidas por aqueles que os rodeiam nas redes.

Em pelo menos 20 países padrões característicos de atividade *on-line* sugeriram o uso coordenado de tais *bots* para influenciar o cenário político. O uso desses robôs na Política é feito com três objetivos principais: (1) fingir apoio de base para determinado ator político (tática também conhecida como "*astroturfing*"), (2) desagrupar oponentes e (3) afastar a atenção de assuntos polêmicos, manipulando os chamados "*trend topics*".

No contexto de disputas político-eleitorais, os robôs podem ser manuseados para distorcer a dimensão de movimentos políticos, manipular e radicalizar debates na esfera pública e criar falsas percepções sobre disputas e consensos nas redes sociais. É possível medir o poder de uma *fake news* pela viralidade da mentira que ela propaga, pela velocidade com que é disseminada e pelo número de pessoas que recebem e acreditam na falsidade. Muitos fatores podem impulsionar a popularidade de uma história, mas o ritmo com que as mentiras podem viajar nas plataformas interativas é certamente potencializado pelo uso coordenado de *bots*, e não apenas por razões diretamente relacionadas ao conteúdo disseminado.

Essas contas automatizadas se apresentam como humanos no Facebook, no Twitter e em outras redes sociais. Há pesquisas que estimam que o Twitter tenha até 48 milhões de robôs-usuários e o Facebook já entre 67,65 milhões e 137,76 milhões de usuários falsos, sendo alguns deles aproveitados para ajudar a espalhar desinformação e outras táticas de guerra cibernética, como a perseguição a jornalistas. No Twitter, por exemplo, contas de *bots* costumam tuitar com frequência, retuitar uns aos outros e disseminar *links* para conteúdo externo com mais frequência do que as contas operadas por humanos.

Esse uso malicioso de robôs representa uma sofisticada e lucrativa indústria transnacional de "*likes*" e seguidores, que opera nas sombras da Internet.

O atual modelo financeiro das mídias digitais favorece e incentiva o fenômeno das *fake news*: quanto mais cliques, maior o retorno. A remuneração através de anúncios nem sempre está relacionada ao conteúdo que é disponibilizado, mas sim à quantidade de acessos. Os autores dessas notícias, então, buscam maximizar o tráfego em suas páginas e, consequentemente, o lucro.

Desse modo, o problema se bifurca. A primeira complicação é que as informações falsas (principalmente as que apelam para as emoções) são mais lucrativas do que *links* com notícias verdadeiras, porque aquelas são mais chamativas (*click baits*). O segundo obstáculo é que, no universo desse mercado da atenção, os algoritmos utilizados pelas plataformas para nos direcionar conteúdo possuem um altíssimo valor de mercado, estando protegidos por leis de propriedade intelectual e por protocolos de segurança empresariais. No primeiro desafio apresentado, as plataformas interativas precisam do dinheiro da publicidade, sendo que nos modelos de negócio praticados por elas (mercado de captação de atenção) o dinheiro é gerado por cliques. Por sua vez, a segunda questão está relacionada à falta de transparência na maneira como os algoritmos trabalham para canalizar informações e notícias através dos *feeds* das redes sociais ou dos provedores de busca, bem como a nossa impossibilidade de questionar ou alterar o tratamento desses dados, uma vez que os algoritmos acabam virando os "editores" de conteúdo.

Portanto, além das *fake news* serem mais lucrativas, não temos controle sobre como e por que uma ou outra notícia apareceu, em detrimento de outra. Para tentar o problema, os pesquisadores da área propuseram que as mídias sociais passem a ranquear as fontes de informação por um critério de qualidade, de modo que as plataformas fornecessem aos consumidores sinais da qualidade da origem da informação que poderiam ser incorporados aos *rankings* algorítmicos de conteúdo.

No entanto, permitir o ranqueamento de notícias pode se aproximar da figura de um curador da qualidade do discurso público, como se fosse possível situar algum ente (estatal ou privado) na posição de avaliar o que merece e o que não merece ser dito. De um lado, permitir o ranqueamento pelas plataformas pode levantar questões sérias sobre estarmos depositando poderes demais nessas empresas de tecnologia, que também possuem seus interesses econômicos e privados. Na outra face da moeda, caso soluções governamentais fossem buscadas, o problema persistiria, pois se o Estado passasse a ranquear os órgãos da imprensa, estaríamos nos aproximando da censura e do controle dos discursos e a liberdade de imprensa é crucial para um ambiente democrático.

Embora seja inegável que as plataformas possam contribuir com soluções para o problema, o que elas já vêm fazendo, a sociedade civil também precisa criar seus mecanismos de averiguação da verdade. Até porque o problema da disseminação de informações falsas não é culpa exclusiva de contas automatizadas. O comportamento humano contribui mais para a disseminação diferencial de falsidades e verdades do que os robôs automatizados. Isso implica que as políticas de contenção de informações falsas também devem enfatizar intervenções comportamentais, como recompensar e incentivar a dissolução da disseminação de desinformação, notadamente através da EDUCAÇÃO, em vez de se concentrar exclusivamente em cercear os *bots*. Entender a lógica e as razões para a disseminação das notícias falsas é o primeiro passo para contê-las.

No intuito de minorar a problemática das *fake news*, surgem agências de checagem de fatos, verdadeiras ferramentas de conscientização dos usuários sobre *fake news* e de checagem de fatos por palavras-chaves e robôs automatizados, como a recente ferramenta brasileira PegaBot, ou as colunas e setores da mídia tradicional destinados apenas a desbancar informações falsas. Já do lado das plataformas, é crucial continuar a revisão dos termos de uso e das políticas de privacidade para dificultar a utilização de *bots* no impulsionamento de *fake news*, além de investir em inteligência artificial capaz de detectar conteúdo falso e ações orquestradas por *bots* e atores políticos maliciosos.

Um exemplo interessante para analisar acerca da influência das *fake news* nos processos eleitorais é o caso das eleições presidenciais americanas de 2016, quando foi desvelado ao mundo de forma mais visível a guerra cibernética via desinformação, *troll armies* e *overload* informacional.

Segundo as agências de inteligência norte-americanas, a Rússia interferiu ativamente nas eleições presidenciais de 2016 nos Estados Unidos por meio de campanhas de desinformação e propaganda realizadas em grande parte pelas redes sociais. Percebe-se também que a interferência russa vem sendo notada em outros lugares, pois o modelo com características de **guerra cibernética** vem se repetindo em vários países ao longo dos últimos anos, especialmente à medida que momentos eleitorais significativos se aproximam.

A influência em eleições se dá, resumidamente, pela distorção de fatos, pelo microdirecionamento dos eleitores, para persuadi-los a votar de certa maneira ou apenas para reprimir seu desejo de votar. A Rússia tem realizado tentativas de interferir na opinião pública, apoiando organizações que criam e disseminam desinformação, conteúdo falso e hiper-partidário, com o objetivo de minar a confiança pública e de desestabilizar os estados democráticos. Trata-se de uma ameaça ativa, configurando-se como um verdadeiro modelo de guerra cibernética pela via informacional.

Agindo de forma bastante sofisticada e eficaz, pela perseguição *on-line* abusiva, perpetrada por exércitos cibernéticos, também chamados de "*web brigades*" ou *troll armys*, esses grupos visam ameaçar, hackear e ofender jornalistas e veículos de comunicação, para que pensem duas vezes antes de escrever conteúdo crítico, tornando o jornalismo político patrulhado e ameaçado.

O modelo se utiliza da "arquitetura de controle das redes sociais" para minar o sistema informacional, desviando a atenção direcionada a temas-chaves para debates políticos menos importantes por meio da manipulação de *trend topics* e criação estratégica de notícias falsas e cascatas cibernéticas, bem como para perseguição da imprensa livre.

No Brasil, o jornal *Folha de S.Paulo* denunciou, nas últimas eleições, um suposto esquema de envio em massa de mensagens via aplicativo do WhatsApp, programado já nas últimas semanas das eleições para disseminar em massa conteúdo nos últimos dias antes do segundo turno, existindo indícios suficientes para confirmar que o modelo de propaganda russo vem tomando conta do sistema informacional brasileiro como canal de distribuição de *fake news*.

Por sua vez, o WhatsApp, que também é controlado pelo Facebook, vem investindo em melhorias para evitar a desinformação em massa. Alguns dos exemplos de mudança na plataforma são: a restrição dos grupos para até 250 membros; a criação da advertência "encaminhada" quando mensagens são compartilhadas de uma janela para outra (sinalizando a possibilidade de ser uma corrente tentando propagar informação em cascata); e restrições na quantidade de usuários em listas de transmissão e compartilhamento de mensagens.

Além disso, a empresa vem trabalhando em conjunto com o Poder Judiciário brasileiro, especialmente o Superior Tribunal Eleitoral. Mudanças como essas também foram implementadas em países como a Índia, algumas por razões similares, outras por particularidades sociais diferentes, como ondas de linchamentos públicos.

O assunto ganha ainda mais atualidade, pois em 18/10/2018, a apenas 10 dias do segundo turno, o grupo político comandado pelo então candidato Fernando Haddad, posteriormente derrotado no pleito, ingressou com uma Ação de Investigação Judicial Eleitoral – AIJE (0601771-28.2018.6.00.0000) no Tribunal Superior Eleitoral (TSE), instando a corte a investigar denúncias de abuso de poder econômico e uso indevido de meios de comunicação digital por causa de suposta contratação de empresas de disparos de mensagens em massa, no WhatsApp, que teria sido feita indiretamente por grupos econômicos apoiadores da candidatura de Bolsonaro. A conduta seria vedada pela Lei das Eleições n. 9.504/97 e pela decisão do STF na ADIn n. 4.650/DF que proíbem a doação por empresas para campanhas eleitorais.

Nesse contexto, as pesquisas na área sugerem que este contemporâneo modelo de propaganda e de interferência na opinião pública internacional, com características de guerra cibernética, tem o potencial de ser altamente eficaz justamente porque se utiliza da maneira como o cérebro humano recebe, interpreta, armazena e compartilha informação, para direcionar psicologicamente o intérprete aos objetivos pretendidos.

Em síntese, o sucesso do modelo de propaganda baseado em técnicas da Guerra Fria soviética envolve quatro características principais: grande volume de informação através de múltiplos veículos e canais de comunicação, continuidade e repetitividade; e falta de compromisso com a consistência jornalística.

Considerando que esses aspectos bem-sucedidos da propaganda russa têm fundamentos surpreendentes na literatura sobre psicologia e ciência comportamental, é necessário primeiro entender que tal modelo funciona produzindo um volume incrivelmente grande de informação, falsa, parcialmente falsa ou descontextualizada, que é transmitida ou distribuída através de um amplo número de canais, preferencialmente via Internet e redes sociais, como Facebook e Twitter, e aplicativos de mensagens como o WhatsApp.

No entanto, também pode se utilizar da televisão e radiodifusão. O conteúdo das mensagens recorrentemente envolve notícias com pretenso verniz jornalístico, com manchetes apelativas, alegações chocantes, em formatos semelhantes aos veículos de imprensa autênticos, mas sem que haja a indicação de quem escreveu a reportagem ou fontes confiáveis. Notícias falsas frequentemente contêm imagens ou vídeos manipulados, ou até mesmo autênticos, mas descontextualizados.

No contexto específico de disputas político-eleitorais, os robôs podem ser manuseados para distorcer a dimensão de movimentos políticos, manipular e radicalizar debates na esfera pública, e criar falsas percepções sobre disputas e consensos nas redes sociais. A prática denominada "***astroturfing***" funciona da seguinte forma: múltiplas identidades *on-line* e grupos de pressão falsos com grande quantidade de bots são utilizados, por exemplo, para promover falsamente uma notícia.

Nas eleições brasileiras de 2018, foram noticiados diversos relatos de grupos de WhatsApp criados com o intuito de disseminar notícias, nos quais pessoas eram adicionadas sem seu consentimento.

Há cada vez mais contas automatizadas nas mídias sociais para manipular discursos na esfera pública *on-line*, com pretenso verniz jornalístico, introduzidos numa variedade de grupos políticos, criando a impressão de amplo apoio popular a uma ideia, política, indivíduo ou produto.

Voltando ao *modus operandi* do modelo de propaganda russo, especialmente na Internet, com o grande volume de mensagens e a quantidade de notícias falsas sobre um mesmo fato, de fato, as versões manipuladas saem na frente, pois, em condições iguais de competição, a propaganda ofertada em maior volume e proveniente de maior quantidade de fontes se torna mais persuasiva. As razões disso são porque primeiro o grande volume pode consumir a atenção e desviar o foco de outros canais de informação disponíveis, desacreditando a mídia tradicional. Segundo, o alto volume pode sobrecarregar as mensagens concorrentes em uma inundação de discordância. Em terceiro lugar, com vários canais aumentam-se as chances do público-alvo ser exposto à mensagem ou ideia disseminada. Quarto, receber uma mensagem de vários lugares e de várias origens aumenta a credibilidade percebida da mensagem, especialmente se uma fonte de divulgação for uma com a qual um membro da audiência se identifica, como amigos e familiares.

Em resumo, concluindo, a variedade de fontes é importante porque múltiplas fontes são mais persuasivas do que uma única fonte, receber a mesma mensagem ou mensagem similar de várias fontes é mais persuasivo; as pessoas supõem que as informações de várias fontes provavelmente se baseiam em perspectivas diferentes e, portanto, merecem uma consideração maior; o endosso de um grande número de usuários aumenta a confiança e a confiabilidade do consumidor na informação, muitas vezes com pouca atenção à credibilidade daqueles que fazem o endosso e comunicações de grupos aos quais o destinatário pertence têm maior probabilidade de serem consideradas credíveis. O mesmo se aplica quando a fonte é percebida como semelhante ao destinatário.

O Facebook possui um setor específico dentro da empresa apenas para fazer a checagem de contas falsas, havendo uma opção específica para denunciar o comportamento na rede social.

Esse modelo não tem compromisso com a realidade objetiva e, quanto mais sofisticada for a veiculação da notícia falsa, mais chance ela tem de ser acreditada e propagada em cascatas cibernéticas.

Outro problema que deve ser notado acerca das informações falsas, em especial as que apelam para as emoções, é o fato de serem mais lucrativas do que *links* com notícias verdadeiras. Percebe-se também que a proporção das falsidades aumenta ainda mais quando a desinformação é consistente com narrativas ou preconceitos mantidos pelo público, preconceitos não raros no Brasil, e direcionados a público específico, mais propenso a aceitar as ideias as quais se busca introduzir.

É sob esse enfoque que o recente caso Cambridge Analytica chocou o mundo, pois, por meio do tratamento dos dados pessoais de cada usuário coletados no Facebook, a empresa conseguiu desenvolver perfis "psicográficos" para cada um e permitir um direcionamento de discurso ainda mais subjetivo.

A característica distintiva final do modelo de propaganda russo é que ele não está comprometido com a consistência jornalística. Potenciais perdas na credibilidade devido à inconsistência são potencialmente compensadas por sinergias com outras características da propaganda contemporânea.

Apesar das ***fact checking***, as notícias falsas persistem. Não só as notícias verificadoras não chegam às mesmas pessoas que visualizam as *fake news* – uma vez que cada uma delas se encontra em sua bolha de filtragem algorítmica, que tende a rejeitar conteúdo (ou páginas e *sites*) das quais o usuário divirja, mas a reiteração das notícias "verdadeiras" pode conceder ainda mais credibilidade às falsas.

A conclusão, então, é alarmante: as *fake news* e os falsos rumores, que são um dos mecanismos utilizados pelo modelo russo de propaganda, estão atingindo mais pessoas, penetrando mais fundo na rede social e se espalhando com mais rapidez do que as informações precisas. Em contraste, a "checagem de fatos" pode acabar parecendo uma minoria e, portanto, uma opinião menos crível, resultando no mais devastador problema dos tempos de pós-verdade: a desvalorização e deslegitimação de vozes especialistas, instituições autorizadas e o conceito de dados objetivos. Tudo isso acaba minando a capacidade da sociedade de se envolver em um discurso racional baseado em fatos compartilhados, deturpando o que seria uma visão majoritária, e o funcionamento da esfera pública, fabricando ódios, medo e mentiras, através de um sistema policialesco de vigilância e controle permanente, artificializando a inteligência natural pela artificial, para parafrasearmos o Professor Boaventura de Sousa Santos, lesando a democracia e os direitos humanos sobretudo pela recusa de diálogo e discussão com adversários políticos, pois para a onda conservadora que hoje assola o mundo e utiliza-se das ferramentas tecnológicas disponíveis na atualidade não existem adversários mas sim inimigos a serem eliminados pela intolerância, pelo ódio e pelo medo.

REFERÊNCIAS

BALKIN, Jack M. *Free speech in the algorithmic society*: bid data, private governance, and new school speech regulation. Disponível em: https://lawreview.law.ucdavis.edu/issues/51/3/Essays/51-3_Balkin.pdf.

BALKIN, Jack M. Old-school/new-school speech regulation (2014). Faculty Scholarship Series. 4877. Disponível em: https://digitalcommons.law.yale.edu/fss_papers/4877.

MAGRANI, Eduardo. *Democracia conectada*: a internet como ferramenta de engajamento político-democrático. Curitiba: Juruá, 2014.

PERSILY, Nathaniel. Can democracy survive the internet? 28 *Journal of Democracy* n. 63, 2017.

SANTOS, Boaventura de Sousa. *As incessantes fábricas do ódio, do medo e da mentira*. Disponível em: https://www.brasil247.com/pt/colunistas/geral/383746/As-incessantes-f%C3%A1bricas-do-%C3%B3dio-do-medo-e-da-mentira.htm.

SOUZA, Carlos Affonso; PADRÃO, Vinicius. *Quem lê tanta notícia (falsa)?* Entendendo o combate contra as "fake news". Disponível em: https://feed.itsrio.org/queml%C3%AA-tanta-not%C3%ADcia-falsaentendendo-o-combate-contra-as-fake-news70fa0db05aa5.

SUNSTEIN, Cass. R. *Human agency and behavioral economics*. Cham, Switzerland: Palgrave Macmillan, 2017.

WU, Tim. Is the first amendment obsolete? *Columbia Public Law Research Paper No. 14*-573. p. 6, 2017. Disponível em: https://ssrn.com/abstract=3096337.

A perda do mandato dos Vereadores por condenação criminal

Ricardo Vita Porto[1]

Guilherme Santinho[2]

INTRODUÇÃO

A Constituição de 1988 (CF/1988) não tratou da perda do mandato dos vereadores. A matéria, de competência da União, está regulamentada no Decreto-Lei n. 201, de 27 de fevereiro de 1967. Não obstante, por se tratar de um diploma editado em período autocrático, não há boa correspondência entre o decreto e o texto constitucional.

A perda do mandato dos vereadores também encontra previsão nas Constituições dos Estados e, sobretudo, nas Leis Orgânicas dos Municípios (LOMs) e nos Regimentos Internos das Câmaras Municipais, nesses casos apenas como espelho da CF/1988.

1. Advogado especializado em Direito Eleitoral e Processual Eleitoral pela Escola Judiciária Eleitoral Paulista (EJEP). Professor de Pós-graduação na EJEP (EPM/TJSP). Conselheiro Seccional e Presidente da Comissão de Direito Eleitoral da OAB/SP (2022/2024). Procurador Jurídico da Associação Beneficente da Justiça Eleitoral (ABJE).
2. Advogado formado em Direito pela Universidade de São Paulo. Especialista em Controle Interno e Probidade Administrativa pela GV Law e em Direito Eleitoral pela Escola Judiciária Eleitoral Paulista (EJEP).

Nesse cenário, é fator de instabilidade jurídica o fato de o diploma editado pelo Poder Legislativo competente, o Decreto-Lei n. 201/67, ter redação desarmônica com a CF/1988 e, ao mesmo tempo, as normas editadas pelos Poderes Legislativos incompetentes, em especial as LOMs, terem técnica legislativa e terminologia semelhantes ao texto constitucional.

Bastante ilustrativa é a hipótese da perda do mandato por condenação criminal transitada em julgado que, não encontrando previsão específica no Decreto-Lei n. 201/67, está descrita na maioria das Leis Orgânicas – em simetria à CF/1988. Assim, razoável indagar se o Vereador condenado criminalmente irá perder o mandato, a despeito de tal hipótese não estar prevista na legislação federal.

Essa questão, no entanto, é rapidamente superada a partir da combinação das disposições do Decreto-Lei n. 201/67 e da Constituição Federal. O decreto prevê a hipótese de perda de mandato por suspensão de direitos políticos, e, de acordo com a CF/1988, a suspensão dos direitos políticos é efeito automático da condenação criminal transitada em julgado.

Contudo, ao invés de equacionar o problema aqui suscitado, essa solução acaba por explicitar ainda mais a complexidade do tema. Isso porque o Decreto-Lei n. 201/67 estabelece um rito para decretar a perda do mandato do Vereador condenado criminalmente, rito esse absolutamente distinto do em geral disposto nas Leis Orgânicas – que em regra reproduzirem, *ipsis litteris*, a CF/1988 no que diz respeito aos congressistas.

Nesse caso, devem prevalecer as disposições do Decreto-Lei n. 201/67, porque editadas pelo Poder Legislativo Federal, ou as normas previstas nas LOMs, porque em compasso com a CF/1988?

Para tentar responder a essa questão, será preciso, primeiro, examinar como a Constituição da República disciplina a matéria a respeito da perda do mandato dos Deputados e Senadores, bem como a jurisprudência do Supremo Tribunal Federal (STF) enfrenta as aparentes contradições do contexto constitucional. A partir disso, a questão será detalhada para, então, buscar apresentar uma resposta que concilie as balizas da CF/1988 com as normas do Decreto-Lei e as previsões das Leis Municipais.

1. A PERDA DO MANDATO PARLAMENTAR POR CONDENAÇÃO CRIMINAL NA CF/1988

O art. 55, *caput*, da CF/1988 estabelece que a perda do mandato dos Deputados e Senadores se dá, entre outras hipóteses[3], pela condenação criminal transitada em julgado (inciso VI) e pela suspensão dos direitos políticos (inciso IV).

Em seguida, nos §§ 2º e 3º do art. 55[4], o legislador constitucional estabelece dois ritos diferentes para efetivar a perda do mandato para cada uma das duas hipóteses.

Nos casos de suspensão dos direitos políticos (inciso IV), de acordo com o § 3º, a perda do mandato é declarada pela Mesa da Casa Legislativa, de ofício ou mediante provocação de seus membros ou de partido político representado no Congresso Nacional.

E, na hipótese de condenação criminal transitada em julgado (inciso VI), por força do § 2º, a perda do mandato é decidida pela votação[5] da maioria absoluta da Câmara dos Deputados (257 votos) ou do Senado Federal (41 votos), mediante provocação da Mesa ou de partido representado no Congresso.

---

3. "Art. 55. Perderá o mandato o Deputado ou Senador: I – que infringir qualquer das proibições estabelecidas no artigo anterior; II – cujo procedimento for declarado incompatível com o decoro parlamentar; III – que deixar de comparecer, em cada sessão legislativa, à terça parte das sessões ordinárias da Casa a que pertencer, salvo licença ou missão por esta autorizada; IV – que perder ou tiver suspensos os direitos políticos; V – quando o decretar a Justiça Eleitoral, nos casos previstos nesta Constituição; VI – que sofrer condenação criminal em sentença transitada em julgado."
4. "§ 2º Nos casos dos incisos I, II e VI, a perda do mandato será decidida pela Câmara dos Deputados ou pelo Senado Federal, por maioria absoluta, mediante provocação da respectiva Mesa ou de partido político representado no Congresso Nacional, assegurada ampla defesa. § 3º Nos casos previstos nos incisos III a V, a perda será declarada pela Mesa da Casa respectiva, de ofício ou mediante provocação de qualquer de seus membros, ou de partido político representado no Congresso Nacional, assegurada ampla defesa."
5. Até a Emenda Constitucional n. 76, de 28 de novembro de 2013, a votação era secreta.

Como se observa, os dois ritos previstos nos §§ 2º e 3º do art. 55 implicam atos jurídicos com características absolutamente distintas.

O ato que decreta a perda do mandato em razão da suspensão dos direitos políticos, resultado do rito do § 3º, pode ser entendido como um ato vinculado e com efeitos declaratórios. É vinculado[6] porque sem subjetivismo ou valoração não há liberdade de opções: havendo a suspensão dos direitos políticos, a Mesa da Casa Legislativa deverá declarar a perda do mandato; e é declaratório porque não cria uma situação jurídica nova, apenas declara um fato jurídico preexistente – o próprio texto constitucional crava que "a perda será declarada pela Mesa da Casa".

Por outro lado, o ato que decreta a perda do mandato em razão da condenação criminal transitada em julgado, regido pelo rito do § 2º, se assemelha a um ato jurisdicional, em que o Poder Legislativo, por meio do Plenário, exerce a função julgadora. O ato jurídico, aqui, tem natureza constitutiva, pois se aperfeiçoa tão somente quando prolatada a decisão da maioria da Casa Legislativa.

Em razão disso, da natureza distinta dos dois institutos, a doutrina[7] distingue a perda do mandato parlamentar em duas subespécies: cassação (ou perda propriamente dita) e extinção.

A extinção se daria nas hipóteses de perda do mandato decorrente do rito do § 3º, em que a essência da decisão é jurídica e o critério usado pelo legislador constitucional é objetivo[8].

---

6. CARVALHO FILHO, José dos Santos. *Manual de direito administrativo*. 28. ed. São Paulo: Atlas, 2015, p. 131: "Atos vinculados, como o próprio adjetivo demonstra, são aqueles que o agente pratica reproduzindo os elementos que a lei previamente estabelece. Ao agente, nesses casos, não é dada liberdade de apreciação da conduta, porque se limita, na verdade, a repassar o ato o comando estatuído na lei. Isso indica que nesse tipo de ato não há qualquer subjetivismo ou valoração, mas apenas a averiguação da conformidade entre o ato e a lei".
7. CAGGIANO, Monica Herman Salem. *Direito parlamentar e direito eleitoral*. Barueri, SP: Manole, 2004.
8. BALBANI, Arthur Paku Ottolini; FONSECA, Lucca Lopes Monteiro da. A perda de mandato parlamentar no direito constitucional brasileiro: tendências e desafios. *Revista da Faculdade de Direito*, Universidade de São Paulo, v. 113, p. 793-810, 2018. Disponível em: https://www.revistas.usp.br/rfdusp/article/view/156658. Acesso em: 26 maio 2022.

E a cassação, ou simplesmente perda[9], se daria nas hipóteses elencadas no § 2º, em que a essência da decisão é política e o critério adotado pelo legislador é subjetivo, criando margem de deliberação para o exame da Casa Legislativa.

Nesse cenário, então, possível concluir que a suspensão dos direitos políticos é hipótese de extinção do mandato parlamentar, a ser simplesmente declarada pela Mesa da Casa Legislativa; e a condenação criminal em sentença definitiva é hipótese de cassação do mandato, que se constitui apenas com a decisão da maioria absoluta do Plenário.

Com isso, razoável concluir que o legislador constitucional criou, do ponto de vista axiológico[10], uma diferenciação entre o parlamentar que tem suspensos os direitos políticos e o que é condenado criminalmente por sentença transitada em julgado.

A conduta do primeiro encerraria um desvalor de tal modo reprovável que a perda do mandato deveria, necessariamente, ser declarada pela Mesa da Casa Legislativa. Por outro lado, a conduta do segundo, ainda que reúna gravidade para justificar a perda do mandato, só irá efetivamente implicar cassação do parlamentar se contar com o voto da maioria absoluta dos congressistas – vale notar que o legislador constitucional não exige a maioria absoluta para manter o parlamentar no mandato, mas para afastá-lo.

Ou seja, o legislador constituinte reputou ser mais grave a conduta de quem tem os direitos políticos suspenso do que a conduta de quem tem contra si uma sentença penal condenatória transitada em julgado. Porém, no art. 15, III[11],

---

9. Nesse sentido, voto do Ministro Ricardo Lewandowski na Ação Penal (AP) 996/DF: "A perda do mandato configura, pois, uma sanção excepcional, que se encontra regrada, adicionalmente, pelo art. 55, I, II e VI [condenação criminal transitada em julgado] da Lei Maior, ao passo que a sua extinção acha-se disciplinada nos incs. III, IV [suspensão dos direitos políticos] e V do mesmo dispositivo".

10. No julgamento da AP 565/RO (*DJe* 23.05.2014), o Ministro Marco Aurélio pontuou que "uma interpretação sistemática do artigo 55 é conducente a concluir-se que há desvios de conduta de duas gradações previstos no texto. Os desvios de conduta de gradação maior não exigem deliberação da casa, não exigem decisão da Casa, não exigem decisão da Casa; por isso, há os § 2º e § 3º no citado artigo".

11. "Art. 15. É vedada a cassação de direitos políticos, cuja perda ou suspensão só se dará nos casos de: [...] III – condenação criminal transitada em julgado, enquanto durarem seus efeitos."

a Constituição Federal estabelece que a suspensão dos direitos políticos tem causa na condenação criminal transitada em julgado.

Ora, se para o legislador constitucional a suspensão dos direitos políticos é tida como um desvio de conduta mais grave do que a condenação criminal em julgado, como evidentemente sugere o art. 55, o comando do art. 15, III, parece revelar uma contradição do texto constitucional.

Numa primeira análise, pareceria lógico concluir que, ainda que a condenação definitiva possa gerar a suspensão dos direitos políticos, esta não seria um efeito automático daquela, ocorrendo apenas em determinados casos. Porém, ao se analisar a jurisprudência do STF, o que se observa é o contrário exato disso: o comando constitucional previsto no art. 15, III, é autoaplicável.

A Suprema Corte, ao tratar do assunto por diversas vezes e com distintos enfoques, fixou o entendimento de que a norma do art. 15, III, é de eficácia plena e, sendo assim, a suspensão dos direitos políticos é efeito automático da condenação criminal transitada em julgado.

No Recurso Extraordinário (RE) 179.502, julgado em 31 de maio de 1995, portanto ainda na infância da Carta de 1988, o Ministro Moreira Alves abordou a questão com profundidade. Vale tecer alguns comentários a respeito desse precedente – cujas conclusões serão revolvidas mais adiante.

Tratou-se de um caso da Justiça Eleitoral em que o Suplente de Vereador, da cidade de Araçatuba-SP, ingressou com um Recurso contra Diplomação do Titular sustentando que este estaria com seus direitos políticos suspensos em razão do trânsito em julgado de uma sentença penal condenatória. O Tribunal Regional Eleitoral Paulista, com base no art. 15, III, da CF/1988, deu provimento ao recurso. O Vereador, então, recorreu ao Tribunal Superior Eleitoral defendendo que a aplicação do art. 15, III, não era automática e que não incidiria porque o cumprimento da pena estava suspenso. O Tribunal Superior Eleitoral, por maioria[12], deu provimento ao recurso para reconduzir

12. A divergência de fundamentos pode ser extraída da ementa do v. acórdão: "Direitos políticos. Suspensão. Condenação criminal. 'Sursis'. Afastamento da restrição. Fundamentos diversos. Tem-se como descabida a incidência do preceito extravagante do inciso III do artigo 15 da Constituição Federal, quando a maioria assim é formada, embora com dispersão de fundamentos a saber: uma corrente no sentido de somente reconhecer a suspensão quando os efeitos da sentença criminal alcançam a custódia do condenado; outra afastando-a diante da suspensão condi-

o Vereador ao cargo. A questão, então, aportou na Suprema Corte, que, em julgamento de relatoria do Ministro Moreira Alves, concluiu que o art. 15, III, é autoaplicável, ou seja, que a suspensão dos direitos políticos é efeito automático da condenação criminal transitada em julgada, independentemente da natureza do crime ou de a pena estar suspensa. Eis a ementa do julgado:

> Condição de elegibilidade. Cassação de diploma de candidato eleito vereador, porque fora ele condenado, com trânsito em julgado, por crime eleitoral contra a honra, estando em curso a suspensão condicional da pena. Interpretação do artigo 15, III, da Constituição Federal. – **Em face do disposto no artigo 15, III, da Constituição Federal, a suspensão dos direitos políticos se dá ainda quando, com referência ao condenado por sentença criminal transitada em julgado, esteja em curso o período da suspensão condicional da pena**. Recurso extraordinário conhecido e provido (RE 179.502, Relator Moreira Alves, Tribunal Pleno, julgado em 31.05.1995).

Recentemente, depois de reiteradas decisões nesse sentido[13], no julgamento do Tema de Repercussão Geral (Tema 370[14], RE 601.182/MG), o STF, em caráter definitivo, enunciou a autoaplicação do art. 15, III, da CF/1988:

> Penal e Processo Penal. **Suspensão dos direitos políticos. Autoaplicação. Consequência imediata da sentença penal condenatória transitada em julgado**. Natureza da pena imposta que não interfere na aplicação da suspensão. Opção do legislador constituinte. Recurso conhecido e provido. **1.**

---

cional da pena e a terceira tendo-a por imprópria por não reconhecer no preceito aplicação imediata" (Recurso Especial Eleitoral 11.589, Relator Min. Carlos Velloso, Relator designado Min. Marco Aurélio, *DJ* 20.05.1994).

13. O mesmo entendimento, com ligeiras divergências, foi adotado nos seguintes precedentes: RMS 22.470 AgR, Relator Min. Celso de Mello, *DJ* 27.09.1996; RE 634.598/MG, Relatora Min. Cármen Lúcia, *DJe* 07.02.2011; RE 975.510/SP, Relator Min. Celso de Mello, *DJe* 04.11.2016; ARE 1.096.073/MG, Relator Min. Luiz Fux, *DJe* 05.12.2017; ARE 1291689 ED-AgR, Relator Min. Dias Toffoli, julgado em 13.08.2021.

14. Tema 370: "Descrição: Recurso extraordinário em que se discute, à luz do art. 15, III, da Constituição Federal, a aplicação, ou não, da regra contida na referida norma constitucional – suspensão dos direitos políticos – a condenado por sentença criminal transitada em julgado, cuja pena privativa de liberdade foi substituída por pena restritiva de direito". Disponível em: https://portal.stf.jus.br/jurisprudenciaRepercussao/tema.asp?num=370. Acesso em: 26 maio 2022.

A regra de suspensão dos direitos políticos prevista no art. 15, III, é autoaplicável, pois trata-se de consequência imediata da sentença penal condenatória transitada em julgado. 2. A autoaplicação independe da natureza da pena imposta. 3. A opção do legislador constituinte foi no sentido de que os condenados criminalmente, com trânsito em julgado, enquanto durar os efeitos da sentença condenatória, não exerçam os seus direitos políticos. 4. No caso concreto, recurso extraordinário conhecido e provido. (RE 601.182, Relator Marco Aurélio, Relator p/ Acórdão Alexandre de Moraes, Tribunal Pleno, julgado em 08.05.2019).

Ou seja, não há mais dúvida de que a suspensão dos direitos políticos prevista no art. 15, III, da CF/1988 é autoaplicável e, nessa medida, consequência imediata da sentença penal condenatória transitada em julgado.

Daí, exsurgem vários questionamentos: o parlamentar que tem contra si uma sentença penal condenatória deve perder o mandato com fundamento no inciso IV ou no inciso VI do art. 55? O rito é o previsto no § 2º (decisão pela maioria absoluta do Plenário) ou § 3º (declaração pela Mesa)? Trata-se de hipótese de extinção ou de cassação de mandato? O ato será constitutivo ou meramente declaratório?

A questão, dada a sua complexidade, tem sido objeto de debate na doutrina e na jurisprudência da Suprema Corte e, conforme apontado por José Levi Mello do Amaral Júnior[15], ganhou ênfase no julgamento da AP 470/MG, o caso do mensalão, em razão de estar sendo julgado um número grande de parlamentares no exercício do mandato.

Na ocasião, o Ministro Gilmar Mendes dedicou especial atenção sobre o tema. É de todo pertinente reunir suas ponderações.

Inicialmente, o Ministro Gilmar descreve o histórico do processo constituinte do art. 55 da CF/1988[16], indicando que não havia a hipótese de

15. Perda de mandato parlamentar por força de condenação criminal na jurisprudência do Supremo Tribunal Federal. *Revista Brasileira de Políticas Públicas*, v. 5, n. 3, 2015. Disponível em: https://www.publicacoes.uniceub.br/RBPP/article/view/3633. Acesso em: 26 maio 2022.

16. Tramita hoje no Congresso Nacional o Projeto de Emenda Constitucional n. 36, de 2017, de autoria do Senador Romário, que pretende alterar o art. 55 da CF/1988 para criar um rito específico para os casos de perda de mandato por condenação transitada em julgado. Disponível em: https://www25.senado.leg.br/web/atividade/materias/-/materia/131340. Acesso em: 26 maio 2022.

perda de mandato por condenação criminal transitada em julgado. Quando tal hipótese foi inserida no inciso VI do aludido dispositivo, esta foi inserida no § 3º, ou seja, como caso de perda de mandato por meio de mera declaração da Mesa da Casa respectiva. No entanto, por Emenda Modificativa apresentada pelo Constituinte Antero de Barros, o inciso VI foi transposto para o § 2º. A partir dos debates travados, o Ministro Gilmar Mendes concluiu que se tratou de um ato deliberado dos Constituintes:

> Assim, ao que tudo indica, quis o legislador constituinte estabelecer, como mais uma garantia do Estatuto Parlamentar (ao lado das imunidades formais e materiais), uma espécie de **duplo controle político da perda de mandato parlamentar por condenação criminal transitada em julgado**, que consistiria: 1) na autorização prévia da Casa Legislativa para instaurar a ação penal contra o parlamentar; 2) na deliberação da Casa Legislativa sobre a perda de mandato em hipótese de condenação penal transitada em julgado (AP 470, voto do Ministro Gilmar Mendes, grifos no original).

Em seguida, o voto evidencia a aparente contradição (antinomia) entre o art. 15, III, e o art. 55, IV e VI, §§ 2º e 3º, da Constituição e destaca que a questão, no julgamento do RE 179.502/SP, foi solucionada pelo Ministro Moreira com base no critério da especialidade:

> No julgamento do RE 179.502, a tese do Ministro Moreira Alves, que recebeu o aval da maioria, adotava uma solução de tipo lógico-formal para resolver a antinomia referida, baseando-se na técnica geral de resolução de conflitos normativos entre normas de mesma hierarquia: *lex speciali derrogat lex generali*. Assim, para o Min. Moreira Alves, **o inciso VI e o § 2º do art. 55 configurariam norma especial, de aplicação específica para os parlamentares, em relação à norma geral do art. 15, III, da Constituição**. (grifamos)

Contudo, apesar de prestigiar a posição adotada pelo Ministro Moreira Alves, o Ministro Gilmar Mendes julgou mais adequado equacionar a antinomia a partir de uma interpretação harmonizadora (o pensamento do possível). A partir daí, solução apresentada foi a de que o rito a ser adotado para determinar a perda do mandato parlamentar, se o do § 2º ou o do § 3º, deve variar de acordo com a natureza do crime. Eis o dispositivo do voto:

> Ante o exposto, voto no sentido de considerar que a condenação criminal de parlamentar, transitada em julgado, apenas gerará a perda do mandato, a ser apenas declarada pela Casa legislativa respectiva, em razão da suspensão dos direitos políticos (art. 15, III, c/c o art. 55, IV, e § 3º): (i) **nos casos de condena-**

> **ção por crimes cujos tipos contenham ínsitos a improbidade administrativa**, tais como os crimes contra a administração pública, porque, nessas hipóteses, a decisão judicial condenatória compreende, logicamente, a improbidade, observado o disposto no art. 92, I, *a*, do Código Penal, com a redação aletrada pela Lei 9.268/96, (ii) **bem como nas hipóteses de condenação por crimes outros, em que for aplicada a pena privativa de liberdade por tempo superior a 4 (quatro) anos**, nesse último caso em razão não apenas da gravidade do delito, mas também da inviabilidade do exercício do mandato, nos termos do art. 92, I, *b*, do Código Penal, com a redação aletrada pela Lei 9.268/96.
>
> A decisão judicial que decretar a perda do mandato nas hipóteses descritas sempre deverá ser devidamente fundamentada.
>
> Para as demais hipóteses de condenação criminal, permanece íntegra a norma contida no art. 55, VI e § 2º, da Constituição, competindo a decisão sobre a perda do mandato à Casa legislativa a que pertencer o congressista condenado.

Não obstante, o Ministro Joaquim Barbosa, Relator da AP 470, defendeu tese mais abrangente, no sentido de que a adoção de um rito ou doutro dependeria apenas da decisão do Juízo sentenciante. Nessa lógica, a perda do mandato seria declarada pela Mesa (§ 3º do art. 55) quando a sentença condenatória assim determinasse; e decidida pela maioria da Câmara dos Deputados ou pelo Senado Federal (§ 2º do art. 55) quando não houvesse tal determinação.

O resultado do julgamento, por cinco votos a quatro, foi no sentido de que a perda do mandato dos parlamentares condenados deveria, quando do trânsito em julgado, ser declarada pela Mesa – neste ponto, por motivos distintos, os votos dos Ministros Gilmar Mendes e Joaquim Barbosa convergiram.

Posteriormente, na AP 565/RO (Relatora Min. Cármen Lúcia), julgada em 8 de agosto de 2013, em que era réu o Senador de Rondônia Ivo Cassol, o Plenário do STF alterou o entendimento e, por maioria, em razão da nova composição da Suprema Corte, decidiu pela aplicação do art. 55, VI e § 2º, da CF/1988 – ou seja, a perda do mandato deveria ser decidida pela Casa Legislativa, e não meramente declarada pela mesa.

Nessa época, porém, houve o trânsito em julgado a AP 396/RO. O réu, Deputado Natan Donadon, foi preso, mas a decisão da Câmara dos Deputados (§ 2º do art. 55) não atingiu a votação suficiente para decretar a perda de seu mandato – foram 233 votos pela cassação, 24 a menos do que os 257 necessários para atingir a maioria absoluta da Casa Legislativa.

Em razão disso, diante da exótica situação de haver um Deputado Federal preso e no exercício do mandato, foi impetrado no STF o Mandado de Segurança n. 23.326/DF, e o Ministro Luís Roberto Barroso, Relator, concedeu a liminar para suspender a deliberação da Câmara dos Deputados em r. decisão monocrática assim ementada:

> Mandado de Segurança. Condenação criminal definitiva de parlamentar. Reclusão em regime inicial fechado por tempo superior ao que resta de mandato. Hipótese de declaração de perda do mandato pela mesa (CF, art. 55, § 3º). **1. A Constituição prevê, como regra geral, que cabe a cada uma das Casas do Congresso Nacional, respectivamente, a decisão sobre a perda do mandato de Deputado ou Senador que sofrer condenação criminal transitada em julgado. 2. Esta regra geral, no entanto, não se aplica em caso de condenação em regime inicial fechado, que deva perdurar por tempo superior ao prazo remanescente do mandato parlamentar. Em tal situação, a perda do mandato se dá automaticamente, por força da impossibilidade jurídica e fática de seu exercício. 3. Como consequência, quando se tratar de Deputado cujo prazo de prisão em regime fechado exceda o período que falta para a conclusão de seu mandato, a perda se dá como resultado direto e inexorável da condenação, sendo a decisão da Câmara dos Deputados vinculada e declaratória.** 4. Liminar concedida para suspender a deliberação do Plenário da Câmara dos Deputados na Representação n. 20, de 21.08.2013 (MC no MS 32.326/DF, Relator Min. Roberto Barroso, decisão monocrática de 02.09.2013).

A partir desse entendimento, a perda do mandato eletivo dos Congressistas por condenação criminal transitada em julgado, como regra, deve ser decidida pela maioria absoluta da Casa Legislativa (art. 55, § 2º). Excepcionalmente, porém, quando a condenação impõe o cumprimento da pena cujo prazo de prisão em regime fechado exceda o período que falta para a conclusão de seu mandato, a perda do mandato será declarada pela Mesa da Casa Legislativa (art. 55, § 3º). Com raríssimas ressalvas[17], esta é a tese que tem sido esposada pela Primeira Turma do STF[18]:

---

17. No julgamento da AP 935, em 27 de fevereiro de 2018, o Ministro Alexandre de Moraes sinalizou ressalva quanto à adoção da tese. Contudo, como no caso concreto o réu (Deputado Federal) não foi condenado em regime fechado, mas em semiaberto, a Primeira Turma deliberou, à unanimidade, que a perda do mandato ficaria submetida à deliberação do Senado Federal, nos termos do art. 55, VI, § 2º, da CF/1988.

18. Da mesma forma, no julgamento da AP 863/SP, com base no mesmo entendimento, a Primeira Turma condenou o Ex-Prefeito, então Deputado Paulo Maluf:

Deputado Federal. Operação Sanguessuga. Inépcia da denúncia não configurada. Quadrilha e crimes licitatórios. Prescrição. Organização criminosa. Atipicidade. Corrupção passiva e lavagem de dinheiro. Colaboração premiada. Corroboração das provas obtidas. Materialidade e autoria comprovadas. Condenação. [...] 7. **Perda do mandato parlamentar: É da competência das Casas Legislativas decidir sobre a perda do mandato do Congressista condenado criminalmente (artigo 55, VI e § 2º, da CF). Regra excepcionada – adoção, no ponto, da tese proposta pelo eminente revisor, Ministro Luís Roberto Barroso –, quando a condenação impõe o cumprimento de pena em regime fechado, e não viável o trabalho externo diante da impossibilidade de cumprimento da fração mínima de 1/6 da pena para a obtenção do benefício durante o mandato e antes de consumada a ausência do Congressista a 1/3 das sessões ordinárias da Casa Legislativa da qual faça parte. Hipótese de perda automática do mandato, cumprindo à Mesa da Câmara dos Deputados declará-la, em conformidade com o artigo 55, III, § 3º, da CF**. Precedente: MC no MS 32.326/DF, Rel. Min. Roberto Barroso, 02.9.2013. 8. Suspensão dos direitos políticos do condenado quando do trânsito em julgado da condenação (art. 15, III, da CF). (AP 694/MT, Relatora Rosa Weber, Primeira Turma, julgado em 02.05.2017).

O mesmo, no entanto, não ocorre na Segunda Turma.

No julgamento da AP 996, em 29 de maio de 2018, o Ministro Relator Edson Fachin encaminhou voto no sentido de adotar a tese fixada pelo Ministro Luís Roberto Barroso e, desse modo, em razão da imposição da pena privativa de liberdade, determinou que fosse oficiada à Câmara dos Deputados para, nos termos do art. 55, § 3º, da Constituição Federal, declarar a perda do mandato do réu.

Contudo, após divergência inaugurada pelo Ministro Dias Toffoli, a Segunda Turma do STF, por maioria, com base no precedente da AP 565/RO (Caso Donadon), decidiu que a perda do mandato não é automática e que, assim, caberia apenas "comunicar à Casa Legislativa a que pertence o condenado criminalmente que ocorreu o trânsito em julgado da decisão, para que esta proceda conforme os ditames constitucionais" (AP 996, Relator Edson Fachin, Segunda Turma, julgado em 29.05.2018)[19].

[...] "impôs o regime inicial de cumprimento fechado e assentou a perda do mandato de Deputado Federal, **comunicando-se a decisão à Câmara dos Deputados para o efeito do disposto no § 3º, e não 2º, do art. 55 da Constituição Federal**".

19. Pelo voto do Ministro Ricardo Lewandowski, "a jurisprudência consolidada e a

Portanto, não há um consenso na Suprema Corte sobre a matéria, e análise da jurisprudência revela que muitas foram as conclusões adotadas nos últimos anos, em especial após o julgamento da AP 470. É possível, porém, dizer que há hoje duas correntes[20], a saber:

> (1) a condenação criminal por sentença transitada em julgado não implica nunca na perda automática do mandato de Deputados e Senador, pois, por força do art. 55, § 2º, da CF, a cassação apenas será constituída por decisão da maioria absoluta dos votos dos membros das respectivas Casas Legislativas – tese fixada pelo Plenário do STF no julgamento da AP 565/RO.
>
> (2) a condenação criminal por sentença transitada em julgado só irá implicar na perda do mandato, a ser declarada extinta pela Mesa da Casa Legislativa, nos termos do art. 55, § 3º, da CF, quando a condenação impõe o cumprimento de pena em regime fechado, e não viável o trabalho externo diante da impossibilidade de cumprimento da fração mínima de 1/6 da pena para a obtenção do benefício durante o mandato e antes de consumada a ausência do Congressista a 1/3 das sessões ordinárias da Casa Legislativa da qual faça parte – tese inaugurada pelo Ministro Luís Roberto Barroso no julgamento do MS 32.326/DF e que predomina na Primeira Turma; e [...].

2. A PERDA DO MANDATO DOS VEREADORES POR CONDENAÇÃO CRIMINAL

Feita esta extensa, porém necessária, abordagem do tema a partir das normas constitucionais e da jurisprudência do STF, é hora de se voltar ao tema central: a perda do mandato dos Vereadores por condenação criminal transitada em julgado ou por suspensão de direitos políticos.

E o ponto de partida é o texto constitucional.

A primeira constatação é de que o constituinte originário não tratou da perda do mandato dos parlamentares municipais. A Constituição discipli-

---

melhor doutrina sobre o assunto sinalizam que a perda do mandato nos casos de condenação criminal transitada em julgado, em se tratando de deputados e senadores, regrada pelo art. 55, § 2º, da Lei Maior, não é automática".

20. Ainda que a tese não esteja hoje em aplicação no STF, também vale mencionar a proposta desenvolvida pelo Ministro Gilmar Mendes no julgamento da AP 470, que, buscando harmonizar os comandos constitucionais dos arts. 15, III, e 55, §§ 2º e 3º, da CF/1988, sugere que a adoção de um rito ou de outro deve se dar em razão da natureza do crime ou do tempo da pena privativa de liberdade.

nou a idade mínima do Vereador (art. 14, § 3º, VI, *d*); o prazo do mandato (art. 29, I); o número mínimo e máximo dos membros da Casa Legislativa Municipal (art. 29, IV); os parâmetros para calcular os vencimentos (art. 29, V); a inviolabilidade por opiniões, palavras e votos (art. 29, VIII); as proibições (art. 29, IX); etc. Contudo, não há, na redação original da Carta de 1988, alusão às hipóteses de perda do mandato dos Vereadores.

Sem regramento constitucional, a perda do mandato dos Vereadores se acha prevista no Decreto-Lei n. 201/67, nas Constituições estaduais (de maneira superficial), nas Leis Orgânicas dos Municípios e nos Regimentos das Câmaras Municipais.

Como se vê, além de estar regida em mais de um diploma legal, a matéria é tratada pelos Poderes Legislativos Federal, Estadual e Municipal. Nesse passo, em razão do regramento disperso – e quase sempre caótico –, necessário tentar compreender a hierarquia entre as normas dos Poderes Legislativos.

Em razão da relevância da matéria e por interpretação da Súmula Vinculante 46[21], é de se concluir que a competência legislativa é da União. Logo, diante de colisão entre as normas, prevalece a editada pela União: o Decreto-Lei n. 201/67.

Porém, muito embora a norma tenha sido regida pelo renomado jurista Hely Lopes Meirelles, a terminologia empregada no Decreto-Lei, em razão de ter sido editado na vigência da Constituição de 1967[22] e em período autocrático, não guarda boa correspondência com o texto da Constituição de 1988, o que dificulta bastante sua interpretação e, por isso, sua aplicação pelos operadores do direito.

Noutro giro, as Constituições dos Estados e as LOMs foram redigidas logo após a promulgação da CF/1988, nos termos do art. 11, parágrafo único, do Ato das Disposições Constitucionais Transitórias (ADCT)[23], de modo que as

---

21. Súmula Vinculante 46: "A definição dos crimes de responsabilidade e o estabelecimento das respectivas normas de processo e julgamento são da competência legislativa privativa da União".

22. Não há dúvida, contudo, a respeito da validade do diploma, porque a Súmula 496 do STF já decidiu que "São válidos, porque salvaguardados pelas disposições constitucionais transitórias da Constituição Federal de 1967, os Decretos-Leis expedidos entre 24 de janeiro e 15 de março de 1967".

23. "Art. 11. Cada Assembleia Legislativa, com poderes constituintes, elaborará a

normas estaduais e municipais, sobretudo terminologicamente, estão mais afinadas com o Texto Maior.

Assim, pode acontecer de um dispositivo das leis municipais ou da Constituição estadual conflitar com o decreto-lei e, ao mesmo tempo, espelhar o texto constitucional. Bastante ilustrativo dessa incerteza jurídica é o caso da perda do mandato parlamentar por condenação criminal transitada em julgado.

O Decreto-Lei n. 201/67[24], diferentemente da Constituição, mas em compasso com a doutrina, estabelece a perda do mandato por cassação (art. 7º) ou por extinção (art. 8º). Ao comentar a lei, por ele próprio escrita, Hely Lopes Meirelles[25] traça a substancial diferença entre os dois institutos:

> A declaração de extinção de mandatos de prefeito, vice-prefeito e vereadores é atribuição privativa do presidente da Mesa nos casos previstos na lei orgânica local. Não se confunda declaração de extinção de mandato (atribuição do presidente) com cassação de mandato (atribuição do Plenário).
>
> Ao presidente compete declarar extintos os mandatos que fenecerem em razão da ocorrência de qualquer das causas extintivas previstas em lei (morte, renúncia, perda dos direitos políticos, condenação criminal a pena acessória de perda de mandato ou proibição do exercício de função pública); ao Plenário cabe deliberar sobre a cassação de mandato nos casos estabelecidos na legislação pertinente. E se compreende facilmente o motivo dessa diversificação de atribuições, ao presidente e ao Plenário: no primeiro caso (extinção) o mandato exaure-se automaticamente pela só ocorrência do fato extintivo (morte, renúncia, etc.); no segundo caso (cassação) o mandato ainda está operante, mas poderá ser invalidado se o Plenário reconhecer a ocorrência de uma situação ou ato que permita a deliberação de sua perda. Como só o Plenário pode deliberar, só o Plenário pode cassar mandato.

Constituição do Estado, no prazo de um ano, contado da promulgação da Constituição Federal, obedecidos os princípios desta.

Parágrafo único. Promulgada a Constituição do Estado, caberá à Câmara Municipal, no prazo de seis meses, votar a Lei Orgânica respectiva, em dois turnos de discussão e votação, respeitado o disposto na Constituição Federal e na Constituição Estadual."

24. "Art. 7º A Câmara poderá **cassar** o mandato de Vereador, quando: [...]. Art. 8º **Extingue-se** o mandato do Vereador e assim será declarado pelo Presidente da Câmara, quando: [...]."

25. MEIRELLES, Hely Lopes. *Direito municipal brasileiro*. 18. ed. São Paulo: Malheiros, 2017, p. 678-679.

> Como a palavra está indicando, a declaração de extinção de mandato é simples ato declaratório de uma situação preexistente. É mera comunicação que o presidente faz à Câmara, para constar de ata e tornar conhecida a abertura da vaga, a fim de ser convocado o substituto (vice-prefeito) ou suplente (vereador). A cassação, ao revés, é ato constitutivo de nova situação, que resulta da deliberação do Plenário, consubstanciada em decreto legislativo (cassação de prefeito) ou em resolução (cassação de vereador), depois de processo formal, estabelecido em lei. Assim, a extinção do mandato não admite alternativas: o presidente deve declará-la e convocar o substituto ou suplente; ao passo que a cassação de mandato depende de deliberação do Plenário da Câmara, depois de produzidas a acusação e a defesa, em processo regular. Se o presidente se omitir na declaração da extinção do mandato de vereador, o suplente ou o prefeito podem requerer judicialmente esta declaração, na forma prevista na legislação local. Trata-se de procedimento especialíssimo e sem maiores formalidades, bastando que o requerente se apresentará à Câmara para se empossar na vaga.

Contudo, o Decreto-Lei n. 201/67 não previu a perda do mandato por condenação criminal transitada em julgado como hipótese de perda do mandato, nem por extinção nem por cassação. De fato, o inciso I do art. 8º estabelece como hipótese de extinção do mandato do Vereador a "cassação dos direitos políticos". Assim, considerando que o art. 15, III, da CF/1988 prevê que a condenação criminal transitada em julgado implica suspensão dos direitos políticos, o que a jurisprudência do STF já assentou ser efeito automático, como demonstrado à saciedade acima, seria razoável deduzir que: ao ser condenado criminalmente por sentença transitada em julgado, o Vereador tem seus direitos políticos suspensos (art. 15, III, da CF/1988) e, portanto, tem extinto o mandato (art. 8º, I, do DL n. 201/67)[26].

---

26. Essa dedução apresenta uma fragilidade: o art. 8º, I, do Decreto-Lei n. 201/67 não faz menção à suspensão dos direitos políticos, mas à cassação. A partir da CF/1988 (art. 15, *caput*), a cassação dos direitos políticos foi abolida. Mas, no período em que o decreto foi editado, vigia a Constituição Federal de 1967, que distinguia suspensão de cassação (art. 144). Ademais, a CF/1967 previa (art. 144, I, *b*) que a condenação criminal (sem trânsito em julgado) gerava a suspensão dos direitos políticos. Assim, razoável argumentar que, quando o art. 8º, I, do Decreto-Lei n. 201/67 se referiu à cassação dos direitos políticos, o legislador estava a tratar precisamente da cassação, e não de suspensão. A questão, embora interessante, não trará consequências para a nossa conclusão.

Nessa toada, a condenação criminal transitada em julgado implica perda do mandato do Vereador por extinção, nos termos do art. 8º do Decreto-Lei, a ser declarada por ato vinculado do Presidente da Casa Legislativa, como muito bem adverte a doutrina do estimado homenageado:

> [...] a cassação é atribuição do plenário da Câmara, enquanto que a extinção decorre de ato isolado de seu Presidente. A declaração de extinção, nos casos referidos na lei, cuja ocorrência esteja devidamente comprovada, independente de processo contraditório. Mas, nem por isso, estará a salvo de apreciação pelo Judiciário, para a verificação de seu aspecto formal, posto que será intolerável qualquer manifestação de arbítrio da presidência, sob pretexto de cumprimento da lei[27].

Por outro lado, ao reproduzir com bastante fidelidade o texto do art. 55 da CF/1988, a maioria das LOMs[28] não alude à cassação ou à extinção do mandato dos Vereadores, tratando apenas como perda. Ademais, também de maneira reflexa ao texto constitucional, as LOMs estabelecem que a condenação criminal definitiva resulta na perda do mandato, disposição que, quase sempre, se acha descrita no inciso VI (exatamente como no texto constitucional).

Acontece que, e é aqui que surge o complicador, a maioria das LOMs também reproduziu a regra prevista no art. 55, § 2º, da CF/1988, segundo a qual a condenação por sentença definitiva não implica perda do mandato por ato da Mesa, mas sim por decisão da maioria da Casa Legislativa.

Para ilustrar, colacionamos abaixo o dispositivo que regula a perda do mandato dos Vereadores previsto na LOM de Belém/PA[29]:

---

27. TITO COSTA, Antonio. *Responsabilidade de prefeitos e vereadores*. 3. ed. São Paulo: Revista dos Tribunais, 1998, p. 201.
28. Para o presente estudo, foram examinadas as Leis Orgânicas das dez capitais de Estado mais populosas do Brasil: São Paulo/SP, Rio de Janeiro/RJ, Salvador/BA, Fortaleza/CE, Belo Horizonte/MG, Manaus/AM, Curitiba/PR, Recife/PE, Goiânia/GO e Belém/PA. Com exceção das LOMs de Fortaleza/CE e Recife/PE, as conclusões aqui apresentadas se encontram previstas em todas as demais LOMs.
29. As demais LOMs apresentam outros vícios que escapam da questão aqui examinada. A LOM de São Paulo/SP, por exemplo, aponta que apenas irá gerar a perda a condenação criminal que implique restrição à liberdade de locomoção; as do Rio de Janeiro/RJ e de Goiânia/GO preveem que a perda do mandato apenas se dará pelo voto de dois terços dos membros; a de Belo Horizonte/MG prescreve que a votação varia de acordo com a natureza do crime.

> LOM Belém/PA:
>
> Art. 50. Perderá o mandato o Vereador: [...]
>
> VI – que sofrer condenação criminal em sentença transitada em julgado; [...]
>
> § 2° Nos casos dos incisos I, II e VI, a perda do mandato **será decidida pela Câmara Municipal por voto aberto e maioria absoluta**, mediante provocação da Mesa ou de Partido Político representado na Câmara Municipal, assegurada ampla defesa.

A questão, pois, é a seguinte: o Vereador que tem contra si sentença penal transitada em julgado: (a) perderá obrigatoriamente o mandato, por meio de ato declaratório da Mesa, como sugere a interpretação das regras previstas no art. 8° do Decreto-Lei; ou (b) tão apenas perderá o mandato se houver decisão constitutiva da maioria absoluta da Câmara Municipal. Isto é, a perda do mandato do Vereador por sentença penal transitada em julgado é hipótese de extinção ou de cassação de mandato dos Vereadores?

Para responder a esse questionamento, impõe registrar, primeiro, que ele só faz sentido em razão de a norma municipal reproduzir – como aqui reproduz – com precisão o texto constitucional. Caso a legislação municipal apresentasse uma hipótese diferente ou não prevista na Constituição da República, por certo que tal disposição feriria o princípio da simetria e, nessa medida, haveria de ser inconstitucional por ofensa ao princípio da simetria[30].

Voltando ao questionamento acima, uma primeira maneira de responder-lhe seria emprestando os critérios usados pela Suprema Corte para resolver a situação dos Congressistas. De acordo com o entendimento do Ministro Moreira Alves no RE 179.502, então, prevaleceria a regra da LOM, por ser

---

30. Decidiu o Tribunal de Justiça de São Paulo: "Vulnera a competência privativa da União o ato legislativo municipal que versa, de modo inovador, sobre o tema da perda de mandato de membros do Poder Legislativo em virtude de condenação penal irrecorrível" (Direta de Inconstitucionalidade 2019656-11.2020.8.26.0000, Relator Des. Beretta da Silveira, Órgão Especial, julgado em 08.07.2020). Ainda: "Embora seja prevista a autonomia dos Municípios para elaborar sua própria Lei Orgânica, essa prerrogativa não é absoluta e deve se limitar aos princípios e limites previstos pela própria Constituição Federal, inclusive no disposto à declaração de extinção de mandato de Vereador, em razão do princípio da simetria" (Direta de Inconstitucionalidade 2073216-33.2018.8.26.0000, Relator Des. Alex Zilenovski, Órgão Especial, julgado em 08.08.2018).

mais específica que a do art. 8º, I, do Decreto-Lei n. 201/67, e, então, seria o caso da cassação e não de extinção do mandato, a ser submetida ao julgamento do Plenário da Câmara Municipal – lembrando, também, da tese do Ministro Luís Roberto Barroso desenvolvida no Mandado de Segurança 32.326/DF, segundo a qual a condenação criminal poderia implicar perda do mandato por extinção (a ser declarada) quando o réu é condenado em regime fechado por período que inviabiliza o trabalho.

Essa linha argumentativa parece responder bem ao questionamento, pois amparada na jurisprudência firmada pela Suprema Corte. No entanto, um exame mais aprofundado sobre o tema conduz a outra conclusão. Para chegar a esta conclusão, todavia, necessário retroceder um pouco.

Como dito no início do capítulo, a CF/1988 não teceu nenhuma linha a respeito da perda do mandato dos Vereadores[31]. Desse modo, devemos indagar: trata-se de uma omissão (falha) do legislador constitucional ou de uma proposital ausência de regulamentação (silêncio eloquente[32])?

A questão é fundamental porque, a depender da resposta, somos conduzidos a conclusões antípodas. Caso se entenda que o constituinte, por desatenção, deixou de dispor sobre a matéria, trata-se de uma lacuna legal e as normas infraconstitucionais que dispõem sobre o tema podem ser interpretadas por analogia com as diretrizes da CF/1988[33]. Todavia, caso se entenda que

---

31. A única menção a esse respeito foi inserida pela Emenda Constitucional n. 111/2021, em que, a partir da jurisprudência do STF sobre a infidelidade partidária, inseriu o § 6º no art. 17: "Os Deputados Federais, os Deputados Estaduais, os Deputados Distritais e **os Vereadores que se desligarem do partido pelo qual tenham sido eleitos perderão o mandato**, salvo nos casos de anuência do partido ou de outras hipóteses de justa causa estabelecidas em lei, não computada, em qualquer caso, a migração de partido para fins de distribuição de recursos do fundo partidário ou de outros fundos públicos e de acesso gratuito ao rádio e à televisão".

32. "Sucede, porém, que só se aplica a analogia quando, na lei, haja lacuna, e não o que os alemães denominam 'silêncio eloquente' (*beredtes schweigen*), que é o silêncio que traduz que a hipótese contemplada é a única a que se aplica ao preceito legal, não admitindo, portanto, aí o emprego da analogia" (RE 130.552, Relator Moreira Alves, Primeira Turma, julgado em 04.06.1991).

33. REALE, Miguel. *Lições preliminares de direito*. 27. ed. São Paulo: Saraiva, 2002, p. 295-296. "Por outro lado, se reconhecemos que a lei tem lacunas, é necessário preencher tais vazios, a fim de que se possa dar sempre uma resposta jurídica, fa-

o legislador constitucional propositadamente deixou de regrar o tema, é inviável se valer da analogia para interpretar as normas infraconstitucionais.

E, com efeito, tudo indica que não se tratou de omissão, mas de silêncio eloquente. Primeiro porque, como convergem os doutrinadores, a CF/1988 é analítica, ou seja, examinou e regulamentou todo assunto que entendeu relevante à formação, destinação e ao funcionamento do Estado[34]. Em razão disso, sendo a perda de mandato de parlamentar municipal de absoluta importância ao bom funcionamento da República Federativa, seguramente a matéria não passou despercebida pelo constituinte, que, conscientemente, optou por não deliberar sobre a matéria.

Em reforço a essa conclusão, nota-se que o texto constitucional cuidou da perda de mandato dos representantes dos Poderes Legislativos dos Estados e do Distrito Federal. O art. 27, § 1º, da CF/1988[35] é taxativo ao dizer que aos Deputados Estaduais aplicam-se as regras da Constituição sobre perda de mandato. E o art. 32, § 3º[36], da CF/1988, por sua vez, estendeu aos Deputados Distritais as garantias previstas no art. 27. Portanto, de fato, a ausência de regulamentação do constituinte se dá tão apenas com relação aos parlamentares municipais.

---

vorável ou contrária, a quem se encontre ao desamparo da lei expressa. Esse processo de preenchimento das lacunas chama-se integração do direito, e a ele já fizemos alusão quando lembramos o dispositivo da Lei de Introdução ao Código Civil, segundo o qual, em sendo a lei omissa, deve-se recorrer à analogia, aos costumes e aos princípios gerais do direito".

A Lei de Introdução ao Código Civil, atualmente Lei de Introdução às Normas do Direito Brasileiro, estabelece em seu art. 4º: "Quando a lei for omissa, o juiz decidirá o caso de acordo com a analogia, os costumes e os princípios gerais de direito".

34. MORAES, Alexandre de. *Direito constitucional*. 24. ed. São Paulo: Atlas, 2009, p. 10.

SILVA, José Afonso da. *Curso de direito constitucional positivo*. 24. ed. São Paulo: Malheiros, 2005, p. 6: "O Constituinte fez uma opção muito clara por uma Constituição abrangente. Rejeitou a chamada constituição sintética (...)".

35. "Art. 27, § 1º Será de quatro anos o mandato dos Deputados Estaduais, **aplicando-sê-lhes as regras desta Constituição** sobre sistema eleitoral, inviolabilidade, imunidades, remuneração, **perda de mandato**, licença, impedimentos e incorporação às Forças Armadas."

36. "Art. 32, § 3º Aos Deputados Distritais e à Câmara Legislativa aplica-se o disposto no art. 27."

Além disso, oportuno também observar a diferença que a CF/1988 conferiu entre os membros dos Poderes Legislativos Nacional. Entre os arts. 53 e 56, a Constituição da República delineou, para garantir a independência do parlamento perante outros poderes constitucionais, a essência do chamado Estatuto dos Congressistas, o "conjunto de normas constitucionais que estatui o regime jurídico dos membros do Congresso Nacional, prevendo suas prerrogativas e direitos, seus deveres e incompatibilidades[37]".

Algumas dessas regras recebem o nome de imunidade, que pode ser material, por tornarem os congressistas excluídos da incidência de certas normas gerais, ou formal, que os torna livres de constrangimentos previstos no ordenamento processual penal[38].

De acordo com os arts. 27, § 1º, e 32, § 2º, da CF/1988, o Estatuto dos Congressistas alberga os parlamentares dos Estados e do Distrito Federal. Sem embargo, o art. 29, VIII, da CF/1988 deixa claro que aos Vereadores foi estendida apenas parte das prerrogativas:

> CF/1988: Art. 29. O Município reger-se-á por lei orgânica, votada em dois turnos, com o interstício mínimo de dez dias, e aprovada por dois terços dos membros da Câmara Municipal, que a promulgará, atendidos os princípios estabelecidos nesta Constituição, na Constituição do respectivo Estado e os seguintes preceitos: [...]
>
> VIII – **inviolabilidade dos Vereadores por suas opiniões, palavras e votos no exercício do mandato e na circunscrição do Município**;

Os Vereadores, destarte, não foram beneficiados das regras sobre imunidade formal, possuindo apenas imunidade material, que, aliás, limita-se à circunscrição do Município. Ou seja, o constituinte não conferiu aos Vereadores o tratamento dispensado aos parlamentares dos demais entes da Federação. Nessa conformidade, não tendo a Constituição da República estendido aos Vereadores as prerrogativas dos Congressistas, a lei que o fizer incidirá em inconstitucionalidade.

---

37. SILVA, José Afonso da. *Curso de direito constitucional positivo*. 24. ed. São Paulo: Malheiros, 2005, p. 534.

38. MENDES, Gilmar. *Curso de direito constitucional*. 7. ed. São Paulo: Saraiva, 2012, p. 1237.

Retomando o problema central – qual o rito para decretar a perda do mandato do Vereador condenado por sentença penal transitada em julgado: se dará por ato declaratório da Mesa ou do Presidente, como apregoa o art. 8º, I, do Decreto-Lei n. 201/67, ou será constituído apenas pela votação da maioria dos membros da Câmara Municipal?

A prerrogativa dos Deputados e Senadores inserida no art. 55, § 2º, da CF/1988, que garante aos congressistas condenados criminalmente o direito de permanecer no cargo caso assim deliberem as respectivas Casas Legislativas, é de natureza formal. O constituinte não atribuiu aos Vereadores as imunidades formais concedidas aos congressistas e estendidas aos Deputados Estaduais e Distritais.

Assim, a norma, estadual ou municipal, que garante aos Vereadores condenados por sentença penal transitada em julgado a manutenção do mandato até que se obtenha a votação da maioria da Casa Legislativa, é, pois, inconstitucional, na medida em que confere aos parlamentares municipais uma prerrogativa que lhes foi negada pela Constituição da República. Em outras palavras, ao ser condenado criminalmente em caráter definitivo, o Vereador tem automaticamente suspensos seus direitos políticos e, com isso, seu mandato é extinto, o que deve ser simplesmente declarado pela Mesa da Casa Legislativa.

A título de exemplificação, citemos um hipotético Vereador de Curitiba/PR condenado por sentença penal transitada em julgado. De acordo com o art. 22 da LOM, que praticamente reproduz o texto do art. 55 da CF/1988:

> LOM Curitiba/PR
>
> Art. 22. Perderá o mandato o Vereador: [...]
>
> III – que deixar de comparecer, em cada Sessão Legislativa, à terça parte das sessões ordinárias, salvo **se em licença ou missão autorizada pela Câmara**.
>
> IV – que perder ou tiver suspensos os direitos políticos. [...]
>
> VI – que sofrer condenação criminal em sentença transitada em julgado. [...]
>
> § 2º Nos casos dos incisos I, II e VI, a perda do mandato será decidida pela Câmara de Vereadores, mediante iniciativa da Mesa ou de partido político com representação na Casa, assegurada ampla defesa.
>
> § 3º Nos casos dos incisos III, IV e V, a perda será declarada pela Mesa, de ofício, ou mediante iniciativa de qualquer de seus membros, ou de partido político representado na Câmara, assegurada ampla defesa.

Caso se adotem, aqui, as correntes hoje em voga na Suprema Corte nos casos dos Deputados e Senadores, o hipotético Vereador poderia ter dois destinos: (a) se condenado à pena privativa de liberdade em regime fechado que o inviabilizasse de comparecer à terça parte das sessões ordinárias, teria o mandato extinto por força do art. 22, III, § 3º, da LOM; ou (b) a perda do mandato se daria por cassação e após votação da Casa Legislativa, nos termos do art. 22, VI, § 3º, da LOM, por força do critério da especialidade (*lex speciali derrogat lex generali*).

Sem embargo, conforme desenvolvido acima, a orientação do STF não pode ser emprestada aos Vereadores, pois a regra prevista no art. 55, § 2º, da CF/1988 é uma garantia apenas aos congressistas, e o constituinte, por, como já se disse, silêncio eloquente, não a estendeu aos Vereadores.

Nessa ordem de ideias, a regra que melhor se aplicaria ao caso seria a extinção do mandato, por meio de mera declaração da Mesa, com amparo no art. 22, IV, § 3º, da LOM; pois, ao ser condenado criminalmente por sentença transitada em julgado, o Vereador teve automaticamente seus direitos políticos suspensos, por força do art. 15, III da CF/1988, que é norma de eficácia plena, autoaplicável e independe da natureza do crime ou da pena imposta, conforme decidido pela Suprema Corte no Tema de Repercussão 370.

Poucos são os julgados no STF em que o tema é enfrentado inteiramente. Em um caso também extraído da Justiça Eleitoral (RE 225.019, Tribunal Pleno, julgado em 08.09.1999[39]), no âmbito de discussão de Recurso contra Expedição de Diploma, o Ministro Nelson Jobim, Relator, ponderou:

---

39. "EMENTA: Eleitoral. Recurso contra expedição de diploma. Condenação criminal transitada em julgado após a posse do candidato eleito (CF, art. 15, III). Perda dos direitos políticos: consequência da existência da coisa julgada. A Câmara de vereadores não tem competência para iniciar e decidir sobre a perda de mandato de prefeito eleito. Basta uma comunicação à Câmara de Vereadores, extraída nos autos do processo criminal. Recebida a comunicação, o Presidente da Câmara de Vereadores, de imediato, declarará a extinção do mandato do Prefeito, assumindo o cargo o Vice-Prefeito, salvo se, por outro motivo, não possa exercer a função. Não cabe ao Presidente da Câmara de Vereadores outra conduta senão a declaração da extinção do mandato. Recurso extraordinário conhecido em parte e nessa parte provido" (RE 225.019, Relator Nelson Jobim, Tribunal Pleno, julgado em 08.09.1999, *DJ* 26.11.1999).

> O vereador, condenado criminalmente, perde o mandato, independentemente de deliberação da Câmara, como consequência da suspensão de seus direitos políticos. (...) Não há possibilidade alguma de se estender aos Vereadores o tratamento dos Parlamentares Federais e Estaduais. (...) A perda do mandato não depende de deliberação da Casa. É consequência da suspensão dos direitos políticos que, por sua vez, é decorrência da condenação criminal transitada em julgado. É a já reconhecida autoaplicabilidade do art. 15, III, da CF (RE 179.502, Moreira Alves). O DL 201, de 2 de fevereiro de 1967, atribui ao Presidente da Câmara a declaração da extinção do mandato (art. 8º, I) (...) Não quis a Constituição submeter os efeitos das decisões de um poder do Estado Federado – a Justiça Estadual – ao crivo de um órgão político municipal.

Mais recentemente, em decisão da Presidência do STF (SL 864/PR, julgado em 14.05.2015), o Ministro Presidente Ricardo Lewandowski abordou um caso que, provavelmente, se amolde melhor ao que é aqui discutido, porquanto em separado da Justiça Eleitoral. O caso envolve o Vereador de Bom Sucesso/PR, que, ao sofrer condenação criminal transitada em julgado, não perdeu o mandato porque o Plenário da Casa deliberou pela manutenção do cargo.

Dessa maneira, o primeiro suplente impetrou mandado de segurança em face do Presidente da Câmara Municipal argumentando, em resumo, o que foi acima defendido: que a perda do mandato deveria ter sido declarada, e não submetida à deliberação da Casa Legislativa. A liminar foi concedida pelo Juízo de primeira instância e, depois, mantida pelo Tribunal de Justiça do Paraná. Em razão disso, o Vereador requereu a suspensão de liminar no STF.

O Ministro Ricardo Lewandowski afirmou que "a decisão proferida atentou estritamente à legalidade do ato, uma vez que o ordenamento pátrio não prevê o tratamento simétrico entre os membros do Poder Legislativo" (SL 864/PR). Relembrou, ainda, as ponderações – a título de *obiter dictum* – no julgamento da AP 470:

> **Com relação aos senadores e deputados, contudo, a Constituição contempla uma exceção à regra geral, no art. 55, § 2º, no tocante à perda imediata do mandato na hipótese de condenação criminal transitada em julgado.**
>
> Nessa situação diferenciada, a perda do mandato não será automática, embora seja vedado, desde logo, aos parlamentares atingidos pela condenação criminal, enquanto durarem os seus efeitos, disputar novas eleições, porquanto perderam a condição de elegibilidade. Veja-se, a propósito, o Resp 13.324/SP do Tribunal Superior Eleitoral.

Essa ressalva não contempla apenas os parlamentares federais, estendendo-se, igualmente, aos deputados estaduais e distritais, conforme explicitarei a seguir. **A regra da cassação imediata dos mandatos, no entanto, aplica-se, por inteiro e de imediato, aos vereadores, bem como aos prefeitos, governadores e ao próprio Presidente da República, por força do que se contém no referido art. 15, III, da Constituição.**

Em razão de os Vereadores não disporem de prerrogativa de foro, em geral o tema é submetido aos Tribunais Estaduais. No âmbito do Tribunal de Justiça de São Paulo, o entendimento preponderante é no sentido de que a perda do mandato dos Vereadores, por condenação criminal transitada em julgado, se dá por ato meramente declaratório e vinculado do Presidente da Câmara Municipal ou da Mesa, a depender da previsão da LOM.

VEREADOR – Condenado pela Justiça Criminal, com trânsito em julgado – Extinção de seu mandato declarado pela Mesa da Câmara (art. 15, III, da CF e Decreto-lei n° 201/67, art. 8º, I) – Recurso improvido (Apelação com Revisão 0066746-21.1998.8.26.0000, Relator Pires de Araújo, Foro de Nhandeara, Registro 16.09.1999).

CASSAÇÃO DE MANDATO DE VEREADOR – CONDENAÇÃO DE CRIME TRANSITADO EM JULGADO – Ofício do juízo eleitoral dado do trânsito em julgado da sentença condenatória com suspensão dos direitos políticos – Cumprido o ofício pelo presidente da Câmara – Autoaplicabilidade do art. 15, III, da Constituição Federal – não há que se falar em ampla defesa e contraditório, já que ausente a deliberação dos vereadores. Recurso não provido (Apelação Cível 0074992-54.2008.8.26.0000, Relator Des. José Luiz Germano, Foro de Cubatão, julgado em 21.09.2010).

AGRAVO DE INSTRUMENTO – MANDADO DE SEGURANÇA – VEREADOR – Extinção do mandato – Condenação penal transitada em julgado – Crime previsto no artigo 290, do Código Eleitoral – Irresignação contra decisão que indeferiu a liminar postulada, objetivando a recondução do impetrante ao cargo de vereador do Município de Cunha/SP até a conclusão do *mandamus*, bem como para que a instauração do processo de cassação observe rigorosamente as regras dos artigos 5º e 7º, ambos do Decreto-Lei 201/67 – Manutenção do *decisum* – A condenação penal transitada em julgado de agente político municipal provoca a extinção do mandato, independentemente da instauração de procedimento legislativo de cassação – Exegese do artigo 15, inciso III, da Constituição Federal e artigo 8º, inciso I, do Decreto-Lei nº 201/67 – Decisão mantida – Recurso improvido (Agravo de Instrumento 2201726-69.2015.8.26.0000, Relator Rebouças de Carvalho, Foro de Cunha, julgado em 04.11.2015).

> APELAÇÃO CÍVEL – MANDADO DE SEGURANÇA. 1. Vereador da Câmara Municipal de Guaimbê – Extinção de mandato, independentemente de instauração de processo administrativo, com a observância do contraditório e da ampla defesa – Cabimento – Parlamentar condenado criminalmente por decisão judicial transitada em julgado – Suspensão e/ou perda do cargo que são medidas decorrentes do julgado e imediatamente exequíveis após o trânsito em julgado da condenação criminal – Precedentes – Inteligência dos artigos 15, inciso III, da Constituição Federal, e 8º, inciso I, do Decreto-lei nº 201/67, combinados com os artigos 14, inciso IV, e 21, inciso VI, ambos da Lei Orgânica do Município de Guaimbê (fls. 137/185), além dos artigos 14, inciso I, e 35, inciso II, do Regimento Interno da Câmara Municipal de Guaimbê – Denegação da segurança – Manutenção da sentença. 2. Recurso não provido (Apelação Cível 0001699-71.2015.8.26.0205, Relator Des. Osvaldo de Foro de Getulina, julgado em 19.10.2016).

> Apelação. Mandado de Segurança. Vereador. Condenação criminal transitada em julgado. Suspensão dos direitos políticos como efeito secundário da decisão judicial, ainda que não aplicada pena privativa de liberdade. Consequente perda de mandato eletivo, independentemente de instauração de processo administrativo. Ato meramente declaratório. Precedentes deste E. Tribunal de Justiça. Sentença que denegou a segurança mantida. Recurso desprovido (Apelação Cível 1000188-50.2017.8.26.0205, Relator Des. Fernão Borba Franco, Foro de Getulina, julgado em 11.09.2017).

> MANDADO DE SEGURANÇA – Vereador que objetiva a concessão da ordem para anular o ato praticado que declarou extinto seu mandato – Impossibilidade – Natureza da pena imposta não interfere na extinção do mandado eletivo do apelante – Suspensão dos direitos políticos é autoaplicável e independe da natureza da pena imposta – Ausência de demonstração de qualquer vício a ensejar a nulidade – Sentença denegatória mantida – Recurso desprovido (Apelação Cível 1010870-89.2019.8.26.0077, Relator Des. Moreira de Carvalho, Foro de Birigui, julgado em 08.10.2020).

Nos julgados do Tribunal de Justiça de São Paulo acima trazidos, a questão acerca da impossibilidade de se estender aos Vereadores as garantias formais do Estatuto dos Congressistas não é o enfoque principal[40]. A aplicação

---

40. Dos julgados acima listados, a questão é abordada de maneira efetiva no AI 2201726-69.2015.8.26.0000, Relator Des. Rebouças de Carvalho, nos seguintes termos: "Por seu turno, inaplicável ao caso o disposto no art. 55, § 2º, da Consti-

do direito (perda do mandato) ao fato concreto (condenação criminal transitada em julgado) é guiada pela reunião das regras do art. 15, III da CF/1988 com o art. 8º, I, do Decreto-Lei n. 201/67, e não a partir da ideia de que o é inviável estender aos Vereadores as garantias do art. 55, § 2º, da CF/1988.

CONCLUSÃO

O Decreto-Lei n. 201/67 é a norma que regulamenta a perda do mandato dos Vereadores. Não há no diploma previsão específica acerca de que a condenação criminal transitada em julgado seja causa da extinção ou da cassação do mandato. Contudo, é possível concluir, a partir da análise conjunta do art. 8º, I, do decreto com o comando do art. 15, III, da CF/1988, que o Vereador condenado criminalmente por sentença transitada em julgado terá o mandato extinto, por ato declaratório do Presidente da Câmara Municipal.

Não obstante, ainda que a competência legiferante para dispor sobre o assunto seja da União, as LOMs trataram do tema. No afã de espelhar as normas constitucionais, parcela relevante das LOMs conferiu aos Vereadores garantia que a CF/1988 conferiu aos Congressistas no art. 55, § 2º, qual seja a de só perder o mandato por condenação criminal transitada em julgado após a deliberação da respectiva Casa Legislativa.

Esse cenário gera dúvida se o Vereador condenado criminalmente por sentença transitada em julgado terá o mandato extinto por ato declaratório do Presidente da Câmara, como determina o art. 8º, I, do Decreto-Lei n. 201/67, ou, por outra, terá o mandato cassado após deliberação do Plenário da Casa Legislativa, como, em geral, estabelecem as LOMs ao reproduzirem o art. 55, § 2º, da CF/1988.

Não obstante, ao examinar o texto constitucional, percebe-se que o constituinte optou por não estender aos Vereadores prerrogativa do art. 55, § 2º, da CF/1988 – como ocorreu com os Deputados Estaduais e Distritais. Dessa maneira, a legislação infraconstitucional não está autorizada a dispensar tratamento distinto aos parlamentares municipais.

---

tuição Federal, com a redação dada pela Emenda Constitucional n. 76, de 2013, porquanto aludida previsão é inerente exclusivamente aos mandatos de Deputado Federal ou Senador da República".

Como resultado, o Vereador condenado criminalmente por sentença transitada em julgado terá, necessariamente, extinto seu mandato em razão da suspensão de seus direitos políticos, o que deverá ser decretado por ato da Mesa e independe da deliberação do Plenário.

REFERÊNCIAS

AMARAL JÚNIOR, José Levi Mello do. Perda de mandato parlamentar por força de condenação criminal na jurisprudência do Supremo Tribunal Federal. *Revista Brasileira de Políticas Públicas*, v. 5, n. 3, 2015. Disponível em: https://www.publicacoes.uniceub.br/RBPP/article/view/3633. Acesso em: 26 maio 2022.

BALBANI, Arthur Paku Ottolini; FONSECA, Lucca Lopes Monteiro da. A perda de mandato parlamentar no direito constitucional brasileiro: tendências e desafios. *Revista da Faculdade de Direito*, Universidade de São Paulo, v. 113, p. 793-810, 2018. Disponível em: https://www.revistas.usp.br/rfdusp/article/view/1566580. Acesso em: 26 maio 2022.

BRASIL. *Constituição (1988)*. Disponível em: http://www.planalto.gov.br/ccivil_03/Constituicao/Constituicao.htm. Acesso em: 25 maio 2022.

BRASIL. *Decreto-Lei n. 201, de 27 de fevereiro de 1967*. Disponível em: http://www.planalto.gov.br/ccivil_03/decreto-lei/Del0201.htm. Acesso em: 25 maio 2022.

CAGGIANO, Monica Herman Salem. *Direito parlamentar e direito eleitoral*. Barueri, SP: Manole, 2004.

CALIMAN, Auro Augusto. *Mandato parlamentar*: aquisição e perda antecipada. São Paulo: Atlas, 2005.

CARVALHO FILHO, José dos Santos. *Manual de direito administrativo*. 28. ed. São Paulo: Atlas, 2015.

CASTRO, José Nilo de. A *defesa dos prefeitos e vereadores em face do Decreto-Lei n. 201/67*. 6. ed. Belo Horizonte: Del Rey, 2011.

DI PIETRO, Maria Sylvia Zanella. *Direito administrativo*. 28. ed. São Paulo: Atlas, 2015.

MEIRELLES, Hely Lopes. *Direito municipal brasileiro*. 18. ed. São Paulo: Malheiros, 2017.

MENDES, Gilmar. *Curso de direito constitucional*. 7. ed. São Paulo: Saraiva, 2012.

MORAES, Alexandre de. *Direito constitucional*. 24. ed. São Paulo: Atlas, 2009.

REALE, Miguel. *Lições preliminares de direito*. 27. ed. São Paulo: Saraiva, 2002.

SILVA, José Afonso da. *Curso de direito constitucional positivo*. 24. ed. São Paulo: Malheiros, 2005.

TITO COSTA, Antonio. *Responsabilidade de prefeitos e vereadores*. 3. ed. São Paulo: Revista dos Tribunais, 1998.

Candidaturas avulsas: uma análise do problema da representação e o papel dos partidos políticos nas democracias

Renato Ribeiro de Almeida[1]

Rubens Beçak[2]

INTRODUÇÃO

O objeto da ação era prover o exercício do direito político da candidatura avulsa. Sustentava na tese a argumentação de que, por meio do Pacto de San José da Costa Rica (Convenção Americana de Direitos Humanos), tornava-se norma constitucional o que dispõe o art. 23 sobre os direitos políticos: "A lei pode regular o exercício dos direitos e oportunidades a que se refere o inciso anterior, exclusivamente por motivos de idade, nacionalidade, residência, idioma, instrução, capacidade civil ou mental, ou condenação, por juiz competente, em processo penal". A omissão aos partidos políticos abriria, em tese, uma brecha para candidatos que quisessem se candidatar sem

---

1. Doutor em Direito do Estado pela Universidade de São Paulo. Mestre em Direito Político e Econômico pela Universidade Presbiteriana Mackenzie. Membro da Academia Brasileira de Direito Eleitoral e Político. Membro da Comissão de Direito Eleitoral da OAB-SP.
2. Mestre e Doutor em Direito Constitucional e Livre-docente em Teoria Geral do Estado pela Universidade de São Paulo (USP). Professor Associado da USP. Secretário-Geral da USP (2010-2014). Professor Visitante na Universidad de Salamanca, no Centro de Estudios Brasileños.

condição de elegibilidade disposta no inciso V, § 3º, do art. 14 da Constituição Federal, ou seja, entrar na disputa sem filiação partidária[3].

No dia 5 de outubro de 2018, o Ministro Celso de Mello negou a injunção pretendida, alinhavando, em apertada síntese, que o instrumento constitucional se mostrava inábil para colmatar lacunas legislativas indicadas apenas por norma constitucional que impusessem ao Estado o dever de assegurar a candidatura avulsa. No âmbito do direito internacional público, o Ministro destacou a aplicação do critério da supralegalidade. Atualmente utilizado na aplicação de tratados, o critério impede que cláusulas internacionais incorporadas ao ordenamento brasileiro se sobreponham às normas constitucionais. O Pacto, portanto, não poderia inibir a condição exigida pelo texto constitucional. Para além disso, haveria um vínculo necessário entre as agremiações e a comunidade dos eleitores, cujo efeito normativo mais evidente seria a nulidade dos votos de candidatos sem o registro.

Celso de Mello traz ainda um excurso histórico sobre a candidatura avulsa, quando o Código Eleitoral de 1935 a permitia, desde que houvesse o registro como tal em até cinco dias antes das eleições. Disso, porém, decorria a desordem ensejada pela pulverização dos votos em candidatos sem chances concretas de vitória, ou mesmo candidatos fora da disputa[4]. A Lei Agamenon-Magalhães (Decreto-lei n. 7.586/45) pôs fim à candidatura avulsa, mantendo-se assim no Código Eleitoral de 1950 e finalmente o tema revestiu-se de força constitucional em 1988. As consequências da filiação enquanto requisito para ser votado se espraiam ao tema da infidelidade partidária e ao pressuposto de que "o mandato pertence ao partido"[5].

---

3. "Art. 14. A soberania popular será exercida pelo sufrágio universal e pelo voto direto e secreto, com valor igual para todos, e, nos termos da lei, mediante: (...) § 3º São condições de elegibilidade, na forma da lei: (...) V – a filiação partidária"; bem como o art. 87 do Código Eleitoral (Lei 4.737 de 1965): "Art. 87. Somente podem concorrer às eleições candidatos registrados por partidos".
4. "As estatísticas com os resultados finais das eleições presidenciais trazem centenas de nomes, e a maioria consta como tendo recebido apenas um ou dois votos. O político Rui Barbosa, por exemplo, embora tivesse sido candidato a presidente em duas eleições (1910 e 1919), obteve votos em todas as disputas presidenciais realizadas entre 1894 e 1922" (NICOLAU, 2012, p. 47).
5. "(...) A Constituição também exige como condição de elegibilidade a filiação partidária. Com isso, pode-se dizer que, diversamente do que ocorre em diversas

Conforme o caso indica, a prevalência do teor constitucional afasta qualquer possibilidade de se escapar à regra da filiação. A transformação pode advir de Emenda Constitucional[6] ou uma nova interpretação sobre a incorporação de tratados internacionais pelo Supremo Tribunal Federal (STF).

1. REPRESENTAÇÃO E PARTIDOS

O caso concreto fica resolvido do ponto de vista dogmático. A perspectiva dogmática do direito trata da inegabilidade dos pontos de partida, isto é, a necessidade de se tomar por inegáveis os dogmas iniciais, no caso, as normas válidas. Nesse ponto, cabe à ciência dogmática discutir e estabelecer critérios, condições de aplicação, sistematizações, esquemas, criando um complexo argumentativo orientado à decisão (FERRAZ JR., 1991, p. 41), seja do juiz, seja do legislador. Partiu-se da validade do art. 23 da Convenção Americana de Direitos Humanos e, em sede de voto discutindo a vinculação que o conteúdo do tratado internacional daria no caso da candidatura avulsa, chegou-se à conclusão de que, mesmo válido, não devia se sobrepor ao mandamento constitucional. A "tecnologia" da decisão foi amparada pela teoria da supralegalidade, justificada à luz do colegiado.

Democracias contemporâneas, o partido político no Brasil, nas disputas eleitorais, detém o monopólio das candidaturas (CF, art. 14, § 3º, V, c/c art. 17). Não há, pois, em nosso País, a possibilidade de candidaturas avulsas ou independentes da filiação partidária. É essa realidade normativa, de fundo constitucional, que permitiu ao TSE, em decisão confirmada pelo Supremo Tribunal Federal, concluir que os mandatos eventualmente alcançados pelos candidatos são, na verdade, patrimônio político do partido ao qual estejam filiados à época da eleição, de tal sorte que o candidato eleito que, sem justa causa, desfiliar-se do seu, partido, manifestando com isso infidelidade partidária, pode sofrer a sanção da perda do mandato político" (GUEDES, 2018, p. 741, item n. 4).

6. Caso da PEC 6/2015, de autoria do Senador Raguffe (PDT-DF), em tramitação na Comissão de Constituição, Justiça e Cidadania. Nela o registro é permitido sob a condição de que o candidato conte com o apoio e assinatura de pelo menos 1% dos eleitores aptos a votar na região (município, estado ou país, conforme o caso) em que o concorrente disputará o pleito (AGÊNCIA SENADO, 2019). Na Câmara dos Deputados, há a PEC 350/2017, de teor semelhante, já proposta à apreciação em plenário (Disponível para consulta em: https://www.camara.leg.br/propostas-legislativas/2145346. Acesso em: set. 2019).

À ciência jurídica, todavia, interessa não apenas a dogmática, mas também a zetética, ou seja, os aspectos determinantes da norma no "mundo do ser". A zetética cuida de premissas descritivas, das perguntas sobre o instituto, sobre a norma, sobre os códigos. Sem abrir mão de lidar com uma norma, lança sobre ela os olhares de outros ramos do conhecimento, como a história, a sociologia, a ciência política, a economia etc. Sem se confundir com a dogmática, a zetética a complementa na medida em que esclarece os pressupostos e antecipa consequências do mundo do ser (FERRAZ JR., 1991, p. 45).

Nos tópicos seguintes, trataremos dos olhares zetéticos sobre a candidatura avulsa e os gêneros nos quais ela se insere. Não basta, como é evidente, tratar de uma possibilidade isolada do todo que a acompanha. É necessário um passo atrás na ordem do sistema de direito eleitoral para verificar institutos que antecedem, tanto lógica quanto cronologicamente, a candidatura. São eles: o conceito de representação, o conceito de mandato e o conceito de partido político. A partir das conclusões parcialmente estabelecidas, buscaremos verificar que argumentos essa visão oferece em auxílio à construção dogmática do instituto da candidatura avulsa.

1.1. A representação política

Em suas origens etimológicas, no latim clássico, *representare* comportava os sentidos de fazer presente ou de apresentar novamente (re-apresentar). O paradoxo que acompanha o vocábulo em sua acepção original é similar ao dualismo fundamental que persegue o instituto da representação política ainda hoje: como fazer presente algo que, de fato, não o está? Como algo pode estar e não estar presente ao mesmo tempo? Os primórdios da ideia de representação podem ser encontrados na tradição inglesa, no fim da Idade Média, quando da assinatura da *Magna Carta* em 1215. Ainda que não se usasse o termo "representantes", o controle das ações do rei indicava um afastamento da premissa divina de sua autoridade. Já em 1265, com a criação do Grande Conselho pelo Conde de Leicester, temos a composição de uma assembleia de pessoas responsáveis pela administração junto ao rei. São eles os barões, mas também bispos, tenentes-chefes, dois cavalheiros de cada condado (*Shire*) e dois cidadãos (burgueses) de cada cidade (KOSMINSKI, 1960, p. 124). No século XIV, já consolidado como um Parlamento, passa a funcionar como um órgão legislativo e surge a primeira divisão entre câmaras. Lordes são compostos e representam interesses dos membros hereditários da alta nobreza, barões e alto clero; os Comuns são representantes eleitos da burguesia nascente, dos cavalheiros e da baixa nobreza. A formulação pioneira da separação dos poderes será concluída em 1653 com Cromwell na elaboração do *Instrument of Government.* No documento se estabeleciam campos de atuação do Legislativo, Executivo e Judiciário, conforme seria exposto teoricamente por Montesquieu. Um exame aos fatos históricos revela a necessidade de ampliação desse conceito. Ao ser introduzida, a representação política não comportava nenhuma implicação democrática, nem regramento eleitoral, servindo tão somente como instrumento de articulação e jogo de forças políticas entre o rei e o Parlamento. É diferente do modelo norte-americano, mesmo quando ainda colônia, já desde cedo pautado na representatividade. Já no início da ocupação do território de Jamestown (atual Richmond, Virgínia), em 1619, era fundada a *House of Burgess*, uma assembleia popular de 22 membros, criada para assistir o governador-geral, que deveria agir conforme princípios das *Cartas* estabelecidas na metrópole (TOCQUEVILLE, 2000, p. 60). Outro exemplo pode ser encontrado na Constituição de Connecticut, de 1638, que estabelecia um sistema eleitoral composto por todos os cidadãos. Com a independência em relação à metrópole inglesa, em 1783, cada uma das trezes colônias toma para si a tarefa de redigir um texto constitucional próprio, até que em 1787 é redigida a *Constitution of the United States.* A representatividade seria marcada pela composição bicameral do Poder Legislativo, com um Senado e uma Câmara dos Deputados.

É sobretudo no projeto liberal de Estado que o instituto da representação política se desenvolve, como instrumentalização da participação política – ainda que inicialmente excludente. O Estado liberal nasce da luta contra as monarquias absolutistas e, ao mesmo tempo, busca atingir ideais cunhados no seio da filosofia moderna. Os valores básicos presentes na filosofia de John Locke e Montesquieu refletiam a concepção do homem como um ser livre, igual entre seus pares e desejoso da segurança. Mas o enfoque desses valores, no liberalismo, dependia de uma garantia anterior de liberdades individuais na qual o Estado deveria adotar a postura de não interferência, senão para a proteção da propriedade privada. A igualdade, portanto, estava adstrita aos limites de uma pequena parcela da população que podia ser livre dentro de seus limites materiais. É essa parcela que enfrentará o desafio de criar uma nova concepção política para a atuação do Estado dentro de seu controle, impedindo o eventual retorno de um poder absoluto. A liberdade do homem passará então a ser uma forma de liberdade a ser exercida no controle do Estado, uma forma de se colocar dentro da vontade estatal sem que se confunda com ela. Também em Hobbes, a ideia de uma formação da vontade estatal passa pela transferência do direito de ser governado, formando uma assembleia de vontades. Surge, então, a necessidade de se estabelecer a representação política.

1.2. Partidos políticos

O modelo inicial grego de democracia não comportava a ideia de uma representatividade calcada em partidos. Havia a separação entre grupos, com destaque para a influência pessoal de um líder e seus apoiadores, mas vinculados apenas tendo em vista interesses de ocasião, frequentemente o mero apoio a uma liderança. Diferente de partidos, tratava-se de facções, sem estrutura organizacional e princípios programáticos. De modo semelhante, a organização feudal pressupunha frequentemente laços de vassalagem estabelecidos pelo vínculo militar, e cujo ápice de poder, o soberano, detinha poderes infensos a qualquer representatividade. A transição por meio de níveis hereditários também evitava que se formassem divisões sucessórias por muito tempo, ou que estas fossem defendidas com qualquer viés representativo. Foi só com o estabelecimento de um Parlamento, no qual as vontades políticas diversas podiam se canalizar, que a ideia de "partes" do poder, isto é, os partidos, começou a surgir.

Na definição clássica de LaPalombara, os partidos políticos são fenômenos relativamente recentes na história política. Por meio de quatro critérios, esse autor diferencia os partidos de demais agrupamentos, como ligas, clubes, blocos parlamentares, comitês e facções. Em primeiro lugar, um partido deverá ter uma permanência temporal no mínimo superior à expectativa de vida de seus dirigentes no Poder. Esse critério diferencia uma organização realmente partidária do mero acordo de ocasião pelo *discrimen* do tempo. Em segundo, um partido não é uma unidade em si, mas se entrelaça com demais organizações, sejam elas da mesma espécie ou não: sendo uma concorrência de vontades, o partido se insere num jogo entre outros partidos semelhantes. Em terceiro, partidos possuem a finalidade de alcançar o poder, e não apenas influenciá-lo. Em quarto, há uma constante preocupação com o apoio popular, com a formação de militância e participação das eleições (LAPALOMBARA; WINER, 1982, p. 6-7).

A história, todavia, deixa margem para discussão: teriam os partidos se formado apenas dentro da instituição parlamentar, como uma aglutinação de correntes de pensamento que somavam forças em busca da maioria dos votos? Ou, por outro lado, seriam os partidos anteriores a qualquer institucionalização e até mesmo um de seus pressupostos? É possível apontar um enquadramento histórico para ambas as hipóteses. A formação dos clubes políticos que fomentaram a Revolução Francesa, culminando na constitucionalização de uma ordem partidária, teve evidente papel canalizador de vontades populares distintas; mas é somente em 1848 que jacobinos e girondinos são substituídos por organizações políticas estáveis, com inserção popular e aptas aos pleitos eleitorais (DUVERGER, 1987, p. 22-30). No caso americano, a independência surge como momento de instauração de instituições dentro das quais as correntes políticas se estabelecem, mas apenas em 1830, no governo de Andrew Jackson, nascem os partidos com o nome de Democrático, defendendo a autonomia dos Estados-membros, e o Partido Nacional Republicano, defendendo a constituição de uma autoridade mais centralizada.

Seja como for, o surgimento de partidos políticos é um avanço na organização política. O modelo de representatividade liberal utilizado como meio de inserção da vontade dos indivíduos frente ao Estado sofre um momento de crise ao longo dos séculos XVIII e XIX, notadamente com a organização dos diferentes estratos sociais e os movimentos nacionalistas. A organização política ganha, com a formação dos partidos, uma maior coerência para com a vontade a ser representada. Não se trata mais, agora, de uma vontade unitária e uníssona, mas de uma concorrência de vontades.

2. MODELOS DE RELAÇÃO ENTRE REPRESENTAÇÃO E PARTIDOS POLÍTICOS

Garcia-Pelayo expõe uma evolução esquemática de paradigmas envolvendo a representatividade e os partidos. Num primeiro momento, a democracia era direta, com a expressão direta da vontade do cidadão, influindo unitariamente nas decisões. Esse modelo se torna simplório em virtude do crescimento populacional e da complexidade das estruturas e divisões de poder, dando lugar às democracias representativas. Haveria as figuras do representante e representado, cuja delegação do poder de decidir representava uma das premissas do pensamento liberal. Esse modelo não se sustenta devido à ampliação do sufrágio e à necessidade de uma mediação ainda mais profunda para que se representem não apenas as vontades individualizadas, mas uma concorrência de vontades coletivas, surgindo a necessidade dos partidos políticos (GARCIA-PELAYO, 1986, p. 82-83). Com a constitucionalização dos partidos políticos ao longo do século XX, a democracia passou a ser concebida como o quadro dentro do qual as diferentes vontades seriam arguidas de modo agrupado, convertendo as demandas e orientações da sociedade em programas de implementação.

O último estágio concebido pela ciência política seria um Estado de Partidos. Essa ideia surge entre os pensadores e juristas alemães do início do século XX como uma forma radical de depositar nos partidos a autoridade de decidir. Nesse modelo, entende-se que a vontade, tanto do representado como do representante, será a vontade do partido, perfazendo a ideia de um mandato partidário.

A teoria do Estado de Partidos (*Parteinstaat*) fundamenta a construção de uma nova dinâmica de funcionamento do Estado. Diferente do modelo liberal, que não concebia o povo enquanto totalidade, a meta está na representação do sujeito coletivo. A vontade geral passaria a ser construída no interior dos partidos políticos, ficando o órgão de representação, no caso o Legislativo, servindo secundariamente como ambiente de discussão. O centro das decisões desloca- se para o interior dos partidos, levando em consideração sempre a vontade de sua base de apoio, determinada previamente e harmonizada segundo uma estrutura interna. A partir daí, cada partido teria a missão de tornar hegemônicas suas ideias e concepções de mundo.

No início do século XX, Hans Kelsen foi um dos defensores da ideia de um Estado de Partidos. Em seu ensaio "Essência e Valor da Democracia", publicado em 1920, ele destaca a relação necessária entre os partidos e a consolidação e fortalecimento dos princípios democráticos. Tais organizações seriam imprescindíveis para que o indivíduo pudesse exercer alguma influência na formação da vontade do Estado (KELSEN, 1934, p. 43-44). Em sua forma plena, a democracia deveria permitir que qualquer indivíduo pudesse ter suas demandas agrupadas, já que, agindo isoladamente, padeceria de qualquer articulação política. Os partidos políticos seriam um aperfeiçoamento da democracia, e qualquer crítica no sentido de diminuir-

-lhes o papel seria, ainda que involuntariamente, um ataque ao próprio regime democrático, privilegiando a hipótese de um retorno da vontade individual sobre a vontade coletiva. Um grupo que se articulasse e se apresentasse como condutor exclusivo da vontade popular, único porta-voz do "verdadeiro" interesse coletivo, estaria na verdade se colocando numa posição hostil ao princípio democrático, ocultando-se sob a forma de uma pretensa maioria. No entendimento de Kelsen, somente com a articulação e organização dos indivíduos em torno dos partidos políticos há a possibilidade de surgirem condições para que diferentes grupos, com interesses diversos, possam negociar acordos entre si e, ao mesmo tempo, estabelecer os parâmetros para que a vontade coletiva, levada a cabo pelo Estado, se oriente numa direção equitativa (KELSEN, 1993, p. 38-39).

A eminência jurídica de Kelsen favoreceu a teoria do Estado de Partidos. Porém, o autor que melhor definiu a necessidade do fortalecimento dos partidos e a superação do modelo de representação liberal foi Gerhard Leibholz. Em sua obra *Representação e Identidade*, Leibholz afirma que os partidos políticos seriam as únicas organizações que, nos Estados com grande extensão territorial, teriam condições de aglutinar em grupos os milhares de eleitores que se encontram dispersos e desarticulados. Portanto, só através de organizações partidárias poderia ser implementada uma ação política eficaz (LEIBHOLZ, 1980, p. 208-209). Na falta de intermediação dos partidos, os cidadãos simplesmente não estariam em condições de exercer influência sobre a política do Estado e, nem mesmo, de se realizar politicamente. De modo semelhante e mais próximo à contemporaneidade, o filósofo alemão Jurgen Habermas defende que no funcionamento do Estado de partidos "as partes contratuais politicamente ativas seriam sempre os partidos em seu papel de governo e oposição (...), a vontade dos partidos é idêntica à dos cidadãos ativos, de tal modo que, em cada caso, o partido da maioria representaria a opinião pública". Uma vez articulada, a opinião não pública passa a existir como opinião pública, e o meio para que isso se concretize só pode ser, segundo o autor, o ambiente partidário. Nesse caso, a vontade geral nasceria da existência do princípio da identidade entre um conjunto de indivíduos aglutinados em torno de partidos políticos.

No Estado de Partidos, as organizações partidárias deslocam o centro das decisões políticas. As discussões começam no interior da sociedade para então se manifestarem no interior dos partidos políticos e através dele nos órgãos de deliberação parlamentar. Cabe, portanto, aos partidos, a tarefa de organizar, sistematizar e deliberar sobre suas propostas, sempre levando em consideração a vontade hegemônica de seus membros.

No modelo de representação liberal, o mandato é virtual (ou representativo) devido à pretensão do representante em reproduzir de forma indistinta, na esfera do Legislativo ou do Executivo, os interesses de todos os seus eleitores. É essa mesma premissa que embasa, por exemplo, a defesa de sistemas eleitorais distritais, com o argumento de uma maior identidade de interesses entre representante e representado devido à inserção local e proximidade com os problemas de determinada região geográfica. Na dinâmica do Estado de Partidos, o representante perde tal *status* representativo e passa a ser órgão de representação vinculado às determinações partidárias. O mandato do representante passa a pertencer efetivamente ao partido, tornando-se um mandato partidário ou mandato comissionado. Há um vínculo direto, e, no caso da inobservância das diretrizes, caberia a revogação do mandato.

3. O PROBLEMA DA CANDIDATURA AVULSA

Como as candidaturas avulsas se enquadram na problemática da representatividade e do papel dos partidos políticos na democracia?

A razão de ser da representação política está em possibilitar o controle do Poder do Estado por aqueles que não podem exercê-lo pessoalmente. Maurizio Cotta (1986, p. 1102) fornece a seguinte definição de representação política:

> (...) uma relação de caráter estável entre cidadãos e governantes por efeito do qual os segundos estão autorizados a governar em nome e seguindo os interesses dos primeiros e estão sujeitos a uma responsabilidade política de seus próprios comportamentos frente aos mesmos cidadãos por meio de mecanismos institucionais eleitorais.

Uma análise do conceito de Cotta (1986) permite extrair alguns elementos cumulativos: a) a estabilidade da relação; b) a diferenciação entre sujeitos (cidadão e governante); c) a autorização do cidadão para que se governe em nome e seguindo seus interesses; d) a responsabilidade política dos governantes por meio de mecanismos institucionais eleitorais.

Aplicando-se, agora, o instituto da candidatura avulsa ao conceito de representação, e sempre segundo Cotta, veremos que seus elementos são plenamente satisfeitos segundo o ordenamento brasileiro atual. Há a estabilidade pelo mesmo prazo do mandato, permanece a diferença entre sujeitos, a autorização e a responsabilidade. Sob esses critérios, as candidaturas avulsas se adequam ao conceito de representação política, permitindo dizer que o candidato, ainda que sem partido, será representante de interesses. Parcialmente, é possível concluir que uma candidatura avulsa será representativa. Mas apenas representar, não basta. Será preciso um novo teste conceitual, agora mais estrito, para verificar como a candidatura e o partido político se relacionam.

Os quatro modelos de representação descritos anteriormente (Democracia Direta, Democracia Representativa, Democracia Representativa Partidária e Estado de Partidos) perfazem um aperfeiçoamento tendente a valorizar mais os agrupamentos do que o indivíduo. Inicialmente, a vontade é diretamente centrada no indivíduo no modelo de democracia direta. Ela se torna mediata na democracia representativa, e então é agrupada no modelo da representação partidária. Finalmente, no modelo de Estado de Partidos, o indivíduo se faz representar por um representante que também será, por sua vez, submisso ao poder de decisão do partido. Exige-se, em contrapartida, que haja de fato um agrupamento identificável de vontades. Do contrário, toda a evolução tendente a tornar as vontades representadas mais nítidas e competitivas frente às demais, acaba por se transformar em mera justificativa simbólica. Kelsen atenta para a necessidade de uma representação de todas as concepções políticas, pois, do contrário, se apenas poucos partidos tiverem voz, a vontade orgânica do todo social seria desprezada.

Trazendo os aportes teóricos da representatividade e dos modelos de partidos políticos para o contexto atual, as candidaturas avulsas revelam-se como uma demanda crítica perante a situação partidária atual. Se tomarmos o paradigma da representatividade partidária, temos que o clamor pela candidatura avulsa pode indicar o seguinte diagnóstico.

A insuficiência da representatividade partidária para abarcar a vontade dos representados induz ao retorno da concepção individualista liberal. Haveria um solipsismo partidário, no qual faltaria a relação de correspondência entre as propostas de aglutinação da vontade popular, relegando os anseios do povo a um vácuo representativo. Uma vez que se não identifica com as finalidades e programas de nenhum dos partidos, o indivíduo volta à sua condição atomizada, avesso a qualquer tipo de mediação entre sua vontade e a vontade estatal. Retoma, ainda que inconscientemente, a defesa dos valores liberais frente ao Estado, que não lhe oferece opções para ter suas demandas e propostas articuladas dentro de um programa. É dizer: sem a adequada mediação do partido, o indivíduo encontra-se separado do Estado e passa a ver nele seu rival, vê nele uma ameaça constante à esfera privada. Para resolver esse problema, pensa que a única forma é apoiando outro indivíduo igualmente isolado, livre dos vínculos para com uma instituição medianeira. A candidatura avulsa surge então retomando o paradigma da representatividade simples, sem intervenção dos partidos, agora vistos da mesma forma ameaçadora com que os liberais viam o poder absoluto monárquico. O filósofo italiano Antonio Gramsci foi, aliás, o primeiro a perceber a analogia possível entre o "príncipe" de Maquiavel e os partidos políticos: o autor vê o Partido como o moderno Príncipe encarregado de administrar o Estado, uma vez que a formação da vontade estatal se daria através do Partido. O partido gramsciano pressupõe uma rica vida interna, apoiada em práticas democráticas intensas no ambiente intrapartidário. O partido é o sujeito coletivo e potencialmente transformador da realidade. Desempenha o papel de intermediação entre as vontades dos diferentes grupos sociais que buscam formar um só corpo com vistas a uma nova perspectiva social. A candidatura avulsa seria a antítese do Príncipe: seria o interesse individual contra o poder centralizado, seja esse interesse representativo de uma aristocracia ou do povo. Vale notar que a candidatura avulsa é defendida atualmente tanto no âmbito popular, como reação a escândalos de corrupção enquadrados pela mídia com vieses partidários, quanto no âmbito dos atuais defensores de causas liberais, que identificam o Estado e os partidos que virtualmente o compõem como igualmente adversos aos valores de propriedade privada, à igualdade formal e ao livre-mercado.

CONCLUSÃO

O direito visto do ponto de vista dogmático busca oferecer critérios normativos para decisões no caso concreto. A candidatura avulsa, nesse aspecto, é defendida por meio da interpretação da CIDH, extraindo-lhe o sentido normativo de que os partidos políticos não devem ser um óbice aos direitos políticos de votar e ser votado. Coube ao STF decidir pela pertinência de tal entendimento. Se considerado válido, suas consequências se irradiariam para a legislação e seriam fonte transformadora das relações entre representantes e representados.

A análise zetética pode enriquecer ainda mais o modo como a dogmática é compreendida e aplicada. Buscamos neste artigo expor brevemente considerações de cunho histórico e de ciência política sobre as relações entre partidos políticos, representação e tecer a hipótese do porquê a candidatura avulsa surge como clamor social contemporaneamente. A representatividade sempre foi uma relação tensional dentro das democracias. Num primeiro momento, a vontade é concebida diretamente pelo poder de decisão, prescindindo de um representante. O alargamento de funções e o aumento populacional tornam necessários que a tarefa de decidir seja delegada, e, posteriormente, a aglutinação entre vários representantes, com vontades políticas individuais canalizadas e agrupadas, faz surgir a ideia de partidos políticos. O papel dos partidos como instituições medianeiras da vontade individual pode ser apresentado como um espectro gradativo: numa ponta, temos o modelo liberal no qual o indivíduo escolhe seu representante enquanto seu igual frente ao Estado, alguém para defendê-lo e defender seus valores, notadamente sua propriedade, perante o poder constituído; na outra ponta, temos o Estado de Partidos, concepção máxima de poderio partidário, com mandatos comissionados, depositários exclusivos do poder de decisão e ambiente dentro do qual as vontades individuais devem ser exercidas.

A candidatura avulsa é uma proposta tendente a relativizar o potencial transformador do partido político na sociedade, tomando ceticamente essa hipótese por apenas uma outra forma de poder estatal, na qual a vontade livre do indivíduo se vê amarrada por uma instituição. Não encontrando opções no leque de partidos que se apresentam na cena política, o indivíduo clama por um representante na mesma condição que si próprio, alguém que igualmente não tenha se identificado com os partidos, um candidato, portanto, avulso.

Essa hipótese, se confirmada, indica dois caminhos pelos quais a dogmática, agora auxiliada pela zetética, pode balizar as decisões jurisdicionais. O primeiro é reconhecer que o modelo partidário tal como proposto pela Constituição de 1988 falhou, ou seja, que a obrigatoriedade da filiação não pode mais prevalecer tendo em vista que a situação da representatividade é grave o bastante para desacreditar os partidos políticos, devendo-se facultar as candidaturas avulsas. O segundo caminho é compreender a crise de representatividade pelos partidos políticos como uma necessidade de aperfeiçoamento destes, indicando que sua presença na sociedade não está devidamente atendendo aos desígnios de uma democracia. Essa opção conduziria à manutenção do impedimento às candidaturas avulsas, mas compreendendo-as enquanto sinal de uma reforma necessária, que integre os partidos políticos como ambientes democráticos de canalização das vontades individuais.

REFERÊNCIAS

AGÊNCIA SENADO. PEC permite candidatura avulsa a cargos eletivos. 10 fev. 2015, notícia-online. Disponível em: https://www12.senado.leg.br/noticias/materias/2015/02/10/pec-propoe-candidatura-avulsa-independente-de-filiacao-partidaria. Acesso em: set. 2019.

BEÇAK, Rubens. A soberania, o Estado e sua conceituação. *Revista da Faculdade de Direito*, Universidade de São Paulo, São Paulo, v. 108, p. 343-351, nov. 2013.

BEÇAK, Rubens. Democracia moderna: sua evolução e o papel da deliberação. *Revista de Informação Legislativa*, v. 50, p. 7-23, 2013.

COTTA, Maurizio. Representação política. *In:* BOBBIO, Norberto *et al*. *Dicionário de Política*. 2. ed. Trad. João Ferreira *et al*. Brasília: UnB, 1986.

DUVERGER, Maurice. *Partidos políticos*. Trad. Cristiano Monteiro Oiticia. 3. ed. Rio de Janeiro: Editora Guanabara, 1987.

FERRAZ JR., Tercio Sampaio. *Introdução ao estudo do direito*: técnica, decisão, dominação. São Paulo: Atlas, 1991.

GARCIA-PELAYO, Manuel. *El estado de partidos*. Madrid: Alianza, 1986.

GUEDES, Neviton. *Comentários à Constituição do Brasil*. Coordenação científica J. J. Gomes Canotilho, Gilmar F. Mendes, Ingo Sarlet e Lenio Streck. 2. ed. São Paulo: Saraiva/Almedina/IDP, 2018.

KELSEN, Hans. A *democracia*. Trad. Ivone Castilho Benedetti *et al*. São Paulo: Martins Fontes, 1993.

KELSEN, Hans. *Esensia y valor de la democracia*. Trad. Rafael Luengo Tapia e Luis Legaz y Lacambra. Barcelona: Labor, 1934.

KOSMINSKI, E. A *história da Idade média*. Rio de Janeiro: Vitória, 1960.

LAPALOMBARA, Joseph; WINER, Myron. Definição do partido político. *In*: CHARLOT, Jean. *Os partidos políticos*. Trad. Carlos Alberto Lamback. Brasília: UnB, 1982.

LEIBHOLZ, Gerhard. Representación y identidad. *In*: LENK, Kurt; NEUMANN, Fraz. *Teoría y sociologia críticas de los partidos políticos*. Barcelona: Anagrama, 1980.

NICOLAU, Jairo. *Eleições no Brasil*: do Império aos dias atuais. São Paulo: Zahar, 2012.

TOCQUEVILLE, Alexis de. *Democracy in America*. Trad. port. Eduardo Brandão, *Democracia na América*. São Paulo: Martins Fontes, 2000.

QUEM SOMOS

As Editoras LETRAS JURÍDICAS e LETRAS DO PENSAMENTO, com 22 anos no mercado **Editorial e Livreiro** do país, são especializadas em publicações jurídicas e literatura de interesse geral, destinadas aos acadêmicos, aos profissionais da área do Direito e ao público em geral. Nossas publicações são atualizadas e abordam temas atuais, polêmicos e do cotidiano, sobre as mais diversas áreas do conhecimento.

As Editoras LETRAS JURÍDICAS e LETRAS DO PENSAMENTO recebem e analisam, mediante supervisão de seu Conselho Editorial: **artigos, dissertações, monografias e teses jurídicas** de profissionais dos Cursos de: **Graduação, de Pós-Graduação, de Mestrado e de Doutorado, na área do Direito e na área técnica universitária, além de obras na área de literatura e de interesse geral.**

Na qualidade de **Editora Jurídica e de Interesse Geral**, mantemos uma relação em nível nacional com os principais **Distribuidores e Livreiros do país**, para divulgarmos e para distribuirmos as nossas publicações em todo o território nacional. Temos ainda relacionamento direto com as principais **Instituições de Ensino, Bibliotecas, Órgãos Públicos, Cursos Especializados de Direito** e todo o segmento do mercado.

Participações em Feiras **Nacionais e Internacionais.**

NOVIDADE!!! O Autor (a) da LJ/LP terá uma página exclusiva para inserir sua biografia, fotos, vídeos e artigos de sua área e artigos em geral, para interagir com o leitor e ganhar maior visibilidade no mercado.

Na qualidade de editora prestadora de serviços, oferecemos os seguintes serviços editoriais:

- ✓ Análise e avaliação de originais para publicação;
- ✓ Redação, Revisão, Edição e Preparação de Texto;
- ✓ Assessoria Técnica Editorial;
- ✓ Cadastro do ISBN - CBL e SNEL;
- ✓ Ficha catalográfica - CBL e SNEL;
- ✓ Design e montagem da Arte de capa;
- ✓ Digitação e Diagramação de textos;
- ✓ Direitos Autorais: Consultoria e Contratos;
- ✓ Elaboração de sumários, de índices e de índice remissivo;
- ✓ Fotografia: Escaneamento de material fotográfico;
- ✓ Gráficas - Pré-Impressão, Projetos e Orçamentos;
- ✓ Ilustração: projeto e arte final;
- ✓ Áudio Books;
- ✓ Livros Digitais, formatos E-book e Epub;
- ✓ Organização de Lançamentos, eventos, palestras e workshops;
- ✓ Pesquisa Editorial CBL e SNEL.
- ✓ Peças Publicitárias - Banners, Cartazes, Convite de Lançamento, Folhetos, Marcadores de Página e peças em geral de divulgação e publicidade.

Nesse período a **Editora** exerceu todas as atividades ligadas ao setor **Editorial/Livreiro** do país. É o marco inicial da profissionalização e de sua missão, visando exclusivamente o cliente para atingir seus objetivos e resultados.

"NOSSAS MARCAS MOSTRAM AS LETRAS DO FUTURO"

O Editor

A Editora reproduz com exclusividade todas as publicações anunciadas para empresas, entidades e/ou órgãos públicos. Entre em contato para maiores informações.

Nossos sites: www.letrasjuridicas.com.br e www.letrasdopensamento.com.br

E-mails: comercial@letrasjuridicas.com.br e comercial@letrasdopensamento.com.br

Telefone/fax: (11) 3107-6501 - 99352-5354